十年探索融合发展的规律和方法
十万企业创新实践的经验与成效

信息化和工业化融合
方法与实践

周剑
陈杰　李君　李清　著

電子工業出版社
Publishing House of Electronics Industry
北京 • BEIJING

图书在版编目（CIP）数据

信息化和工业化融合：方法与实践 / 周剑等著. —北京：电子工业出版社，2019.9
ISBN 978-7-121-37231-5

Ⅰ. ①信… Ⅱ. ①周… Ⅲ. ①企业信息化－管理体系－研究－中国 ②工业化－管理体系－研究－中国 Ⅳ. ①F279.23 ②F424

中国版本图书馆 CIP 数据核字（2019）第 180208 号

责任编辑：刘小琳　　　文字编辑：崔　彤
印　　刷：北京虎彩文化传播有限公司
装　　订：北京虎彩文化传播有限公司
出版发行：电子工业出版社
　　　　　北京市海淀区万寿路 173 信箱　邮编 100036
开　　本：720×1 000　1/16　印张：24　字数：256 千字
版　　次：2019 年 9 月第 1 版
印　　次：2023 年 1 月第 3 次印刷
定　　价：86.00 元

凡所购买电子工业出版社图书有缺损问题，请向购买书店调换。若书店售缺，请与本社发行部联系，联系及邮购电话：（010）88254888，88258888。

质量投诉请发邮件至 zlts@phei.com.cn，盗版侵权举报请发邮件至 dbqq@phei.com.cn。

本书咨询联系方式：liuxl@phei.com.cn，（010）88254538。

自序

推进两化融合，是党中央、国务院做出的长期性、战略性部署。党的十九大提出："推动互联网、大数据、人工智能和实体经济深度融合。"这与党的十七大提出的两化融合、党的十八大提出的两化深度融合一脉相承，是党中央、国务院顺应国际产业变革趋势做出的重大战略决策，对于我国抢抓信息化历史机遇、推动工业经济向数字经济转型升级具有重大战略意义。

推进两化融合是一项复杂巨系统工程，涉及面广、任务艰巨繁重，具有复杂性、长期性和艰巨性。在我国由工业社会向信息社会转型的长期历史进程中，工业时代传统的理论方法已无法满足信息时代的产业发展需求。持续深入推进两化融合，既无现成经验可依据，也无既有方法可遵循，需要同时把握并融会贯通好信息化和工业化的发展规律和特征，从战略目标、发展理念、主要任务、工作方法和推进机制等方面进行系统创新，以把握融合发展进程中遇到的机遇和挑战，找到产业升级“换道超车”的有效路径。

在长期的两化融合实践探索过程中，广大企业普遍面临发展方向不清、推进路径不明、方法工具缺失等共性问题，亟需形成一套能够更有效引领企业融合创新发展的系统性理论体系、方法体系和工具体系。

为此，自 2009 年以来，工业和信息化部联合国家标准委、国务院国资委等主管单位，推动组建了两化融合管理体系工作领导小组、专家指导委员会和联合工作组，推动组建了全国信息化和工业化融合管理标准化技术委员会（TC573），将研究成果提炼为国家、国际标准系列，以标准为引领形成多部委横向协同推进，国家、省、市、县纵向多级联动的工作机制，并广泛发动政府部门、行业协会、央企集团、科研院所、高等院校、龙头企业和咨询服务机构等社会力量，在全国范围内实现了系列标准的应用普及。

在两化融合管理体系工作领导小组、专家指导委员会和联合工作组等的统筹部署和指导支持下，本书创作团队十年如一日，坚持探索、刻苦攻关，前后历经行业评估摸底（2009—2013 年）、方法路径探索（2013—2017 年）、理论提升推广（2017 年至今）三个阶段，经过长期理论研究和广泛产业实践，在系统总结过去几十年我国推进工业化和信息化经验成果的基础上，逐步形成了一套国际首创的两化融合系统工程体系，创新提出了覆盖两化融合发展全局、全要素、全过程的参考架构——两化融合生态系统，提出我国应用最广、系统描绘融合发展全景图的两化融合评估体系，以及我国首套自主研制且实现大范围应用推广的两化融合管理体系，建立了以平台为载体的线上线下一体、多方协调互动的协同工作模式和第三方服务体系，为各方合力推进融合创新发展提供体系化的理论、方法和工具支持。

“以知促行、以行求知”，本书创作团队不仅将多年来我国以信息化促进产业转型升级的方法成果凝结于这套两化融合系统工程体系之中，更基于这套体系在我国企业中开展了广泛的产业实践，并通过实践持续改进、迭代优化，致力于将这套体系完善为引领企业构筑信息时代新型竞争能力的有效方法路径，成为探索形成产业转型升级和创新发展“中国方案”的重要抓手。当前，这套两化融合系统工程体系已经实现了大规模产业应用，已经发布五项国家标准和两项国际标准，13 万余家企业应用两化融合评估标准开展了自评估、自诊断、自对标，17000 余家企业开展了两化融合管理体系标准贯彻，在引领企业“提质”“降本”“增效”尤其是转型创新发展方面带来了显著实效。

“十年磨一剑，砺得梅花香。”本书创作团队很高兴能够将十年来两化融合理论研究和产业实践的成果总结提炼成《信息化和工业化融合：方法与实践》一书，呈现给广大读者。本书是对这套两化融合系统工程体系的总结，包括了基于我国国情创新推进两化融合的理论研究、方法研制和工具创新等原创成果，以及推动相关成果进行大范围产业实践的经验和价值，相信可以为广大读者系统了解并创新推进两化融合，更务实有效地服务于产业转型升级和创新发展提供借鉴和参考。

当今世界正处于从工业经济向数字经济加速转型的大变革时代，以互联网、大数据、人工智能为代表的新一代信息技术发展日新月异，并向制造业等各产业领域加速渗透，我国两化融合发展已步入千载难逢的战略机遇期，进入纵深发展和创新发展的新阶段。我们希望以本书的出版、发行为契机，为社会各界在新时期协同推进两化深度融合提供理论、方法和工具等支持，携手开启两化融合发展新篇章，为我国经济高质量发展、抢抓数字经济发展先机做出力所能及的贡献。

是为序。

前言

当今世界正处于从工业社会向信息社会加速转型的大变革时代，数据日益成为经济社会发展的新驱动要素，从以物质生产、物质服务为主的工业经济发展模式加速向以信息生产、信息服务为主的数字经济发展模式转变，这是一个复杂巨系统工程，是一个不断演进的长期历史进程。顺应信息化和工业化融合（简称“两化融合”）发展的趋势，全球各国都在结合自身优势加强总体战略布局，发达国家顺应新工业革命要求加快对高端产业再调整、再布局，发展中国家则致力于抓住从工业化向信息化变轨发展的重大机遇，力求“换道超车”。

推进两化融合，是党中央、国务院做出的长期性、战略性部署，是制造强国和网络强国建设的扣合点，也是加快我国数字经济建设的必由之路。习近平总书记多次强调，“要做好信息化和工业化深度融合这篇大文章。”改革开放以来，我国工业化和信息化发展取得了举世瞩目的成就，已经成为世界制造大国和网络大国，建成了门类齐全的产业体系，数字经济规模跃居全球第二。在我国经济步入高质量发展的新阶段，应对复杂的国际国内形势，亟需率先把握工业经济向数字经济转型变革的重大机遇，持续深入并创新推进两化融合，建立完善符合数字经济规律的新型理论和方法体系，加速产业转型升级和创新发展。

自2009年以来，在工业和信息化部等单位的指导和支持下，本书创作团队立足于我国国情，牢牢抓住两化融合这条主线，以顶层参考框架全面刻画融合生态系统，以评估诊断精准定位融合发展现状，以管理体系系统引领企业转型变革，对两化融合的理论、方法、工具进行系统化创新，逐步探索形成了一套引领推进两化融合的系统工程体系，并以标准为引领、以市场为主导、以平台为支撑，推动13万余家企业大范围开展产业实践，带来了显著的经济效益和社会效益。

2019年是两化融合推进工作的第十个年头，为了对融合发展过程中形成的理论和实践成果进行一个阶段性总结，我们推出了《信息化和工业化融合：方法与实践》一书。全书分五篇，分别为背景趋势、体系架构、评估诊断、管理体系和发展展望。具体内容如下。

（1）第一篇背景趋势对应本书的第1章两化融合背景与发展趋势，主要探讨了两化融合的基本内涵和战略定位，回顾了我国推进两化融合的总体工作历程，并分析了两化融合发展面临的新形势、新趋势、新要求。

（2）第二篇体系架构对应本书的第2章两化融合生态系统及标准

体系。一方面，对两化融合生态系统这一顶层通用参考架构进行阐述，介绍两化融合的资源环境、组织生态和价值网络三个主要视角，数据、技术、业务流程和组织结构四个基本要素，以及数字化、网络化、智能化三个发展阶段；另一方面，对两化融合标准体系进行阐释，介绍两化融合标准体系框架、重点领域标准化需求，以及标准体系的建设路径。

（3）第三篇评估诊断对应本书的第 3 章两化融合评估诊断与对标引导、第 4 章两化融合发展数据地图，着重介绍我国应用最广、可系统描绘融合发展全景图的两化融合评估诊断模型和指标体系。其中，第 3 章阐述两化融合评估体系的提出和研制推广历程，两化融合评估的基本框架，以及两化融合评估通用指标体系。第 4 章阐述基于两化融合评估体系，开展两化融合发展水平监测指标体系及两化融合发展数据地图的建设情况，从全国、区域、行业、央企等多个维度展现两化融合发展全景图，分析两化融合绩效产出，并对未来两化融合发展趋势进行量化预测。

（4）第四篇管理体系对应本书的第 5 章两化融合管理体系的提出及其应用价值、第 6 章两化融合管理体系的理论框架详解、第 7 章两化融合管理体系贯标实施方法及评定采信指引和第 8 章两化融合管理体系引领企业构筑数字经济背景下新型竞争能力，着重介绍我国首套自主研制且实现大范围应用的两化融合管理体系。其中，第 5 章阐述两化融合管理体系的提出背景、基本内涵、价值意义、应用推广体系及国际化进展等内容；第 6 章从理论层面对两化融合管理体系的六个导向、九项管理原则、三个循环机制、九个关键过程等理论基础进行系统阐述；第 7 章从两化融合管理体系实施应用层面，对企业贯标的流程与要点、贯标咨询服务的方法、贯标达标结果的采信应用等进行阐述；第 8 章则是企业应用两化融合管理体系的成效总结，介绍贯标评定进展，展示企业新型能力图谱，分析典型行业新型能力建设重点、主要新型能力识别和打造的方法路径，并总结企业通过新型能力建设获取的成效。

（5）第五篇发展展望对应本书的第 9 章新时期两化融合发展展望，主要对新时代我国两化融合发展重点进行展望，并针对两化融合未来发展提出建议。

本书是对过去 10 年我们开展两化融合理论研究、产业实践、工作推进等方面成果的系统总结。内容既有较强的理论性，也有较强的可操作性，可为从事两化融合相关领域政策制定、标准研究、企业实战、市场服务等工作的各界人士提供参考。十年来，工业和信息化部、国家标准化管理委员会、国务院国有资产监督管理委员会等主管部门的各级领导对本书相关的两化融合研究和成果应用给予了悉心指导和大力推动支持；依托两化融合服务联盟，北京、广东、江苏、浙江等全国 31 个省市地方的各级工业和信息化主管部门，国家工业信息安全发展研究中心、中国电子产品可靠性与环境试验研究所、中国信息通信研究院、中国电子技术标准化研究院、清华大学等企事业单位和科研院所，中国企业联合会、中国电子信息行业联合会、中国钢铁工业协会、中国机械工业联合会、中国纺织工业联合会、中国建筑材料联合会、中国汽车工业协会、中国石油和化学工业联合会、中国电力企业联合会、中国轻工业联合会、中国有色金属工业协会、中国化学制药工业协会、中国食品工业协会等协会，中国航空工业集团公司、中国石油化工集团公司、国家电网公司、中国中车股份有限公司等中央企业集团，以及两化融合管理体系贯标企业和第三方服务机构等紧密协作，共同开展了一系列卓有成效的工作；王安耕、吴澄、邬贺铨、李伯虎、高新民、田雨华、蒋明炜、漆永新、宋晓刚、奚家成、王普、苗建军、郝淑芬等专家学者给予了大量专业指导意见，在此一并向他们表示最诚挚的谢意。在本书的撰写过程中，特别感谢以下几位的大力支持和辛勤付出：邱君降、窦克勤、郭利、陈希、马冬妍、王涛、肖琳琳、张健、柳杨、付宇涵、成雨、王庆瑜、柴雯等；感谢电子工业出版社刘九如、董亚峰为本书出版付出的辛勤工作。

翻开此书，希望读者朋友能够感受到信息革命和产业变革的来势汹涌，洞悉两化融合的伟大历史使命，从而进一步凝聚共识，增强转型合力，激发创新潜能，抢抓数字经济发展先机。由于时间和水平有限，错误和疏漏之处在所难免，恳请读者批评指正。

目录

| 第三篇　评估诊断 |

| 第四篇　管理体系 |

| 第五篇 发展展望 |

第一篇
背景趋势

探讨两化融合的基本内涵和战略定位，回顾我国推进两化融合的总体工作历程，并分析两化融合发展面临的新形势、新趋势、新要求。

CHAPTER 01 第1章

两化融合背景与发展趋势

全球新一轮科技革命和产业变革加速孕育兴起，人类已经进入从工业社会向信息社会过渡的转轨期。深入推进信息化与工业化融合（简称“两化融合”）是我国结合自身国情、顺应变革新趋势做出的一项长期性战略部署，是开展制造强国和网络强国建设的扣合点，也是加快工业经济向数字经济转型的必然选择。

1.1 两化融合的基本内涵与战略定位

1.1.1 两化融合：两个历史进程的交汇与融合

工业化和信息化是人类社会发展的两大历史进程（见图 1-1）。工业化发展进程以技术为核心驱动要素，主要使命是实现物质产品的大规模生产和消费，期间以机械技术、电气技术及自动化技术的大规模应用为特征，主要经历了机械化、电气化、自动化三个发展阶段。信息化发展进程则主要以数据（信息、知识）为核心驱动要素，主要使命是实现信息和知识的大规模生产和消费，期间随着信息通信技术的不断发展及其与产业领域的不断渗透融合，将主要经历数字化、网络化、智能化三个发展阶段。

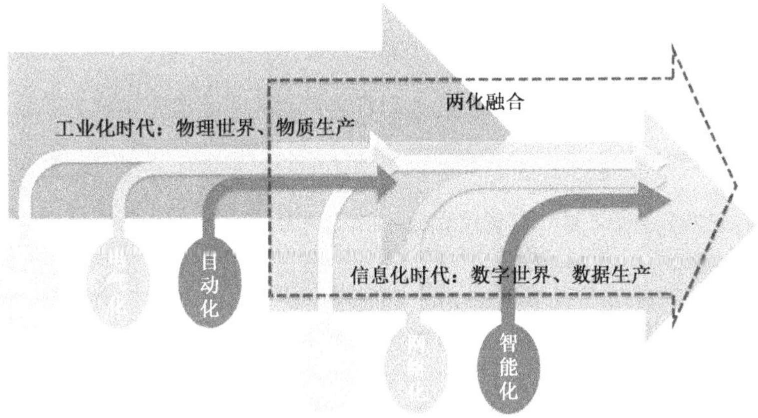

图 1-1　两化融合：工业化进程和信息化进程的交汇与融合

信息化和工业化融合（以下简称“两化融合”）是信息化和工业化发展到一定阶段的产物，是信息化和工业化的多层次、全方位融合，涉及生产要素、生产方式、管理模式、产业体系及社会经济运行方式等不同层面的融合。从全球范围来看，因基础和条件差异，不同国家的工业化、信息化发展历程不尽相同。总体来看，西方发达国家是在基本完成工业化后开始推进信息化的，信息化是在成熟工业化的基础上发展起来的，因此呈现出先工业化、后信息化的梯度发展格局。我国在工业化未完成时就迎来了信息化发展浪潮，因此走的是一条工业化和信息化同步发展的新型道路。

1.1.2 两化融合是我国长期坚持的重要战略

1．持续推进两化深度融合是党中央、国务院的战略部署

我国在建国后提出要实现工业化，赶超发达国家。改革开放后，面临发达国家正在实现信息化的新形势，我国是继续先实现工业化、然后再实现信息化，还是在实现工业化的同时推进信息化，这是一个重大战略决策问题。随着信息技术的飞速发展，社会各界日益认识到信息技术引领的时代潮流不可阻挡，必须在大力推进工业化的同时，同步推动信息化的发展，二者互为助力，加速经济社会发展。

党的十五大报告首次写入信息化并将其作为国家战略，党的十六大提出“以信息化带动工业化、以工业化促进信息化”，党的十七大提出“两化融合”，党的十八大提出“两化深度融合”，我国对两化融合的认识在与时俱进的同时，也一以贯之地朝着既定方向不懈努力。习近平总书记多次强调要“做好信息化和工业化深度融合这篇大文章”。党的十九大报告进一步提出，“推动互联网、大数据、人工智能和实体经济深度融合。”这是以习近平同志为核心的党中央立足建设现代化经济体系、实现经济高质量发展做出的重大战略部署，与党的十七大提出的两化融合、党的十八大提出的两化深度融合一脉相承，是新时代背景下两化融合的新目标、新内容、新要求，标志着两化融合迈入新阶段，如图 1-2 所示。

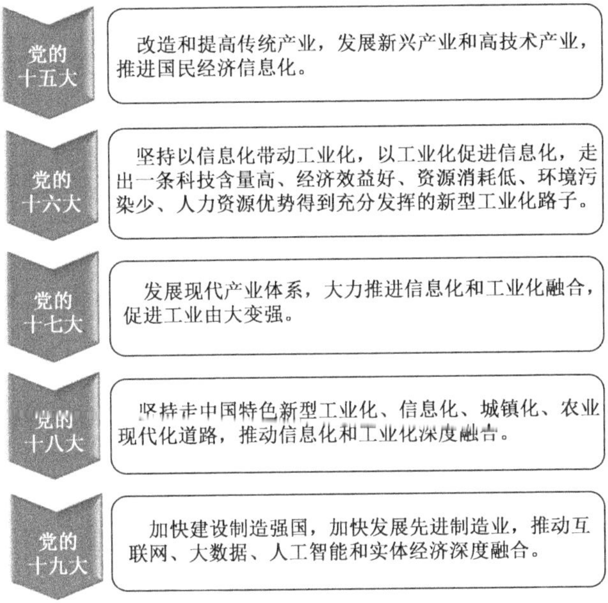

图 1-2　党的十五大至党的十九大关于信息化、工业化的重要部署

2．推进两化深度融合是制造强国和网络强国建设的扣合点

当前，中国特色社会主义进入新时代，已经开启全面建设社会主义现代化国家的新征程。建设制造强国和网络强国是新时代建设社会

主义现代化强国的重要内容，也是解决新时代我国社会主要矛盾的重要途径。我国在2010年已经成为世界第一制造大国，建成了门类齐全的工业体系；同时，我国也是互联网大国，2016年数字经济规模已经跃居全球第二，取得了举世瞩目的成就。但是，总体看来，工业整体大而不强仍然是不争的事实，机械化、电气化、自动化、信息化并存现象仍然较为明显。持之以恒地推进两化深度融合，有助于从生产方式、组织管理和商业模式等维度加速重塑制造业，充分发挥融合发展的叠加、聚合、倍增效应，加快推动制造业向数字化、网络化、智能化方向发展，推动工业经济向数字驱动型创新体系和发展模式转变。

3．大力推进两化融合，是抢占新一轮产业竞争制高点、推动我国工业实现由大到强历史性跨越的必然选择

在当前全球新一轮技术革命和产业变革孕育兴起的大背景下，西方发达国家纷纷实施“再工业化”和“制造业回归”战略，着力打造信息化背景下国家制造业竞争的新优势。德国提出的工业4.0、美国提出的工业互联网，都是结合国家产业优势做出的战略选择。中国是制造大国、也是网络大国，中国企业既要向工业4.0迈进，也要针对工业2.0和工业3.0进行补课，因此两化融合是一项必须长期坚持的重要战略。新时期，以两化融合为主线，以智能制造为主攻方向，大力推进融合发展，加快新旧发展动能和生产体系转换，提高供给体系的质量效率层次，对于推动我国产业转型升级、重塑国际竞争新优势具有重大战略意义。

1.1.3 两化融合与智能制造、工业 4.0、工业互联网

1. 智能制造是两化融合的主攻方向

智能制造的概念由来已久，早在 20 世纪 80 年代就出现了第一篇智能制造的文章及第一本智能制造的专著。随着两化融合的不断深入，智能制造的内涵、外延和目标任务不断扩充，智能工艺、智能装备、智能加工单元、智能生产线、智能车间、智能工厂、智慧企业、智慧供应链不断演进和发展。当前，智能制造可以理解为基于新一代信息技术，贯穿设计、生产、管理、服务等制造活动各个环节，具有信息深度自感知、精准控制自执行、经营管理自决策等功能的先进制造过程、系统与模式的总称。

两化融合与智能制造、“互联网+”等的关系如图 1-3 所示。总体看来，当前我国的工业化尚未完成，全面推进制造业数字化的基础和能力仍显不足，制造业网络化也因此而主要在靠近消费端的领域得到了规模化探索和推进。实际上，只有当人、设备设施、制造活动等的数字化达到一定程度，基于数据（信息、知识）大范围、大规模协同应用的制造业网络化才能够取得实质进展；只有当连接到网络中的制造业参与主体、资源、活动等达到一定程度和复杂度，智能处理、自组织、自决策才会凸显其价值且成为发展的必然要求，智能制造才会日益成熟并成为产业界的普遍选择。因此，从工业化、信息化发展的

阶段性来看，智能制造理所应当是两化融合的主攻方向，但要构筑智能制造生态系统，需要进一步加快制造业数字化、网络化和智能化螺旋式发展，任重而道远，亟需因势而动、顺势而为、趁势而上。

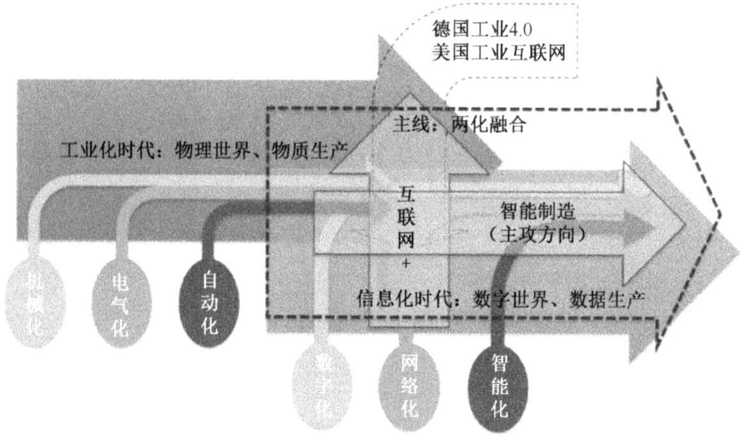

图 1-3　两化融合与智能制造、"互联网+"等的关系

2．两化融合与工业 4.0 异曲同工、殊途同归

全球各国应对新一轮产业变革的方式，都是引导产业沿着数字化、网络化、智能化的阶段加速跃升。德国工业 4.0 主要聚焦于网络化发展阶段，我国两化融合则以智能制造为主攻方向和制高点，强调在信息化环境下全面打造产业新型能力，加速信息技术和工业技术的融合发展，涵盖了数字化、网络化、智能化等不同发展阶段。尽管中德工业基础及发展阶段不同，但工业 4.0 和两化融合在发展理念、工作任

务、驱动要素等方面异曲同工。在**发展理念方面**，一是均强调万物互联，倡导数字世界和物理世界的深度融合；二是均强调组织变革，注重流程重组和组织再造；三是均强调协同创新，充分整合内外部资源。在**工作任务方面**，均强调综合集成的重要性。工业 4.0 将纵向集成、横向集成、端到端集成作为企业转型的核心任务；两化融合将实现企业管控、供应链、产品全生命周期的集成作为企业信息化迈上高级阶段的重要标志。在**驱动要素方面**，均强调数据要素在生产模式、管理模式、商业模式等方面的创新驱动潜能。

3．工业互联网是两化融合当前阶段的战略重点

当前，我国两化融合正从数字化阶段加速向网络化阶段迈进。数字化阶段的主要使命是制造基础设施和行为活动的数字化、软件化改造，而制造资源配置规则并没有发生根本性的改变；网络化阶段的主要使命是大范围按需动态配置制造资源；智能化阶段的主要使命是依据个性化需求深度挖掘和精准配置制造资源。因此，网络化和智能化阶段将是制造业发展理论、方法工具、解决方案发生系统性和颠覆式变革的时代。当前，互联网创新发展与新工业革命正处于历史性交汇期，互联网由消费领域向生产领域快速延伸，工业经济由单点的信息技术应用向全面的数字化、网络化、智能化深度拓展。工业互联网的概念兴起于 2012 年，其目的就是要实现基于信息技术的网络化制造。

工业互联网包含网络、平台、安全三大体系。其中，网络是基础，平台是核心，安全是保障。工业互联网平台作为工业互联网发展的核心，是连接设备、软件、工厂、产品、人等工业全要素的枢纽，是海量工业数据采集、汇聚、分析和服务的载体，是支撑工业资源泛在连接、弹性供给、高效配置的中枢，是实现网络化制造的核心依托，日益成为支撑两化深度融合的关键基础设施。目前，全球工业互联网平台仍处于规模化扩张的窗口期、格局未定的关键期和抢占主导权的机遇期。我国具有超大规模的市场需求、完备的工业体系、创新引领的互联网生态、庞大的专业人才队伍，建设和推广工业互联网平台是我国推进制造业数字化、网络化、智能化发展，以及加快经济高质量发展、抢占新一轮产业竞争制高点的重要突破口。

1.2 推进两化融合的总体工作历程

党的十七大做出了大力推进信息化和工业化融合的战略部署，党的十八大将信息化和工业化融合提升到了国家现代化建设的新高度，指出“坚持走中国特色新型工业化、信息化、城镇化、农业现代化道路，推动信息化和工业化深度融合、工业化和城镇化良性互动、城镇化和现代化相互协调，促进工业化、信息化、城镇化、农业现代化同步发展”，党的十九大结合新时代、新形势、新要求，提出“加快建设制造强国，加快发展先进制造业，推动互联网、大数据、人工智能和实体经济深度融合”。

深入贯彻落实党中央、国务院关于推进两化融合的战略部署，在工业和信息化部等主管单位的支持和指导下，我们经过长期理论研究和广泛产业实践，逐步探索形成了两化融合评估体系、两化融合管理体系、两化融合生态系统等一系列新的理论、方法和工具，并推动其成为社会各界协同推进融合发展、加快产业转型创新的有力抓手。总体上，推进两化融合的历程主要经历了行业评估摸底、方法路径探索、理论提升推广三个阶段。

1．2009—2013 年：行业评估摸底阶段，以评估摸清两化融合现状、找准发展重点和方向

2009—2013 年，围绕全面摸清两化融合现状，找准两化融合发展重点、路径和方向，工业和信息化部组织国家工业信息安全研究中心（原工业和信息化部电子科学技术情报研究所）等单位，从“点（企业）、线（行业）、面（区域）”多个层面入手，开展行业两化融合评估和运行形势监测等重点工作，基于大量实践研制发布了国家标准《工业企业信息化和工业化融合评估规范》（GB/T 23020-2013），探索形成了一套两化融合评估体系。基于这套评估体系，在全国范围内组织开展企业两化融合评估诊断与对标引导工作，构建了两化融合发展水平监测体系，持续建设两化融合发展数据地图，全面展现了两化融合发展的全景图，推动全社会形成了对两化融合的统一认识，加快构建了数据驱动的精准施策和精准服务新模式，有力提升了管理部门决策的科学性，为社会各界协同推进两化深度融合指明了发展重点、目标和方向，有效推动了两化融合水平的持续提升。

2．2013—2017 年：方法路径探索阶段，形成以两化融合管理体系为引领、系统推进两化融合的有效路径

在广泛开展企业两化融合评估诊断与对标引导的过程中，社会各界愈加深刻地认识到信息化对企业发展带来的变革是全方位的，信息化环境下的企业发展不仅是信息技术渗透和融合的问题，更是一个优化和创新企业战略、组织、流程、业务模式的管理问题。面对这一挑战，传统工业时代的管理方法已经难以满足信息时代企业通过信息技术应用显著提升整体竞争能力的要求，迫切需要一套符合信息时代发展规律的系统性管理方法论。为此，2013—2017 年，我们在前期工作的基础上，把握信息时代发展新趋势和新规律，总结提炼几十年来我国企业信息化发展历程中积累的技术应用成果和管理创新经验，参考 ISO 9000 等国际各类管理体系的做法和经验，自主研制提出了一套用于引导企业系统推进两化融合、加快数字化转型的管理方法论——两化融合管理体系，围绕这套体系研制与推广系统布局工作体系建设、标准研制、试点示范、宣贯培训、服务体系及平台建设等各项工作，形成以管理体系为引领系统推进两化深度融合、加快产业转型升级和创新发展的新路子。

3．2017 年至今：理论提升推广阶段，构建两化融合顶层参考架构、推动产业转型“中国方案”国际推广

近年来，新一代信息技术持续创新并向经济社会各个领域加速渗透融合，企业在各种新概念、新技术、新模式、新业态层出不穷的情况下显得无所适从。应对这一挑战的关键在于要引导社会各界进一步凝聚共识，在充分理解两化融合的内涵、本质、路径规律的基础上，保持战略定力，继续抓住融合发展这条主线，一以贯之地通过推动两化深度融合实现转型升级和创新发展。为此，2017 年至今，我们加强了对顶层参考框架的研究与探索，进一步提出了两化融合生态系统，系统阐释了两化融合的内涵外延、要素构成及演进路径，为社会各界系统认识和协同推进两化融合提供指引。此外，为提升我国在全球新工业革命中的影响力，近年来我们也通过加快我国两化融合领域理论研究和实践成果的国际标准化进程，加强两化融合创新成果的国际推广，与全球共享我国制造业数字化转型实践成果，推动产业创新变革的“中国方案”在国际社会的认可度日益提升。

1.3 两化融合发展的新形势、新趋势、新要求

经过长期的推进，我国两化融合已经步入深化应用、变革创新、引领转型的新阶段，在改造提升传统产业、培育新模式新业态、增强企业创新活力等方面的作用日益增强。当前，以互联网、大数据、人工智能等为代表的新一代信息通信技术持续创新并与制造业加速渗透融合，正在引发新一轮科技革命和产业变革，推进两化深度融合面临一系列的新形势和新要求。

1．大变革：世界从工业经济向数字经济加速转型过渡

随着信息通信技术的广泛、深度运用，以及新模式、新业态的不断涌现，人类社会生产生活方式正在发生深刻变革，一个数字世界正在加速构建，工业经济正加速变革为数字经济。数字经济的核心特征是以数据为核心重构生产要素，促进以物质生产、物质服务为主的经济发展模式向以信息生产、信息服务为主的经济发展模式转变。

应对从工业经济到数字经济的规律转变，国际间围绕抢夺制造业制高点的竞争愈演愈烈，各国都在结合自身优势加强战略总体布局和理论方法创新——发达国家围绕新工业革命正在对高端产业进行再调

整、再布局，发展中国家则致力于抓住从工业化向信息化变轨发展的重大机遇实现“换道超车”。总体而言，在世界处于大发展、大变革、大调整的时期，在新时代中国社会主要矛盾转向人民日益增长的美好生活需要和不平衡不充分的发展之间的矛盾后，要坚持新发展理念，从战略全局层面谋划和布局经济发展，亟需探索完善融合、转型、创新发展的新型理论体系、方法体系和工具体系，不能仅关注局部改进和优化，更不能用传统工业化的发展理论、模式和方法推进信息时代的新型工业化。

2．新要素：数据成为驱动经济社会发展的关键要素

历史经验表明，每次经济形态的重大变革，必然催生也必须依赖新的生产要素。劳动力和土地是农业经济时代的新生产要素，资本和技术是工业经济时代的新生产要素。进入数字经济时代，数据正逐渐成为驱动经济社会发展的关键生产要素和新引擎。**一方面**，信息技术与经济社会交汇融合，特别是物联网的发展引发数据的迅猛增长，大数据已成为社会的基础性战略资源，蕴藏着巨大的潜力和能量。如今人类95%以上的信息都以数字格式存储、传输和使用，数据计算处理能力也提升了上万倍，数据开始渗透进入人类社会生产生活的方方面面。数据存储和计算处理能力的飞速进步，使得数据的价值创造潜能大幅提升，正推动人类价值创造能力发生飞跃。**另一方面**，数据资源与产业的交汇融合正促使社会生产力发生新的飞跃。传统经济发展模式主要依赖土地、劳动力、资本等一般性生产要素，进入门槛低，规模化扩张快，但也容易导致产能过剩、恶性竞争和低端化发展。而工业大数据的及时性、完整性、开发利用水平，以及数据流、物质流和资金流集成协同能力，有助于大幅提升优化配置制造资源的效率和水平。相比其他生产要素，数据资源具有可复制、可共享、无限增长和供给的禀赋，打破了传统要素有限供给对增长的制约，不断催化和转化着劳动力、资本、技术、管理等传统要素，为持续增长和创新发展提供了新的条件与可能。

3．新引擎：社会化组织管理成为驱动经济社会发展的必然要求

新一代信息技术与产业领域的加速渗透融合，正在推动产业基础设施、生产方式、创新模式持续变革，产业变革的步伐正在不断加速。从变革视角看，新一轮工业革命既是技术变革，也是管理变革。在新工业革命背景下，只有构建与新技术应用相匹配的组织管理方式，才能有效激发制造业创新活力，形成新的发展模式，实现可持续发展。长期以来，受制于传统的“技术导向”思维，企业在推进融合发展的过程中，存在技术和管理“两张皮”“重技术、轻管理”等现象，在强调技术创新的同时弱化了管理变革的迫切需求。尽管近年来有所好转，但管理的短板效应仍然普遍存在，且在新技术背景下存在再度放大的可能。深入推进两化融合，既要重视技术创新，也要将社会化的组织管理和社会化的组织模式作为新引擎，着力推动基于互联网的组织管理变革，破除体制机制障碍，不断提高生产力和生产关系的协调性，加快形成产业发展新模式，培育服务新业态，释放发展新潜能。

具体来讲，要着力推动平台化的组织管理变革，加快建设集数据、流程、人为一体的开放式、支撑协同创新的互联网平台，依托平台汇聚资源要素，提供资源共享、员工赋能、价值共创、风险管控等集中式能力支撑，引导基于开放平台的组织管理变革，推动科层制管理模式向平台化自组织转变。

4．新能力：加快培育基于人机智能融合的开放价值生态构建能力是产业创新发展的时代要求

相较于传统制造业以技术产品交易为纽带形成价值链，先进制造业则以互联网为工具、数据为纽带形成人和机器智能融合的价值共创网络。在传统制造业发展过程中，技术价值长周期孕育了稳定的预期市场，企业有足够动力和时间通过技术专利、标准等手段，以技术壁垒为核心建立烟囱式工业体系和封闭利益生态，形成创新投入和价值回收的市场相对优势。随着信息技术的迅猛发展，日益快速增长的个性化需求及其不断增强的时效性倒逼技术和应用在短期内快速更新迭代，催生了开源技术体系，而开源技术体系的兴起打破了原有的利益格局，弱化了技术的先发优势。

与建立在封闭工业技术体系基础上的传统制造业竞争格局相比，先进制造业亟需围绕构建开放价值生态形成新型竞争优势，一方面，要充分利用互联网、以数据为新生产要素，通过人工智能将物理世界的客观规律及人的经验智慧用数字化模型进行刻画、仿真并形成自我学习、持续迭代优化的新型能力体系；另一方面，要持续深化“双创”，通过不断提升市场交易效率、降低交易成本推动企业突破组织边界、缩小组织规模，推动组织关系从雇佣制向契约制转变，增强社会化开放组织的能力，从而充分激发人的创新动力、活力和潜能。综合而言，开放价值生态构建能力当前主要表现为更精准挖掘用户需求，更大范围动态整合和配置资源，更高效提供个性化服务的能力。

5．当前任务：推进互联网、大数据、人工智能与实体经济深度融合

当前，全球新工业革命方兴未艾，数字经济蓬勃发展，互联网、大数据、人工智能和实体经济深度融合正在开辟广阔的发展前景。互联网通过实现“人与人”“人与物”“物与物”之间的高速连接，促进信息的自由流动，提高了交易效率和生产效率，催生了新模式、新业态，同时也赋予企业配置全球范围内研发资源和劳动力资源的能力，使基于网络的协作式分工成为可能，推动生产关系产生变革。数据作为继劳动力、土地、资本、技术、管理之后的一种新型生产要素，其创新潜能不断凸显，数据资源与产业的交汇融合正促使社会生产力发生新的飞跃。人工智能和制造业的融合使得生产者能够更好地获取基于数据的洞察力，通过人和机器的智能协同可以将物理世界的客观规律及人的经验智慧用数字化模型进行刻画、仿真并形成自我学习、持续迭代优化的新型能力体系，实现生产者的深刻变革。

推动互联网、大数据、人工智能和实体经济深度融合，是党中央立足人民日益增长的美好生活需要和不平衡不充分的发展之间的矛盾，紧紧把握新时代的新特征和新要求，审时度势，深刻理解、准确把握互联网发展规律，瞄准“两个一百年”奋斗目标所做出的战略谋划和前瞻部署。必须勇立全球数字经济发展转型的潮头，持续深入推动大数据、云计算、人工智能、虚拟现实等新一代信息通信技术与制造技术的融合创新，加快制造业生产方式、组织管理形式和发展模式的变革，探索新的增长动力和发展路径。把智能制造继续作为主攻方向，加快企业数字化、网络化、智能化改造。加快推进工业互联网发展，积极培育基于互联网的个性化定制、在线增值服务、分享制造、众包设计等新型制造方式，培育新的经济增长点。利用人工智能加快构建基于大数据的工业知识创造、传播、共享体系，促进形成人机交互、协同合作的制造业新模式，加快制造业转型升级步伐。

第二篇
体系架构

阐述我国在国际上首次提出覆盖两化融合发展全局、全要素、全过程的参考架构——两化融合生态系统，以及自主研制的两化融合领域标准化工作顶层框架——两化融合标准体系，为社会各界认识和推进两化融合提供通用模型，以标准为引领为推动产业转型创新提供系统指引。

CHAPTER 02 第2章

两化融合生态系统及标准体系

两化融合是一项复杂巨系统工程，构建两化融合的顶层框架，有助于社会各界凝聚发展共识、形成发展合力。通过对标德国工业 4.0 参考架构、美国工业互联网参考架构、美国智能制造生态体系等的通用做法，结合我国产业发展特征，充分吸收新时代两化融合新理念、新方法、新规律，我们提出了两化融合生态系统，系统描述了两化融合的核心要素及相互关系，以及所涉及的组织生态、价值网络和资源环境，并在此基础上构建了两化融合标准体系，可为全面认识和系统推进两化深度融合提供指南和方法。

2.1 两化融合生态系统及标准体系的提出

1．构建两化融合生态系统及标准体系的必要性

（1）推进两化融合是复杂巨系统工程，需要顶层通用参考架构的指引。

参考架构是用于描述系统构成及各构成要素相互关系的一种抽象框架。两化融合涉及技术升级、组织重构、流程再造等一系列问题，牵一发而动全身，是一项典型的复杂巨系统工程。近年来，各种新概念、新技术、新方法、新模式、新业态层出不穷，推进两化融合面临多重路径选择问题。由于缺乏通用参考架构的指引，广大企业对于两化融合的系统性、整体性、复杂性，以及相关要素和环节之间的关联性考虑不足，推进两化融合的着眼点偏重于局部环节和技术这一单一要素，融合发展成效未能充分显现。

为了切实有效地引导社会各界协同推进两化融合，亟需结合信息时代发展需求，充分考虑两化融合的发展特征，探索形成引领推进两化融合的系统化、可操作的通用参考架构——两化融合生态系统，引导两化融合推进方式从关注局部向统筹全局转变，从单纯强调技术向全要素协同管理和创新转变，从仅关注方向和结果向关注方法和过程延伸，以稳定充分获取融合发展的成效。

（2）标准引领是世界各国推进产业创新发展的共同手段，也是我国规范两化融合发展的基本路径和重要抓手。

“产业升级、标准先行”，作为构建经济社会秩序的指导和依据，标准在支撑产业转型升级、经济发展方式转变中的作用愈加凸显。放眼全球，围绕抢占新一轮产业竞争制高点，世界各国均结合自身基础和优势开展系统谋划和科学布局，虽然发展思路不尽相同，但均将标准引领作为落实产业战略部署的基本路径。

经过长期的探索与实践，我国逐步形成了系统推动两化融合的管理新理念、新规律和新方法，亟需以标准化为纽带和抓手，通过构建一套标准体系顶层框架，引导相关机构对新时期两化融合发展的理念、要素、规律、方法和路径进行系统总结，并将其固化为科学性好、适用性强、技术内容先进的两化融合系列标准，为政府、行业组织、服务机构及企业等协同推进两化融合提供依据和准则，并通过标准的普及应用将优秀经验与实践在产业界进行普及推广，引导我国两化融合发展迈上新台阶。

2．两化融合生态系统及标准体系的构建原则

为提升两化融合生态系统及标准体系的科学性、适用性、先进性，应当以继承、发展、创新、提高为出发点，深入研究国内外相关体系架构，系统梳理两化融合相关理论、技术、标准、产业发展现状与趋势，建立符合两化深度融合发展需求的两化融合生态系统及标准体系。具体而言，两化融合生态系统及标准体系的构建遵循以下原则。

创新引领，开放合作。将创新作为引领发展的第一动力，坚持开放创新，在参考国内外相关体系架构构建思路与理念的基础上，充分结合我国产业发展特色与两化融合发展过程中积累的技术应用成果和管理创新经验，构建两化融合生态系统。加强两化融合标准制定与产业化，加强与先进国家和国际标准化组织的交流沟通，适时将我国先进标准上升为国际标准，并将适合我国产业发展需求的国际标准适时转化为国家标准。

需求牵引，协调兼顾。适应信息时代发展的新趋势，紧密围绕我国产业发展的迫切需求，面向亟需标准化的关键领域，统筹标准资源，优化标准结构，系统梳理国内两化融合领域相关标准，以满足两化融合发展需求为目标，注重国家标准、行业标准、团体标准的统筹协调，国内标准与国际标准的统筹协调，技术标准和管理标准的统筹协调，不同两化融合发展阶段标准化需求的统筹协调，构建相互衔接、协调配套的标准体系。

系统融合，突出重点。紧紧抓住两化融合跨领域、跨行业、全方位融合等特点，针对两化融合发展面临的参考模型不清晰、推进路径不明确等问题，系统性地提出两化融合生态系统，重点引导有关单位制定术语定义、参考模型、管理体系等通用共性类标准。结合装备基础薄弱、数字化水平有待提升、综合集成发展困境等关键问题，引导有关单位优先研制新型基础设施和核心领域的数字化及网络化等方面的国家标准。

动态优化，持续改进。把握新一代信息通信技术与各产业、各领域持续渗透融合的发展趋势，充分考虑两化融合不断发展和变化的趋势，在两化融合生态系统及标准体系中为可持续创新留下空间，并确保其可用性和适应性，构建兼容性优、开放性好、可塑性强的两化融合生态系统及标准体系。根据产业应用实践，结合新技术发展的最新动态，动态完善两化融合生态系统及标准体系，进一步提高两化融合生态系统和相关标准的适用性和有效性。

2.2 两化融合生态系统

两化融合生态系统（Integration of Informatization and Industrialization Ecosystem, IIIE）是系统概括定义并描述两化融合全要素、全过程的一种通用参考架构，围绕服务社会各界认识和推进两化融合，给出两化融合的组织生态（主体）、价值网络（客体）和资源环境（空间）三个主要视角，数据、技术、业务流程和组织结构四个基本要素，以及数字化、网络化、智能化三个发展阶段。两化融合生态系统（IIIE）既强调过程，也注重结果，适用于制造业、能源、交通、医疗、农业等多个产业领域。

2.2.1 两化融合的三个视角

在信息化时代，针对产业发展呈现出的数字化、网络化、智能化等趋势，以美国工业互联网参考架构、智能制造生态系统及德国工业4.0参考架构为代表，西方发达国家结合自身产业发展现状及优势，聚焦“网络化”发展需求，提出了一系列参考架构，为其产业创新发展提供理论模型支撑。

与西方发达国家有所不同，我国不同地区、行业、企业两化融合发展水平各异，数字化、网络化、智能化发展需求并存。系统研究相关参考架构，深入分析我国两化融合基础条件和发展需求，围绕两化融合的推进主体（“谁来做”）、两化融合的活动对象（“做什么”）、两化融合的基础资源条件（“基于什么做”）三个基本问题，可从组织生态、价值网络、资源环境三个视角分析两化融合发展涉及的关键内容，如图2-1和图2-2所示。

1. 组织生态（主体）视角

组织生态（主体）视角用于描述两化融合活动所涉及的主体。在信息时代，产品（服务）生产的组织方式逐步从科层制向扁平化、流程化、网络化方向变革，组织边界日益模糊，员工和组织的关系由紧密联系逐步走向松散耦合，员工创客化的趋势日益明显。因此，按照两化融合涉及主体范围由小到大，组织生态（主体）视角依次包括岗位/角色、部门/团队、组织、组织网络四个层面（以制造企业为例，分别对应生产岗、管理岗/工人、管理者、决策者，班组/项目组/生产部门/管理部门，企业，以及虚拟企业）。具体内容如下。

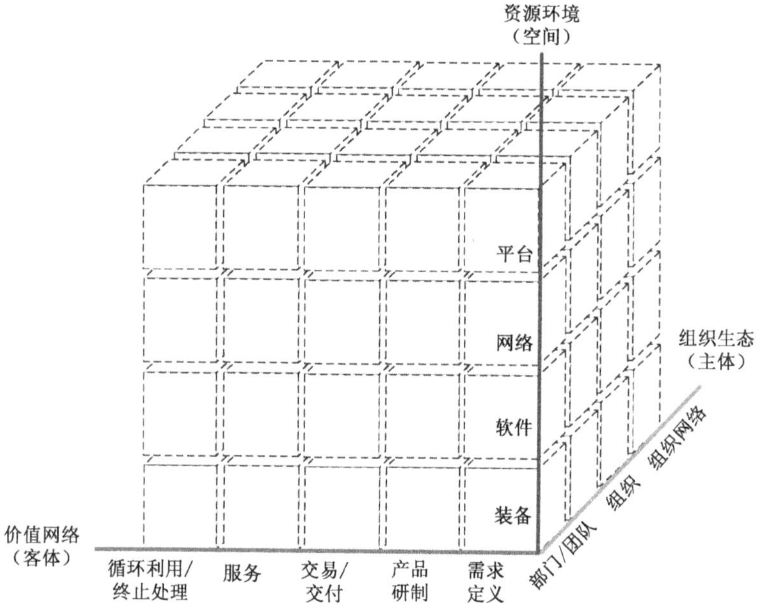

图 2-1　两化融合生态系统（三个视角）

（1）岗位/角色。岗位/角色是一个组织要求个体完成的一项或多项职责及为此赋予个体的权力的总和，如研发设计岗位/研发人员、生产管理岗位/生产管理人员等。岗位/角色通常由组织中的个体承担，单一的个人在两化融合活动中可能被赋予多个岗位职责及角色，两化融合活动中的一种岗位或角色也可能由多个人共同承担。在信息时代，信息技术在推动组织的岗位/角色变革的同时，也极大地延伸了个人的活动范围，个人在两化融合实践活动中的主体作用日益突出。

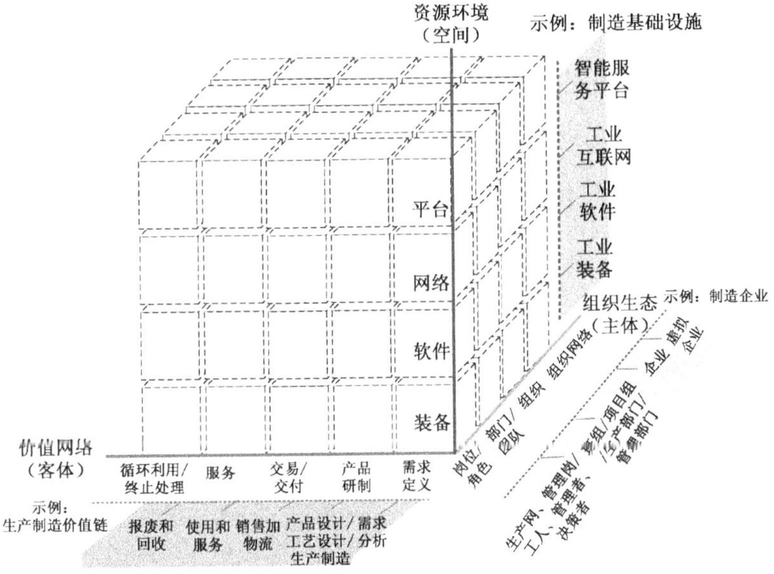

图 2-2 制造领域两化融合生态系统（三个视角）

（2）部门/团队。 部门/团队（如财务部门、研发团队、营运部门等）是为实现特定的职能或任务，由两个或两个以上具有共同目标的个人（角色）组成的团体，按照一定的分工协作规则，实现个体知识和技能合理利用，以解决特定问题，达成既定目标。在传统工业时代，一个组织通常按照职能分工划分为多个不同部门。而在信息时代，划分组织单元则主要以“过程导向”为原则，在流程再造的基础上，构建多个动态工作团队。

（3）组织。组织（如各类制造企业、商业组织、科研单位、政府等）是由多个承担不同职能的部门或团队构成的，具有明确的组织目标和精心设计的组织结构与运行机制，并与外部环境保持密切联系的活动系统。在信息时代，为快速适应不断变化的市场需求，组织的内部结构和运行方式逐步朝扁平化、柔性化、网状化和分权化的方向发展。

（4）组织网络。组织经营虚拟化、边界模糊化是信息时代组织变革发展的重要趋势。基于各种平台构建的组织网络以各种经济性连接为纽带，通过分工协作进行跨组织边界的资源整合，是一种高度发展的经济联系在组织范畴的表现。这种组织结构呈现出组织功能单元虚拟化、组织要素分散化、组织形式弹性化和网络化等特征，可以极大地激发组织创新活力，优化资源配置水平。

2．价值网络（客体）视角

为用户提供产品（服务）并创造价值是组织经营的根本出发点，为实现这一目标所开展的价值创造活动是两化融合的客观载体。价值网络（客体）视角沿着产品全生命周期，给出了两化融合价值创造活动所依托的关键环节，包括需求定义、产品研制、交易/交付、服务、循环利用/终止处理等（以制造领域为例，以上五个环节分别对应需求分析、产品设计/工艺设计/生产制造、销售和物流、使用和服务、报废和回收）。具体内容如下。

（1）**需求定义**是通过管理来自内外部关于产品要求的信息，获得产品改进或创新思路，进而确定产品的目的、范围、定义、功能等。需求定义是产品研制的最初信息来源，包括创意生成及需求的提取、表达和转化等一系列活动。

（2）**产品研制**包括基于产品需求定义，根据产品技术指标和研制条件进一步确定产品的详细功能、使用方式、构成及相互关系等的一系列活动；也包括整合相关资源，按照前端研发设计的要求进行系统性的产品实现过程，涉及计划、采购、过程监控与管理等活动。

（3）**交易/交付**一方面包括以出售、租赁或其他任何方式向客户或第三方提供产品的交易活动，另一方面包括为促成上述行为所进行的辅助活动（如物流活动）。从价值创造角度看，交易/交付过程本身不会使产品或服务的价值增值，但可以通过精准的产品交易/交付管理，优化价值链上的资金配置，实现基于产品交易/交付便捷化的价值增值。

（4）**服务**是指在产品交付后，组织通过相关技术的应用及运营管理方式和商业模式的构建，加强组织和客户的联系，发现用户使用过程中的问题及相关需求，并开展针对性服务的相关活动。从价值创造的角度看，研制阶段形成的产品功能为用户带来的价值将随着时间迁移逐步降低，因此在使用过程中持续为用户提供增值服务是价值创造的重要内容。

（5）循环利用/终止处理是产品寿命终止后的相关处理活动，对于可以回收利用的产品，一般采用产品降级重用、产品维修重用、迭代升级等处理方式，对于不可回收利用的产品主要是终止处理，以最大限度地降低其对环境的影响。

3．资源境（空间）视角

在信息时代，伴随着新一代信息技术的创新与应用，装备智能化水平不断提升，软件定义趋势日益明显，新型工业网络技术不断涌现，平台赋能持续迭代升级，一个数字世界正在加速构建，不断为两化融合带来新的发展空间。两化融合是物理世界和信息世界的融合，各类物理系统和信息系统是两化融合发展的资源环境基础。该视角从资源环境给出了两化融合发展涉及的相关基础设施，包括装备、软件、网络、平台四个方面（以制造领域为例，以上四个方面分别对应工业装备、工业软件、工业互联网、智能服务平台）。具体内容如下。

（1）装备是直接用于产品研制、过程管理、经营管理、交易/交付等过程的相关设备装备，包括传感器、仪器仪表、射频识别、机器人、机器等通用设备装备，也包括物流分拣系统、交通装备、大型加工中心等成套装备。在信息化环境下，应逐步提高装备的自动化、数字化、网络化、智能化水平，不断提升装备的集成应用水平。

（2）软件是应用于各产业领域，为提高产品研制、过程管理与经营管理效率和水平，以及产品使用价值的系统，包括计算机辅助设计（CAD）、数据采集与监视控制系统（SCADA）、分布式控制系统（DCS）、企业资源计划系统（ERP）、客户关系管理系统（CRM）、产品生命周期管理（PLM）、供应链管理（SCM）等。软件通过应用集成可以使相关设备装备呈现出数字化、网络化、智能化特征。

（3）网络是两化融合相关设施设备、系统互联互通，以及数据传输交换、充分流动和无缝集成的基础支撑，主要包括互联网、通信网络、无线网络、工业现场总线、工业无线网络、工业以太网等网络设施。以装备、监控系统、信息系统、产品及用户之间网络互联为基础，实现数据实时传输、计算处理、挖掘利用，促进生产组织方式变革、运营管理优化及商业模式创新。

（4）平台是组织间实现业务集成互联、资源高效整合的有效支撑，也是培育服务新业态、促进商业模式创新、推动产业价值链向高端跃升的有效手段，如工业电子商务平台、工业云服务平台、工业大数据服务平台、“双创”服务平台等。

2.2.2 两化融合的四个核心要素

数据、技术、业务流程与组织结构是两化融合的四个核心要素，推进两化融合在操作层面上主要体现为从组织生态（主体）、价值网络（客体）、资源环境（空间）出发，不断推进数据、技术、业务流程、组织结构四个核心要素互动创新和持续优化的过程。两化融合的四个核心要素和生态系统的具体内容如图 2-3 和图 2-4 所示。

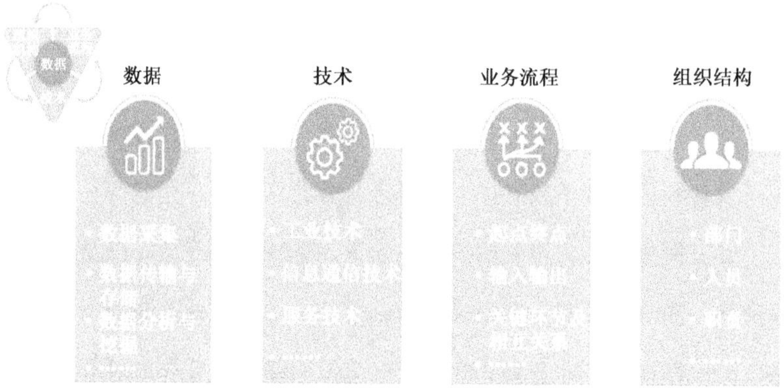

图 2-3　两化融合的四个核心要素

1．数据

随着信息化和工业化的深度融合，数据（信息）流程与产品研制流程、组织经营管理流程加速融合，数据（信息）与物质、能源一样，逐步成为组织的基本工作要素。数据（信息）的管理能力已成为现代组织的核心竞争力之一，如果没有数据（信息）的加工能力，没有数据（信息）的快速反馈能力，没有数据（信息）的综合利用能力等，组织就会失去竞争力。随着数据（信息）更加全面、准确和动态，数据（信息）中潜在的关联和规则，日益成为组织生产、经营和决策的重要依据，甚至可能导致组织的管理架构和决策机制发生重大变化。

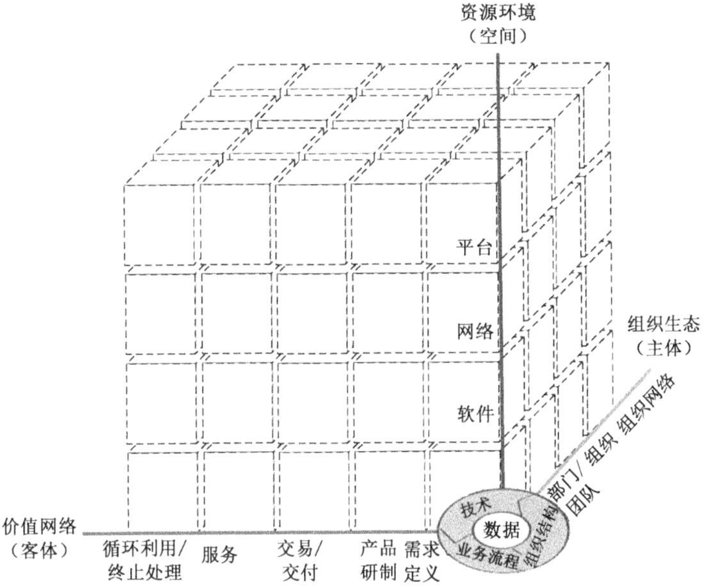

图 2-4 两化融合生态系统（三个视角及四个核心要素）

2．技术

与两化融合相关的技术是组织在信息化条件下所有可能应用到的相关技术，主要包括工业技术、管理技术、服务技术、信息通信技术等。其中，新一代信息技术是创新最活跃、带动力最强、渗透性最广的，推动了不同技术之间的融合，为其他产业的加速发展提供了新的动力。随着以新一代信息技术为代表的高新技术的飞速发展，深入推进技术的应用创新和集成创新正在引发组织内部、产业链甚至全球范围资源优化配置方式的变革，研发创新、运营管理、市场服务、经营决策等方面的新理念、新模式层出不穷，为组织通过两化融合实现全局创新、整体提升提供了方法、手段和途径，是加速转型升级和创新发展的重要驱动力量。

3．业务流程

在信息时代，各类主体推进两化融合要突破原有的思维方式，打破固有的管理范式，通过信息技术的广泛应用，重新规划并优化业务流程，提升整体效率和竞争力。在信息化条件下，利用业务流程优化的手段来规范和提升管理水平，管理的首要原则应从以职能分工为主发展到以业务流程为中心，围绕着业务流程所建立的组织将具有更高的敏捷性和效益，同时也自然地呈现出扁平化、网络化特征。特别是在互联网环境下的业务流程优化和再造强调用户参与和持续改进，参与各方通过共建共享更加高效、透明、动态的业务流程，实现组织间实时在线的业务协作，可极大提高总体资源效率，大幅提升快速响应能力和核心竞争力。

4．组织结构

随着信息技术的高速发展，尤其是互联网（移动互联网）应用的持续深化，用户参与、服务个性化、生产分散化逐渐成为市场和服务的新要求，“科层制管理”模式下金字塔式层级结构已不能完全适应信息时代的要求，组织结构将朝着扁平化、柔性化、网状化和分权化的方向发展，组织之间及组织与消费者之间的边界日益模糊化，过去高度集中的决策中心组织将逐步转变为分散的多中心决策组织。因此，各类主体推进两化融合需要引入新的管理思维和信息化手段，优化和重构现有组织结构和业务流程，最大限度地实现技术上的功能集成、管理上的职能协同，打破传统的职能型组织结构壁垒，建立全新的基于业务流程的组织结构，更好地为用户创造价值，快速响应市场动态变化，提高可持续发展的能力。

2.2.3 两化融合的三个发展阶段

两化融合发展水平的持续提升是数据、技术、业务流程、组织结构四要素相互作用、相互影响的综合体现。两化融合发展进程是从组织生态（主体）、价值网络（客体）、资源环境（空间）三个视角出发，四要素互动创新和持续优化的过程及结果在时间维度上的投影，可分为数字化、网络化、智能化三个螺旋式上升的发展阶段，如图 2-5 和图 2-6 所示。

1. 数字化

数字化发展阶段的主要任务为推动传统生产、经营、管理、服务等活动和过程的数字化，主要作用体现为实现原有工作方式和模式在特定业务领域或环节的局部优化，其复杂度和难度相对较低，主要特点是“规范化”，相关活动和过程仍以串行为主，需要从工作主体（组织生态）、工作客体（价值网络）、工作环境（资源环境）等方面统筹推进，涉及数据、技术、业务流程、组织结构四方面的核心要素，围绕各要素的重点如下。

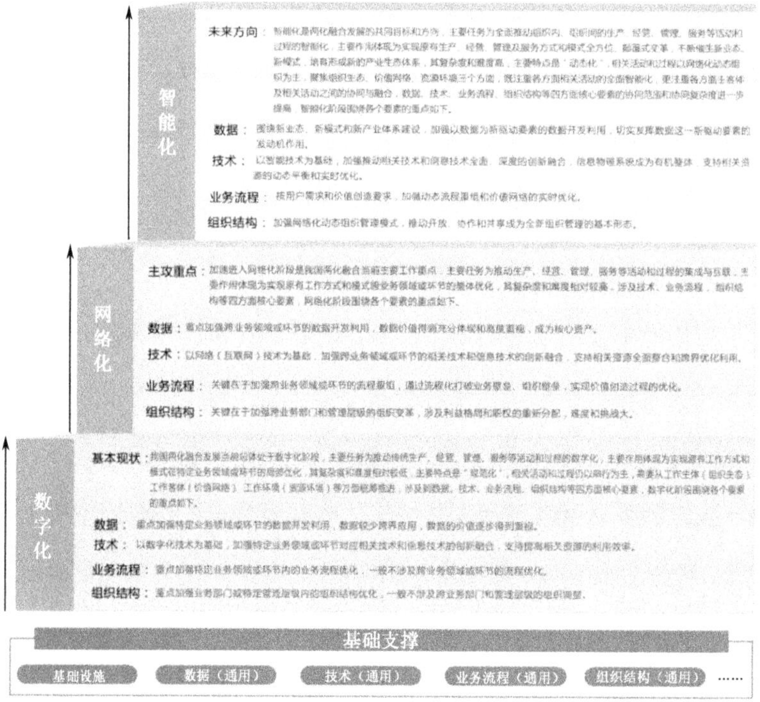

图 2-5　两化融合发展阶段

（1）数据：重点加强特定业务领域或环节的数据开发利用，数据较少跨界应用，数据的价值逐步得到重视。

（2）技术：以数字化技术为基础，加强特定业务领域或环节对应相关技术和信息技术的创新融合，支持提高相关资源的利用效率。

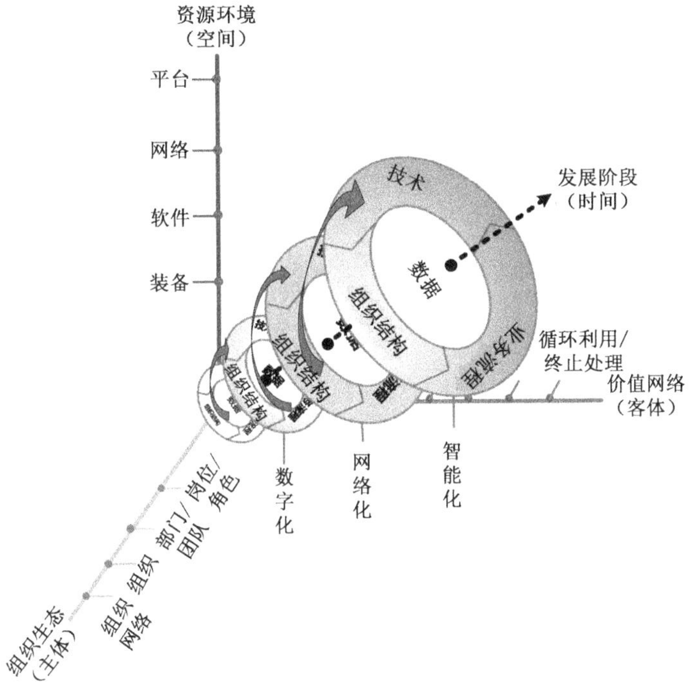

图 2-6　两化融合生态系统（三个视角、四个核心要素及发展阶段）

（3）业务流程：重点加强特定业务领域或环节内的业务流程优化，一般不涉及跨业务领域或环节的流程优化。

（4）组织结构：重点加强业务部门或特定管理层级内的组织结构优化，一般不涉及跨业务部门和管理层级的组织调整。

2．网络化

网络化阶段的主要任务为推动生产、经营、管理、服务等活动和过程的集成与互联，主要作用体现为实现原有工作方式和模式跨业务领域或环节的整体优化，其复杂度和难度相对较高，主要特点是“流程化”，相关活动和过程以并行为主，涉及数据、技术、业务流程、组织机构四个方面的核心要素，围绕各要素的重点如下。

（1）数据：重点加强跨业务领域或环节的数据开发利用，数据价值得到充分体现和高度重视，成为核心资产。

（2）技术：以网络（互联网）技术为基础，加强跨业务领域或环节的相关技术和信息技术的创新融合，支持相关资源全面整合和跨界优化利用。

（3）业务流程：关键在于加强跨业务领域或环节的流程重组，通过流程化打破业务壁垒、组织壁垒，实现价值创造过程的优化。

（4）组织结构：关键在于加强跨业务部门和管理层级的组织变革，涉及利益格局和职权的重新分配，难度和挑战大。

3．智能化

智能化是两化融合发展的共同目标和方向，主要任务为全面推动组织内与组织间的生产、经营、管理、服务等活动和过程的智能化和协同化，主要作用体现为实现原有生产、经营、管理及服务方式和模式全方位及颠覆式变革，不断催生新业态、新模式，培育形成新的产业生态体系，其复杂度和难度高，主要特点是“动态化”，相关活动和过程以网络化动态组织为主，聚焦组织生态（主体）、价值网络（客体）、资源环境（空间）三个方面，注重各方面相关活动的全面智能化，更注重各方面主客体及相关活动之间的协同与融合，数据、技术、业务流程、组织结构四个方面核心要素的协同范围和协同复杂度进一步提高，各个要素的重点如下。

（1）数据：围绕新业态、新模式和新产业体系建设，加强以数据为新驱动要素的数据开发利用，切实发挥数据这一新驱动要素的发动机作用。

（2）技术：以智能技术为基础，加强推动相关技术和信息技术全面、深度的创新融合，信息物理系统成为有机整体，支持相关资源的动态平衡和实时优化。

（3）业务流程：按用户需求和价值创造要求，加强动态流程重组和价值网络的实时优化。

（4）组织结构：加强网络化动态组织管理模式，推动开放、协作和共享成为组织管理的基本形态。

2.2.4 两化融合生态系统与相关参考架构的对比分析

1. 相关参考架构的简介

为应对新一轮科技革命和产业变革，抢占产业竞争制高点，德国、美国等国家提出了一系列战略部署，并针对工业 4.0、工业互联网、智能制造系统等领域，开展了一系列理论探索，提出了工业 4.0 参考架构模型（RAMI 4.0）、工业互联网参考架构（IIRA）、智能制造生态体系等相关参考架构，如表 2-1 所示。

表 2-1 国外相关参考架构基本情况简介

	两化融合生态系统	工业 4.0 参考架构模型	工业互联网参考架构	智能制造生态体系
英文名称	Integration of Informatization and Industrialization Ecosystem, IIIE	Reference Architecture Model Industry 4.0, RAMI 4.0	Industrial Internet Reference Architecture, IIRA	Smart Manufacturing Ecosystem
发起国家	中国	德国	美国	美国
发布时间	2017 年	2015 年	2015 年	2016 年
主要作者	两化融合服务联盟 制造业与互联网融合发展联盟 国家工业信息安全发展研究中心	电工电子与信息技术标准化委员会（DKE）	工业互联网联盟（IIC）	美国国家标准与技术研究院（NIST）
聚焦领域	制造业、能源、交通、医疗、农业……	制造业	制造业、能源、交通、医疗、农业……	制造业
主要维度	组织生态（主体） 价值网络（客体） 资源环境（空间）	系统开发分层结构 生命周期&价值链 系统层级	四个视图（业务、用途、功能、实现） 产品全生命周期 行业	产品维 业务维 生产系统维 以上三个维度交互融合于制造金字塔
参考标准及模型	GB/T 23000-2017 GB/T 23001-2017 GB/T 23020-2013	ISO OSI 七层模型 IEC 62890 IEC 62264 IEC 61512	ISO/IEC 42010	ISA 95 IEC 62264
标准化工作	开展标准制定	开展标准制定	向标准化组织提出标准建议	归纳相应领域的已有标准及标准需求

1）德国工业 4.0 参考架构模型（RAMI 4.0）简介

2015 年 4 月，德国电工电子与信息技术标准化委员会（DKE）发布了工业 4.0 参考架构模型 RAMI 4.0。参考架构作为工业 4.0 的顶层设计，用可视化和数字化的方式，表现了系统的要素、相互关系和系统演变规则，以一个三维模型从系统开发分层（Layers）、生命周期及价值链（Life Cycle & Value Stream）、系统层级（Hierarchy Levels）三个维度出发，展示工业 4.0 涉及的所有关键要素。工业 4.0 参考架构模型（RAMI 4.0）如图 2-7 所示。

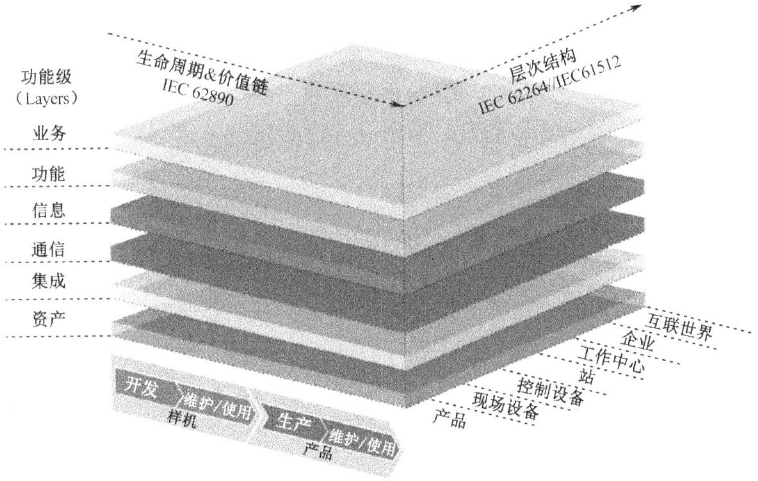

资料来源：德国电工电子与信息技术标准化委员会（DKE）发布的《工业 4.0 参考架构模型 RAMI 4.0》报告。

图 2-7　工业 4.0 参考架构模型（RAMI 4.0）

（1）系统开发分层维度。RAMI 4.0 的系统开发分层维度对整个产品开发及生产运作过程加以描述，借用信息和通信技术常用的分层概念，理念上与 ISO OSI 开放系统互联 6 层模型基本一致，各层实现相对独立的功能，同时，下层为上层提供接口，上层使用下层的服务。该维度 6 个层级自下而上依次为设备层、集成层、通信层、信息层、功能层、业务层。

（2）生命周期及价值链维度。RAMI 4.0 模型左侧水平轴参考 IEC 62890《工业过程测量控制和自动化系统和产品生命周期管理》，描述产品全生命周期和价值链。该维度将产品全生命周期划分为样机开发（Type）和产品生产（Instance）两个阶段，Type 阶段指从初始设计到定型，包括各种测试和验证，Instance 阶段指进行产品的规模化、工业化生产。另外，将产品全生命周期与其所包含的增值过程一起考虑，不仅限于单个工厂内部，而是扩展到涉及的所有工厂与合作伙伴，将采购、订单、装配、物流、维护、供应商及客户等紧密相连。

（3）系统层级维度。RAMI 4.0 模型的第三轴（右侧水平轴）与 IEC 62264《企业控制系统集成》和 IEC 61512《批控制》规定的层级一致，描述了工业 4.0 不同生产环境下的实际功能分类，层级包括互联世界、企业、工作中心、工作站、控制装备、现场设备、产品。

2）美国工业互联网参考架构（IIRA）简介

2015 年 6 月，美国工业互联网联盟（IIC）发布工业互联网参考架构（Industrial Internet Reference Architeture，IIRA），为工业互联网系统的各要素及相互关系提供了通用语言，以帮助开发者在工业领域有效建立互联网系统。工业 4.0 参考架构（IIRA）如图 2-8 所示。

参考 ISO/IEC/IEEE 42010—2011，工业互联网参考架构 IIRA 包括业务视角、用途视角、功能视角和实现视角四个层级。

（1）业务视角。业务视角的关注点主要在于明确利益相关者及其在业务和监管背景下建立工业互联网的业务愿景、价值观和目标。它明确了工业互联网系统通过映射到基础系统功能来实现既定目标的方法，主要面向业务决策者、产品经理和系统工程师等受众。

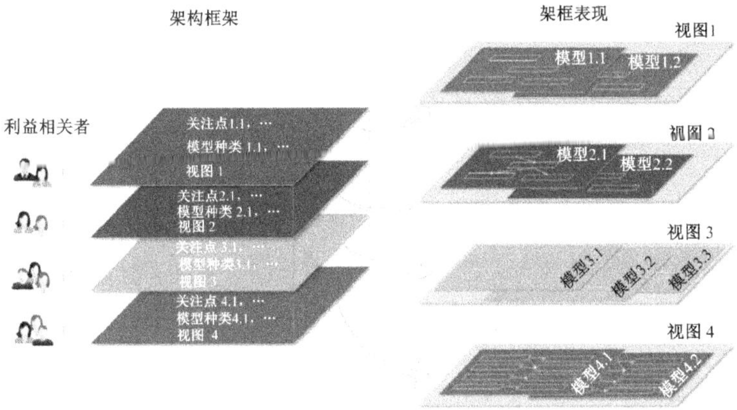

资料来源：美国工业互联网联盟（IIC）发布的《工业互联网参考架构》报告。

图 2-8 工业 4.0 参考架构（IIRA）

（2）用途视角。用途视角的关注点主要在于系统的预期功能。它通常表示为涉及人类或逻辑（如系统或系统组件）用户的活动序列，这些用户可以在达到基础系统能力时实现最终的预期功能，其受众主要包括系统工程师、产品经理和其他利益相关者。

（3）功能视角。功能视角聚焦工业互联网系统里的功能组件与其之间的相互关系、结构、接口与交互，以及与环境外部的关系和相互作用，用以支撑整个系统的运行，其主要受众包括系统组件架构师、开发人员和集成商。

（4）实现视角。实现视角主要关注功能组件之间通信方案与生命周期所需要的技术，其主要受众包括系统组件架构师、开发人员、集成商及系统操作员。

3）美国智能制造生态体系简介

2016 年 2 月，美国国家标准与技术研究院（NIST）发表了《智能制造系统现行标准体系》报告。这份报告总结了未来美国智能制造系统依赖的标准体系，并给出了智能制造生态体系。

智能制造生态系统包含产品维、生产系统维、业务维三个维度。产品维包括产品从设计到回收的生命周期全过程；生产系统维聚焦于整个生产设施（包括其系统）的设计、部署、运行和关闭；业务维围绕制造业的供应链管理，展示了供应商和客户的交互过程。制造金字塔是智能制造生态系统的核心，产品全生命周期、生产系统生命周期、业务周期在此融合交互。基于 ISA 95 和 IEC 62264 标准，制造金字塔自上而下分为企业层、运营管理层、过程控制层和底层装备层。智能制造生态体系模型如图 2-9 所示。

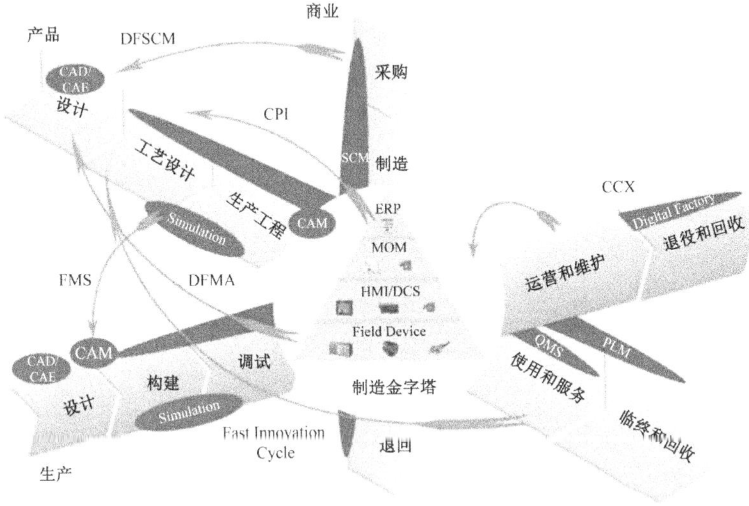

资料来源：美国国家标准与技术研究院（NIST）发布的《智能制造系统现行标准体系》报告。

图 2-9　智能制造生态体系模型

2．两化融合生态系统与其他参考架构的异同点分析

（1）各参考架构均是立足本国产业发展优势提出的产业未来发展的概念模型。

无论是德国工业 4.0 参考架构模型（RAMI 4.0），还是美国工业互联网参考架构（IIRA）、智能制造生态体系，抑或是我国的两化融合生态系统（IIIE），均是以本国产业优势为切入点，以高度抽象的方式展示产业变革发展的核心理念、关键要素、通用路径和方法工具的概念模型，可作为产业未来发展的顶层设计。德国提出的工业 4.0 参考架构模型（RAMI 4.0）依托本国在制造业积累的丰富实践成果，从制造业的典型特征入手，直接参考 IEC 相关标准，围绕系统开发分层结构、生命周期&价值链、系统层级三个维度，以可视化的方式凸显工业 4.0 体系的多面性，是一种聚焦于生产资源集成互联的新工业革命定义。工业互联网参考架构（IIRA）从互联网产业的角度出发，基于软件及互联网的核心技术与思维方法，以不同利益群体的视角探讨了相关方实现信息互联、智能创新的责任、关注点，是一种针对未来产业发展的互联网开放体系架构。智能制造生态体系则是美国站在世界产业最前沿的位置上，围绕信息时代制造业核心竞争力需求，提出的一种面向服务的关键环节集成互联的新型制造范式。我国的两化融合生态系统（IIIE），既面向我国两化融合发展水平各异，数字化、网络化、智能化发展需求并存的差异化特征，也考虑了我国互联网产业日新月异、蓬勃发展的新时期现状，围绕数据、技术、业务流程、组织结构四个核心要素，从主体、客体、空间多角度诠释了信息化时代不同发展阶段产业转型升级和创新发展的基本内涵与关键路径。

（2）各参考架构均突破了传统工业理论对产业发展规律和边界的认知，融入了信息时代的新理念、新规律和新方法。

在当前新工业革命的大背景下，以西方古典经济学、发展经济学为基础，以强调专业化分工、科学管理、精益管理等管理思想为代表的传统工业化理论，已经越来越难以适应信息时代产业数字化、网络化、智能化的发展需求。工业 4.0、工业互联网、智能制造系统及两化融合，均是结合各国自身发展优势、聚焦于新工业革命背景下的产业变革开展的理论方法创新，其参考架构均突破了传统工业化理论对产业发展规律和边界的认知，充分吸收了信息时代的思维方式和理论方法。工业 4.0 以 CPS 为核心，不仅提出企业内部信息流、资金流、物流有机融合的纵向集成，更立足于全产业的信息资源，强调价值网络的横向集成与跨越价值链的端到端集成，突破了传统的企业发展边界，在参考架构模型（RAMI 4.0）系统层级维度的企业层之上，增加“互联世界层”，重点关注跨企业的产业链协同互联关系。工业互联网具有明显的“行业普适”特点。通过对工业互联网关键属性和跨产业共性问题的深刻分析形成的工业互联网参考架构（IIRA），作为信息技术在产业领域应用的指导模型，突破了传统的制造业边界，同时适用于能源、医疗、交通等领域。美国的智能制造生态体系则是面向信息时代制造业个性化定制、小批量生产、供应链多变的发展需求，以数据的自动流转为核心，从产品、生产系统、业务三个维度对信息时代制造业新范式的解构。两化融合生态系统（IIIE）作为我国在信息化时代推动产业变革发展的理论探索，着力于把握信息时代的新技术、新方法、新理念，IIIE 中的组织生态（主体）、价值网络（客体）、资源环境（空间）视角均突破了传统的企业边界，延伸至产业领域，在时间维度上跳出了当前数字化发展进程，描绘出制造业、能源、交通、医疗、农业等领域沿着数字化、网络化、智能化三个阶段螺旋式上升的关键发展路径。

（3）工业 4.0 参考架构模型（RAMI 4.0）、智能制造生态体系均从制造业的视角切入，系统导入信息化的发展理念与要素；工业互联网参考架构主要从信息化的视角对制造业的发展规律与特征进行系统描述；两化融合生态系统（IIIE）则从融合的视角阐释工业化与信息化交互发展的理念方法与关键特征。

随着新一代信息通信技术与制造业的融合渗透，制造业与互联网的跨界互动愈发密切，来自不同领域的专家从各自的视角出发，提出了一系列指导产业融合发展的参考架构。虽然侧重点各有不同，但是终极目标殊途同归。工业 4.0 参考架构模型（RAMI 4.0）、智能制造生态体系均是从制造业的维度与视角出发，融入信息化理念与要素的体系架构。工业互联网参考架构（IIRA）是从信息化的视角出发，以网络化的思维方式指导不同产业与互联网融合转型的抽象模型。两化融合生态系统（IIIE）则从融合的视角对工业化与信息化交互协同的理念方法与关键特征进行系统阐释。工业 4.0 参考架构模型（RAMI 4.0）从生命周期&价值链、系统层级两个制造业的基本维度出发，借用信息和通信技术常用的ISO OSI分层模型，加入信息系统开发分层的维度，展示了工业4.0所涉及的关键要素及相互关系。同样，智能制造生态体系以产品、生产系统、业务三个维度展示制造业的全部业务环节，通过三个维度交互融合形成的制造金字塔体现了信息在制造业不同管控层级间的自动流转，形成了一套信息集成与交换的架构和标准模型。美国工业互联网参考架构（IIRA）则是以互联网思维为特征的抽象模型，以业务、用途、功能、实现四个视角为核心，着重确定不同视角下的利益相关者及其关注点，采用通用且高度抽象的描述和表述，为信息系统在不同产业的部署、集成、应用提供一致性定义与指导。两化融合生态系统（IIIE）从融合的视角出发，围绕数据、技术、业务流程、组织结构四个核心要素的互动创新与持续优化，将工业化时代与信息化时代的产业发展特征有机结合，在主体、客体、空间维度上充分反映，形成了组织生态、价值网络、资源环境三个视角，并在时间维度进行投影，综合体现出两化融合发展的主体、客体、技术载体在融合发展进程中的交互作用，系统反映出工业化与信息化交互影响、协同发展的理念、要素、方法、规律。

（4）两化融合生态系统（IIIE）充分结合了中国产业转型升级和创新发展的丰富实践和理论探索，相比于其他参考架构既有共通之处，又有独到之处。

结合几十年来我国产业转型升级和创新发展的最新理论成果与实

践经验，两化融合生态系统围绕数据、技术、业务流程、组织结构四个核心要素，从组织生态（主体）、价值网络（客体）、资源环境（空间）三个视角和数字化、网络化、智能化三个发展阶段出发，对两化融合的核心内涵与关键路径进行定义与描绘，相比于其他参考架构既有共通之处，又有独到之处。两化融合生态系统以价值网络（客体）作为重要维度，与德国工业 4.0 参考架构模型的生命周期及价值链维（Life Cycle & Value Stream），美国智能制造生态体系的产品维（Product Lifecycle）、业务维（Business Cycle）具有相通之处。同时，两化融合生态系统创造性地提出了组织生态（主体）视角和资源环境（空间）视角。相对于其他参考架构，两化融合生态系统更注重人的重要作用，组织生态视角从推进主体的视角，表现了信息时代人的组织关系和组织方式的变革趋势。资源环境视角展示了物理系统和信息系统在从设备到平台等两化融合发展不同技术载体上有机融合的关键特征，体现了信息在空间维度上集成互联、自动流转的规律。此外，两化融合生态系统兼顾了技术与管理需求，从两化融合四个核心要素和两化融合发展阶段两个方面入手，立体化展示了两化融合发展的基本内涵、关键路径、方法等。

2.3 两化融合标准体系

两化融合标准体系是基于两化融合生态系统构建的两化融合领域标准研制的顶层框架，明确了两化融合标准化工作的关键路径，可为社会各界以标准为引领推动两化融合、实现产业创新发展提供指引。

2.3.1 两化融合标准体系概述

产品、企业（组织）、产业链是两化融合在产业领域产生影响的重要活动载体和核心应用场景，持续为用户提供优质产品，并创造价值、提高企业（组织）管控水平、提升产业链资源整合能力是两化融合的核心价值所在。以两化融合生态系统（IIIE）为指导，结合两化融合发展现状、趋势及需求，聚焦产品生命周期、企业（组织）管控、产业链三个核心领域，以两化融合通用共性和基础设施为支撑，同时考虑不同行业应用需求，构建了两化融合标准体系总体框架，如图 2-10 所示，用于指导两化融合相关标准建设。

该标准体系总体框架以引导产业发展为出发点，描述了两化融合标准体系的构成及相互关系，覆盖通用共性、基础设施、产品生命周期、企业（组织）管控、产业链、行业应用 6 个领域，具体内容如下。

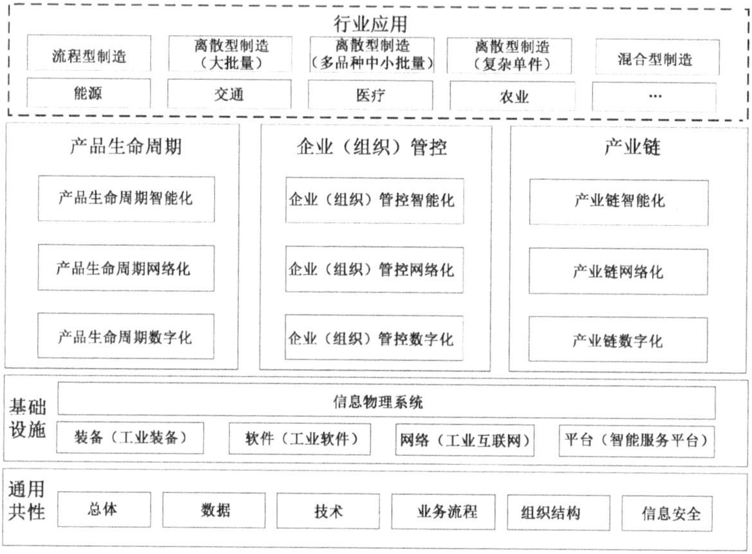

注：通用共性、基础设施、产品生命周期、企业（组织）管控、产业链等通用标准无法满足行业应用需求时，可进一步细化和扩展形成行业应用标准。

图 2-10　两化融合标准体系总体框架

通用共性标准主要对应两化融合生态系统（IIIE）中的核心要素部分，包括总体、数据、技术、业务流程、组织结构、信息安全 6 个细分领域，用于规定两化融合涉及的基础通用概念、方法和要求等。

基础设施标准主要对应两化融合生态系统（IIIE）中的资源环境部分，用以指导企业或第三方服务商基于两化融合的不同发展阶段，提供适应组织业务发展与技术改进需求的基础设备设施，包括装备（工业装备）、软件（工业软件）、网络（工业互联网）、平台（智能服务平台）、信息物理系统 5 个细分领域。

产品生命周期、企业（组织）管控、产业链三个领域的标准分别面向产品全生命周期管理与服务、企业（组织）管控、产业链运营相关核心业务活动在信息化环境下的创新发展特征，按照数字化、网络化、智能化的发展需求进行归类，提出了引导产业及组织在不同发展阶段开展两化融合的规范要求、指导性方法和实施指南等标准。产品生命周期包括产品生命周期数字化、产品生命周期网络化、产品生命周期智能化 3 个细分领域；企业（组织）管控包括企业（组织）管控数字化、企业（组织）管控网络化、企业（组织）管控智能化 3 个细分领域；产业链包括产业链数字化、产业链网络化、产业链智能化 3 个细分领域。

行业应用标准是在通用共性、基础设施、产品生命周期、企业（组织）管控、产业链通用标准无法满足行业应用需求时，进一步结合行业特色进行细化和扩展形成的行业应用标准，包括流程型制造、离散型制造（大批量）、离散型制造（多品种中小批量）、离散型制造（复杂单件）、混合型制造、能源、交通、医疗、农业等行业应用标准。

基于两化融合标准体系总体框架，根据两化融合标准化工作的领域与目标，以制造业为重点，进一步明确各领域的标准化重点需求，形成两化融合标准体系，如图 2-11 所示。

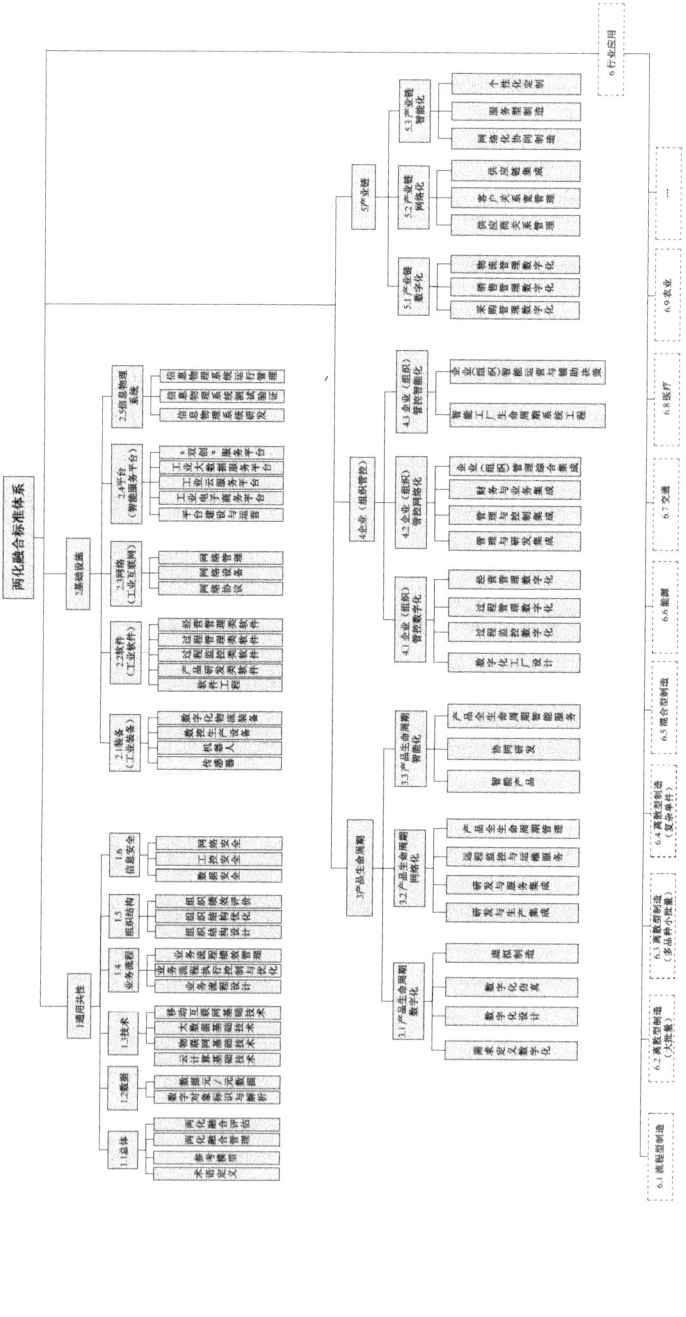

图 2-11　两化融合标准体系

两化融合标准体系中的产品生命周期数字化、企业（组织）管控数字化、产业链数字化领域的标准主要是实现传统业务活动和过程数字化，支撑数字化制造及产业数字化转型所需的标准。产品生命周期网络化、企业（组织）管控网络化、产业链网络化领域的标准主要是实现企业生产经营相关活动和过程集成互联及产业链互联融合，是支撑网络化制造、产业网络化发展所需的标准。产品生命周期智能化、企业（组织）管控智能化、产业链智能化领域的标准则主要是实现企业内、企业间相关业务活动和过程智能化与协同创新，催生培育新业态、新模式，实现智能化制造、产业智能化发展所需要的标准，如图 2-12 所示。

图 2-12 两化融合标准体系总体框架

（两化融合不同发展阶段所涉及的重点标准领域说明）

2.3.2 两化融合标准体系详细说明

1. 通用共性标准说明

通用共性标准是支撑两化融合发展的通用标准，适用于各环节、各领域及各发展阶段，如图 2-13 所示。**一是总体标准**，包括术语定义、参考模型、两化融合管理体系、两化融合评估等，术语定义用于统一两化融合相关概念，为其他部分标准的制定提供概念、模型、方法等基础支撑；参考模型标准用于帮助各方认识和理解两化融合特定领域标准化的对象、边界、要素构成和内在联系等；两化融合管理体系是引导组织强化变革管理、系统推进两化融合的管理方法论，明确组织系统建立、实施、保持和改进两化融合管理机制的通用方法；两化融合评估标准明确两化融合评估的基本原则、评价指标体系、评价方法，提供了两化融合评估的实施细则。**二是数据标准**，包括数据对象标识与解析、数据元/元数据等标准，用于规定产品设计、研制、流通、服务等环节相关数据的命名规则、数据格式、数据模型、数据管理方法等，为组织开展数据开发利用，实现互联互通和业务集成提供基础。**三是技术标准**，包括云计算、物联网、大数据、移动互联网等两化融合相关的基础技术标准。**四是业务流程标准**，规定了组织梳理设计业务流程、对业务流程执行过程进行控制和优化、开展业务流程绩效管理的通用标准。**五是组织结构标准**，规定了开展组织结构设计及优化、组织绩效评价等工作的通用标准。

六是信息安全标准，明确了开展两化融合相关的数据、工控、网络等领域安全管理的基本要求，提供安全风险控制规范，包括数据安全、工控安全、网络安全等标准。

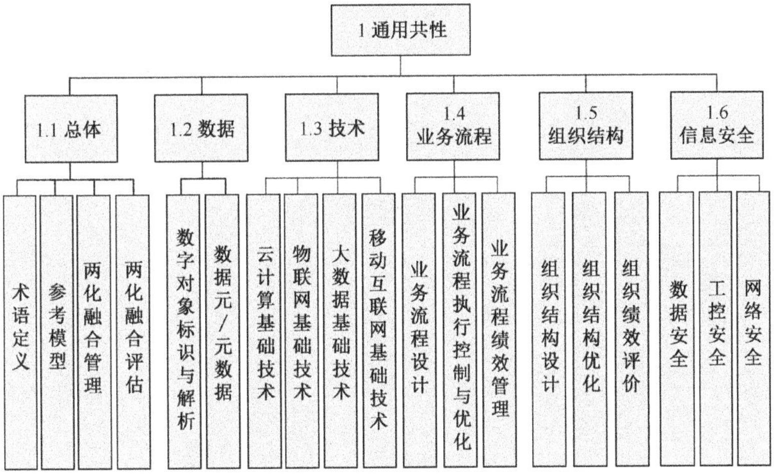

图 2-13　两化融合通用共性标准

2．基础设施标准说明

基础设施标准引导企业或第三方服务商结合组织竞争力提升、产业转型升级发展需求，研制提供适应组织及产业发展现状、面向不同发展阶段水平的两化融合发展基础设施，如图 2-14 所示。相关标准如下。**一是装备（工业装备）标准**，包括传感器、机器人、数控生产设备、数字化物流装备等领域的标准；**二是软件（工业软件）标准**，包括软件工程、产品研发类软件、过程监控类软件、过程管理类软件、经营管理类软件等领域的标准；**三是网络（工业互联网）标准**，包括网络协议、网络设备、网络管理等领域的标准；**四是平台（智能服务平台）标准**，包括平台建设与运营、工业电子商务平台、工业云服务平台、工业大数据服务平台、“双创”服务平台等领域的标准；**五是信息物理系统标准**，包括信息物理系统研发、信息物理系统测试验证、信息物理系统运行管理等领域的标准。

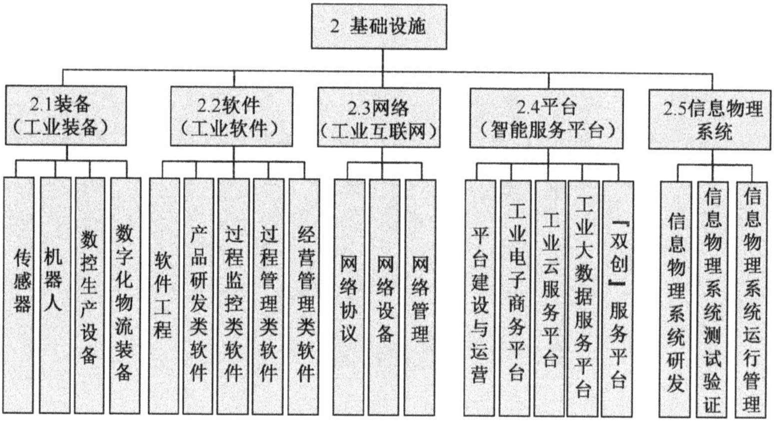

图 2-14　两化融合基础设施标准

3．产品生命周期标准说明

产品生命周期标准主要是从产品或服务的市场生命周期角度提出的，支撑产品全生命周期管理与创新所需的标准，如图 2-15 所示。产品生命周期标准分为数字化、网络化、智能化三个方面的标准。**一是产品生命周期数字化标准**，用于指导企业（组织）在产品生命周期的需求定义、产品设计、生产制造等单一业务环节引入并应用数字化手段，包括需求定义数字化、数字化设计、数字化仿真、虚拟制造等标准；**二是产品生命周期网络化标准**，用于指导企业（组织）沿产品生命周期开展跨部门、跨业务环节集成，包括研发与生产集成、研发与服务集成、远程监控与运维服务、产品全生命周期管理等标准；**三是产品生命周期智能化标准**，用于引导企业（组织）围绕产品全生命周期开展业务模式创新，包括智能产品、协同研发、产品全生命周期智能服务等标准。

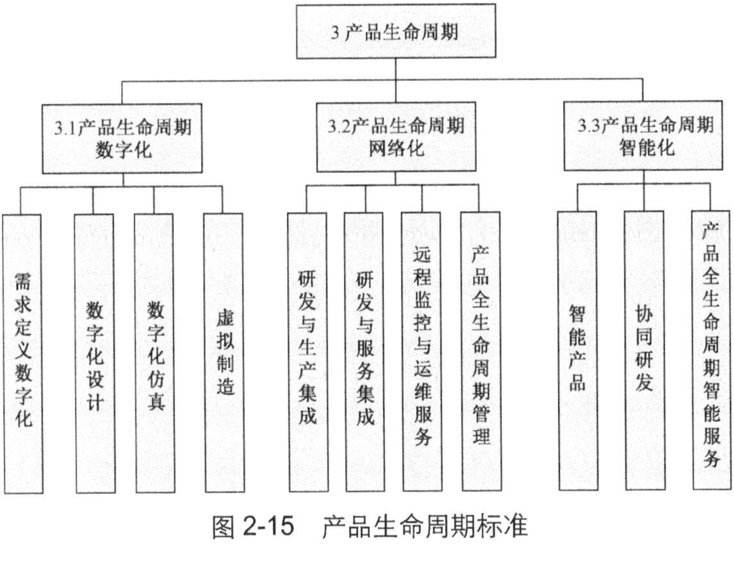

图 2-15　产品生命周期标准

4．企业（组织）管控标准说明

企业（组织）管控标准聚焦企业内部管控，是规范企业（组织）中信息技术和相关技术融合，指导不同管控层级间业务集成互联，实现企业（组织）内管理与控制，以及跨企业（组织）智能创新协同所需的标准，如图 2-16 所示。企业（组织）管控标准分为数字化、网络化、智能化三个方面的标准。**一是企业（组织）管控数字化标准**，用于指导企业（组织）开展数字化工厂建设，以及在过程监控、过程管理、经营管理等单一管控层级中引入并应用数字化手段，包括数字化工厂设计、过程监控数字化、过程管理数字化、经营管理数字化等标准；**二是企业（组织）管控网络化标准**，用于指导企业（组织）开展并实现跨部门、跨业务环节集成，包括管理与研发集成、管理与控制集成、财务与业务集成、企业（组织）管理综合集成等标准；**三是企业（组织）**

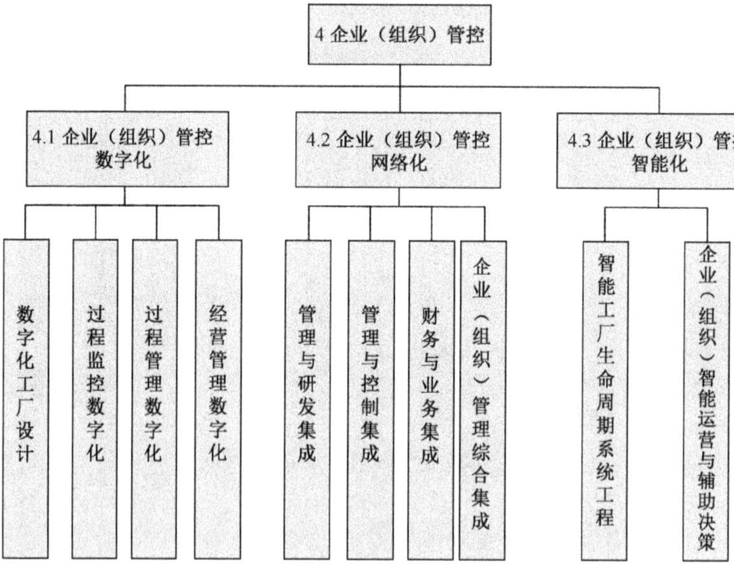

图 2-16 企业（组织）管控标准

管控智能化标准，用于引导企业（组织）提升各管控层级协同优化水平，推进并实现生产经营及业务模式创新例如，指导企业（组织）开展智能工厂设计、建设、投产、运营至报废的全生命周期管控的智能工厂生命周期系统工程标准，以及指导企业（组织）开展基于数据的智能运营与辅助决策标准。

5．产业链标准说明

产业链标准是聚焦企业（组织）间、跨领域的集成与协同，从产业链价值创造角度提出，支撑产品或服务价值增值，服务于产业价值链重构的标准，如图 2-17 所示。产业链标准分为数字化、网络化、智能化三个方面的标准。**一是产业链数字化标准**，用于引导企业

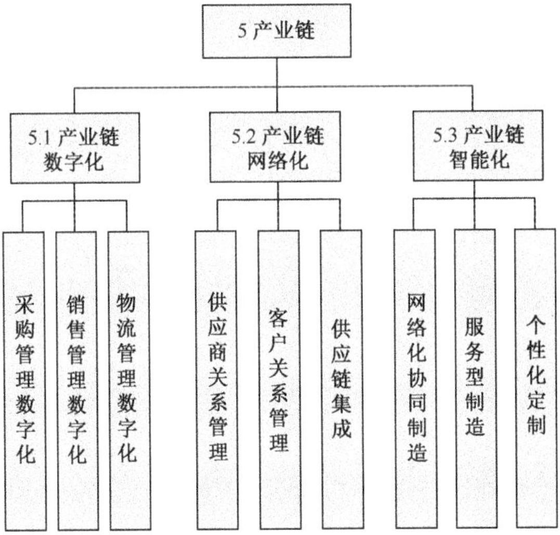

图 2-17　产业链标准

（组织）在产业链的采购、销售、物流等单一业务环节引入并应用数字化手段，包括采购管理数字化、销售管理数字化、物流管理数字化等标准；**二是产业链网络化标准**，用于指导企业（组织）开展产业链上下游业务互联，沿产业链开展跨企业、跨业务环节集成，包括供应商关系管理、客户关系管理、供应链集成等标准；**三是产业链智能化标准**，用于引导企业（组织）围绕产业链协同开展业务模式创新，包括网络化协同制造、服务型制造、个性化定制等标准。

6．行业应用标准说明

当通用共性、基础设施、产品生命周期、企业（组织）管控、产业链标准等通用标准无法满足行业应用需求时，可结合行业发展需求和特色，对通用共性标准进行进一步细化和扩展，形成行业推动两化融合发展的细化标准与实施指南，包括流程型制造、离散型制造（大批量）、离散型制造（多品种中小批量）、离散型制造（复杂单件）、混合型制造、能源、交通、医疗、农业等行业应用标准。

2.3.3 两化融合标准体系的建设路径及重点

1．总体思路

按照“急用先行、成熟先上、重点突破”的原则，将两化融合标准建设重点领域分为三个优先级，如图 2-18 所示。具体内容如下。

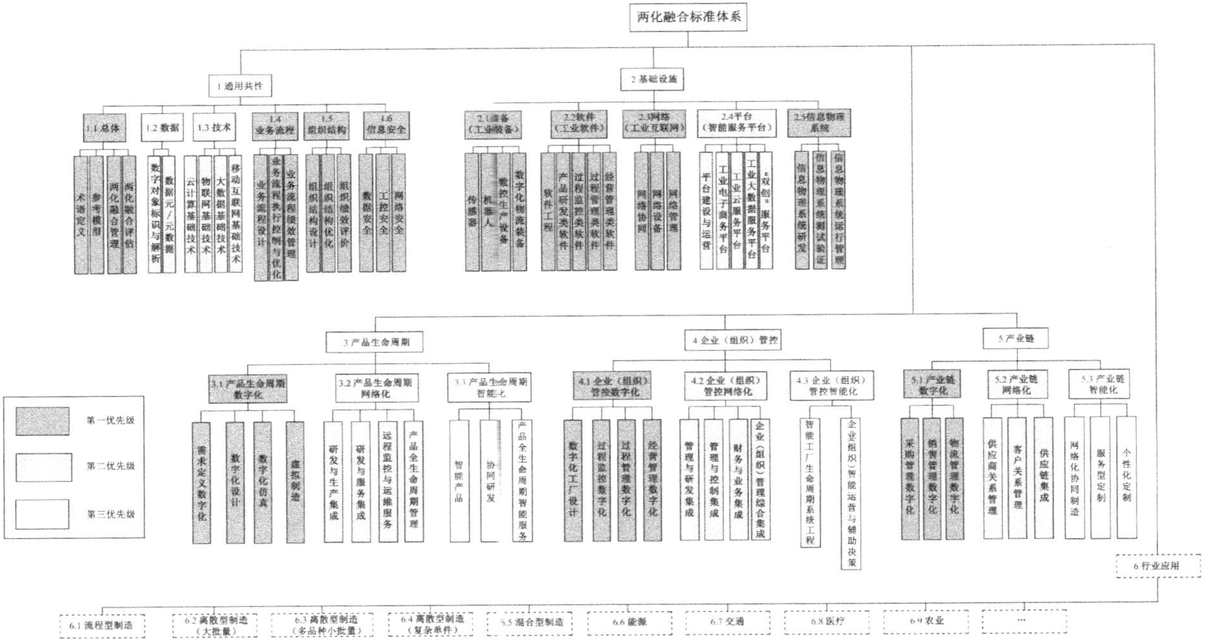

图 2-18 两化融合标准体系建设优先级

第一建设优先级的标准建设任务主要是目前研制条件相对成熟且需要尽快完成制修订的标准，以奠定标准化体系框架内其他标准的建设基础，包括通用共性标准中的总体、业务流程、组织结构、信息安全，基础设施中的装备（工业装备）、软件（工业软件）、网络（工业互联网）、信息物理系统，产品生命周期中的产品生命周期数字化，企业（组织）管控中的企业（组织）管控数字化，产业链中的产业链数字化 11 个细分领域。

第二建设优先级标准，一是需要加快启动研制及修订完善，以支持全面提升企业综合集成水平，为智能化发展奠定基础的相关领域标准，主要包括通用共性标准中的数据、技术，基础设施中的平台（智能服务平台），产品生命周期中的产品生命周期网络化，企业（组织）管控中的企业（组织）管控网络化，产业链中的产业链网络化 6 个细分领域；二是需以已经研制发布的通用标准为基础，结合特定行业应用需求，形成流程型制造、离散型制造（大批量）、离散型制造（多品种中小批量）、离散型制造（复杂单件）、混合型制造、能源、交通、医疗、农业等相关重点行业细分标准。

第三建设优先级标准是需要在第一、第二建设优先级标准基本完成且两化融合发展实现“综合集成困境”整体性突破的基础上，进一步开展研制的相关标准，主要包括产品生命周期中的产品生命周期智能化、企业（组织）管控中的企业（组织）管控智能化、产业链中的产业链智能化 3 个细分领域。

2．重点建设领域

结合当前两化融合标准体系建设现状及发展趋势，在通用共性、基础设施、产品生命周期、企业（组织）管控、产业链等领域的标准建设重点如下。

1）通用共性

一是重点开展两化融合管理体系基础和术语、要求、实施指南、评定指南、评估规范、新型能力体系框架、咨询服务指南、业务流程优化通用规范、组织结构优化规范、系列参考模型等标准研制与修订工作。**二是**开展大数据存储与处理平台技术、大数据技术参考模型、大数据分析系统基本功能要求、数据能力成熟度评价模型、物联网信息交换和共享、物联网感知对象信息融合模型、云计算服务参考架构、云存储资源管理技术规范、云服务质量评价指南等标准研制工作。**三是**开展关键信息基础设施网络安全框架、信息技术产品安全可控水平评价指标、物联网感知设备安全技术、云计算安全参考架构、射频识别（RFID）系统通用安全技术、工业控制网络安全隔离与信息交换系统安全技术、信息安全管理体系等信息技术、工业设备、工控系统领域的信息安全标准研制工作。

2）基础设施

一是开展传感器网络通信与信息交换、智能传感器技术、智能仪器仪表技术、生物特征识别、全分布式工业控制智能测控技术、成套自动化生产线通用规范、机床数控系统可靠性管理规范、工业机器人模块化设计规范、机器人软件功能组件规范、机器人设计平台系统集成架构、自动化系统与集成技术规范、高档机床数控系统等标准研制工作。**二是**开展嵌入式系统、工业计算机控制系统、计算机辅助产品研发与工艺设计、制造执行系统、企业资源计划、供应链管理、客户关系管理、产品全生命周期等软件的通用技术、功能模块、测试交互等标准研制工作。**三是**开展全分布式工业控制网络、工业物联网仪表互操作协议、现场总线规范、测量和控制数字数据通信、开放系统互联、信息设备资源共享协同服务、系统间远程通信和信息交换等标准研制工作。**四是**开展工业电子商务平台、工业云服务平台、工业大数据服务平台、“双创”服务平台等智能服务平台建设规范、功能模块规范、服务评价等标准研制工作。**五是**开展信息物理系统参考模型，包括 MBD 建模、异构集成、数据互操作、数据分析等信息物理系统关键技术标准。

3）产品生命周期

一是重点开展产品数据表达与交换、初始图形交换规范、产品制造过程数字化仿真、产品生命周期数据管理标准等标准研制工作。二**是**重点开展物联网标识体系、可追溯性通用规范、制造过程物联功能体系结构、制造过程物联集成平台参考体系及应用实施规范、设计制造集成通用规范等标准研制工作。**三是**重点开展可穿戴产品应用服务框架要求、网络化精准服务参考框架等标准研制工作。

4）企业（组织）管控

一是重点开展制造过程物联的数字化模型信息表达规范、制造过程物联的数字化模型信息交换标准、集团企业经营管理信息化核心构件标准、制造系统先进控制与优化软件集成架构和功能标准等标准研制工作。**二是**重点开展智能（车间）工厂体系框架及功能模块、智能（车间）工厂建设指南、智能（车间）工厂评价规范、自动识别技术等标准研制工作。**三是**重点开展工业大数据创新应用、工业云创新应用等参考模型的标准研制工作。

5）产业链

一是重点开展数字化营销服务、物流互联网信息交互技术、物流公共服务平台应用开发指南等标准研制工作。**二是**重点开展自动识别技术及 ERP、MES 和 CRM 等系统的接口、电子商务模式规范、电子商务元模型基本模块、B2C 电子商务系统总体技术框架、企业与消费者之间（B2C）电子商务交易平台信用规范、电子商务管理体系等标准研制工作。**三是**重点开展全程供应链管理服务平台功能框架、网络化制造系统集成模型、网络化制造工作流程及服务接口、再制造、制造企业绿色供应链管理导则等标准研制工作。

第三篇
评估诊断

阐述我国应用最广、可系统描绘融合发展全景图的两化融合评估诊断模型和指标体系，并介绍基于这套评估体系开展两化融合发展水平监测、构建两化融合发展数据地图的进展和成效，为社会各界以两化融合评估为抓手精准定位融合发展重点和方向，加快构建数据驱动的精准施策和精准服务新模式提供参考。

CHAPTER 03 第3章

两化融合评估诊断与对标引导

“没有度量就无法管理”。自2009年起，我国以行业为范畴、企业为对象深入开展两化融合评估工作，探索出了一套两化融合评估体系，并在2013年发布实施了国家标准《工业企业信息化和工业化融合评估规范》（GB/T 23020-2013），以此引导社会各界通过评估诊断摸清两化融合现状，找准两化融合发展的重点和方向。

3.1 两化融合评估体系的提出

推进两化融合是党中央、国务院顺应国际产业变革趋势的超前布局，是制造强国和网络强国建设的扣合点。2013年，国家标准《工业企业信息化和工业化融合评估规范》（GB/T 23020-2013）正式发布实施，构建形成了一套两化融合评估框架和指标体系，有力支持企业科学开展两化融合自评估、自诊断、自对标，已成为引导社会各界协同推进两化深度融合、实现制造业数字化转型的重要抓手。

3.1.1 构建两化融合评估体系的必要性

构建一套系统、合理、实用的两化融合评估体系，以量化评估为抓手，摸清整体现状、指明方向路径、明确价值效益，可有力支持政府、行业和企业构建数据驱动的两化融合发展新模式，加速制造业转型升级和创新发展。

1. 完善的评估体系是摸清两化融合发展现状、构建数据驱动的分业施策新模式的重要基础

当前我国两化融合发展水平保持较快增长态势，信息化在企业局部环节的单项应用已逐步成熟，“综合集成”跨越不断取得突破，融合发展整体向更深层次、更高阶段演进。但是我国不同地区、行业、企业的战略导向、基础条件、资源禀赋各异，两化融合整体水平和发展阶段差距较大。形成一套科学、有效的两化融合评估体系，多角度、多维度刻画 ICT 技术在企业产品全生命周期、产供销全链条、生产运营全过程的应用水平与效果，并基于海量企业评估数据构建全国及不同地区、行业、企业的两化融合发展全景图，将有助于构建因地制宜、数据驱动的分业施策新模式，进而推动不同地区、不同行业、不同发展阶段企业的协同发展。

2．完善的评估体系是锁定两化融合发展重点方向、引领产业数字化转型的关键依据

推进两化融合是一项复杂巨系统工程。在我国两化融合发展成效日益显现的同时，也出现了发展方向不明确、提升路径不清晰、系统性解决方案缺失等共性问题和挑战。许多企业在开展信息化建设、推进两化融合的过程中，无标可依、无章可循，走了许多弯路。聚焦两化融合“干什么”这一核心问题，两化融合评估体系从量化评估入手，引导企业通过自评估、自诊断、自对标，找到重点和切入点、明确提升方向，从而合理引入两化融合新技术、新方法和新理念，重点突破、循序渐进，最终实现全面提升，可有效解决企业难以找到融合发展短板和核心能力提升途径等痛点问题，为各级政府引导区域数字经济发展、重点行业实现转型升级指明方向。

3．完善的评估体系是量化两化融合价值成效、激发产业创新发展活力的有效抓手

社会各界推进两化融合的决心和积极性是融合发展取得实效的基本前提和坚实保障。众多企业对于开展信息化建设、推进两化融合的价值成效没有清晰的认知，尚不能认识到两化融合的重要性和必要性，导致企业开展两化融合主动性不足、积极性不强。两化融合评估体系既为量化评价企业推进两化融合后核心能力提升、业务水平优化、应用绩效增长等提供了科学的度量手段，也为精准分析区域产业转型升级价值效益提供了系统的指南。以两化融合评估体系为指导，以价值效益提升为导向，推动企业周期性、常态化开展两化融合评估诊断，既可充分激发企业数字化转型的积极性和自主性，进而促进企业竞争能力提升和经济效益增长，也可为政府、行业加速驱动区域产业创新发展提供重要抓手。

3.1.2 两化融合评估体系的研制推广历程

自2009年起，在工信部的指导和支持下，国家工业信息安全发展研究中心（原工信部电子科学技术情报研究所）联合地方省市、行业协会等，从“点（企业）、线（行业）、面（区域）”多个层面，组织开展行业两化融合评估和运行形势监测等重点工作，基于大量实践研制发布《工业企业信息化和工业化融合评估规范》（GB/T 23020-2013），探索形成了一套两化融合评估体系，通过开展评估诊断与对标引导工作，推动在全社会形成对两化融合的统一认识，全面摸清我国两化融合现状，找准两化融合发展重点、路径和方向。主要工作历程如下。

（1）2009—2010年，由国家工业信息安全发展研究中心联合相关行业协会、研究院所和重点企业，以行业为范畴、企业为对象开展工业企业两化融合评估工作，制定了一套总分结合的科学评估体系，并在钢铁、化肥、重型机械、轿车、造纸、棉纺织、肉制品加工7个重点行业进行评估试点实践。

（2）2010—2011 年，工信部加大对两化融合评估工作的支持力度，由国家工业信息安全发展研究中心联合清华大学、国家统计局科研所、北京邮电大学等单位对评估理论和方法体系进行了专题研究，进一步完善评估体系。随后，依托相关行业协会，在钢铁、冶金矿山、纯碱、水泥、电解铝、机床、船舶、商用车、家电、棉纺织、服装、乳制品 12 个重点行业第二批试点开展两化融合评估实践。

（3）2012—2013 年，由国家工业信息安全发展研究中心联合相关行业协会，在民爆、钢铁（集团）、石油、合成材料、金属制品、玻璃、工程机械、通用机械、轨道交通、仪器仪表、汽车零部件、皮革、纺织（中小）、饮料、化学制品、包装、电子、通信 18 个重点行业第三批试点开展两化融合评估实践。

（4）2013 年，基于前期行业两化融合评估实践经验，工信部选择北京、河北、福建、山东、湖南、宁夏 6 个省市，试点开展区域两化融合评估实践。

（5）2013 年 9 月，基于前期两化融合评估理论成果和实践经验，由国家工业信息安全发展研究中心牵头研制的国家标准《工业企业信息化和工业化融合评估规范》（GB/T 23020-2013）正式发布实施。

（6）2014 年，两化融合服务平台（http://www.cspiii.com/）正式上线，支持企业在线开展两化融合自评估、自诊断、自对标，全国参与两化融合评估诊断企业数量首次突破 1 万大关。

（7）2016 年 4 月，工信部办公厅印发《关于持续开展企业两化融合评估诊断和对标引导工作的通知》（工信厅信软函〔2016〕269 号），在全国范围推广两化融合评估诊断和对标引导工作。

（8）截至 2018 年底，全国开展两化融合自评估、自诊断、自对标的企业突破 10 万大关、达到 126908 家，覆盖全国 31 个省市、300 余个主要城市、101 个细分行业。

（9）2019 年 7 月，基于 GB/T 23020-2013 核心成果研制形成的国际标准 ITU-T Y.4906《产业数字化转型评估框架》（*Assessment Framework for Digital Transformation of Sectors in Smart Cities*）正式发布，标志着我国两化融合水平评估的理论成果与实践经验正式走向国际舞台。

3.1.3 两化融合评估体系的作用价值

依据两化融合评估体系，持续开展企业两化融合评估诊断与对标引导工作，可有效提高政府精准施策、行业精准引导、企业精准决策和市场精准服务水平，分级分类推进两化融合差异化发展，形成数据驱动的两化融合分业施策新模式。

1. 政府精准施策

一是摸清整体发展现状，帮助各级政府部门系统掌握所辖企业两化融合发展水平、阶段和趋势，为区域产业融合发展提供全面体检；**二是合理确定发展目标**，定量地给出两化融合关键指标，帮助政府定期监测和持续跟踪区域产业数字化转型水平，并为政府重大战略规划和区县政府绩效考核提供依据；**三是找准工作着力方向**，精准锁定各行业政策重点支持方向，为政府在重大工程建设、项目资金分配等工作中衡量申报单位两化融合项目承担能力、开展项目阶段评估和效果评价等提供有效手段。

2. 行业精准引导

一是厘清行业发展态势。帮助行业组织了解整体及各细分行业发展水平和关键环节情况，明确产业转型升级基础与需求；**二是突破行业共性问题**。分析各关键指标变化趋势，锁定普遍存在的制约行业数字化转型的关键共性问题，并形成行业整体提升解决方案，以整合行业内设备、网络、软硬件、咨询等服务力量共同攻关；**三是引导行业服务方向**。分领域、分规模、分不同发展阶段树立一批行业标杆示范企业，依托市场服务力量，组织开展各类交流培训活动，帮助企业开展对标、服务对接和行业交流。

3. 企业精准决策

一是引导企业自评估诊断。借助同行业标杆值和自评估报告，企业定期开展自评估、自诊断、自对标，找准发展重点；**二是支撑制订发展规划**。将评估诊断结果作为企业战略（信息化）发展规划或年度计划的输入，明确发展需求和路径，提高项目投资收益率；**三是开展**

目标引导与考核。帮助企业找到科学定量的绩效目标和工作目标，列入企业绩效考核体系，提升目标管理水平。

4．市场精准服务

依据两化融合评估体系，通过深入挖掘数据价值，以数据为桥梁引导供需双方实现精准匹配和有效对接。**一方面**对企业信息化环境下价值创造水平和能力进行全面体检和诊断，系统梳理企业转型发展需求，综合内外部评估数据构建企业综合画像；**另一方面**对设备、网络、软件、咨询等服务商的能力进行全面梳理，基于数据构建市场综合画像。

3.2　两化融合评估框架

依据《工业企业信息化和工业化融合评估规范》（GB/T 23020-2013），企业两化融合评估框架的理论基础可以概括为六个视角、三条主线和四个阶段。评估框架体系设计遵循科学性、实效性、可操作性和可扩展性的原则，在信息技术与工业技术紧密结合的环境下，突出两化融合的关键作用点，并综合考虑对企业两化融合发展水平现状的反映以及对未来发展方向的科学引领。

3.2.1 六个视角

企业两化融合评估框架包括水平与能力评估、效能与效益评估两个部分。水平与能力评估包括基础建设、单项应用、综合集成、协同与创新四个主要评估方面；效能与效益评估包括竞争力、经济和社会效益两个主要评估方面。如图 3-1 和表 3-1 所示。

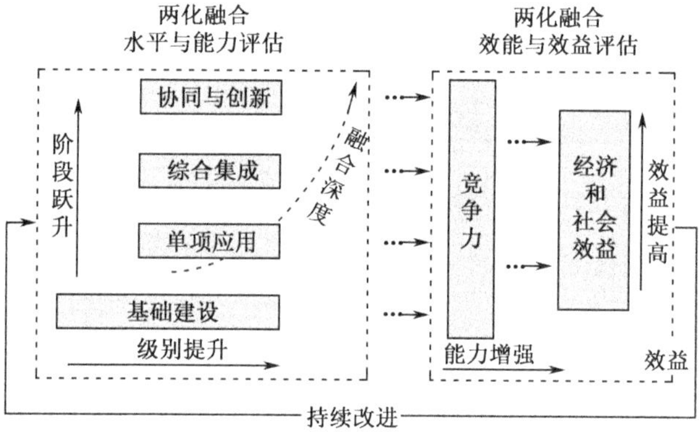

图 3-1 两化融合评估框架

表 3-1 各评估视角（一级指标）及内涵描述

评估视角		内涵描述	评估内容
水平与能力评估			
资源	基础建设	评估两化融合基础设施和条件建设情况，衡量两化融合基本资源保障的水平与能力	从人、财、物、信息等四个维度的资源展开。评估与“人”相关的组织和规划、与“财”相关的资金投入、与“物”相关的设备设施、与“信息”相关的信息资源、信息安全等

续表

评估视角		内涵描述	评估内容
应用	单项应用	评估信息技术在企业部门级单一业务环节中的应用情况，衡量信息技术与工业技术以及企业单项业务的结合和融合的水平与能力	从产品、企业管理、价值链三个维度展开
	综合集成	评估企业跨部门、跨业务环节的业务综合和集成情况，衡量两化融合环境下企业内多业务综合集成和融合的水平与能力	
	协同与创新	评估跨企业的业务协同和发展模式创新情况，衡量两化融合环境下企业间业务协同、创新和融合的水平与能力	
效能与效益评估			
绩效	竞争力	评估企业综合竞争力的变化情况，衡量两化融合直接或间接带来的企业能力提升效果。	从平衡积分卡的四个方面展开。评估质量提升与顾客满意、业务效率、财务优化、创新能力方面
	经济和社会效益	评估企业经济和社会效益水平的变化情况，衡量两化融合直接或间接带来的企业效益提升作用	评估经济效益、社会效益等方面

3.2.2 三条主线

单项应用、综合集成、协同与创新三个一级指标的评估内容主要从**产品、企业管理、价值链三个维度展开**。

单项应用主要评估内容包括产品设计、工艺设计、生产管理、生产制造、采购管理、销售管理、财务管理、质量和计量、能源与环保、安全管理、项目管理、设备管理、人力资源管理、办公管理等，如图3-2所示。

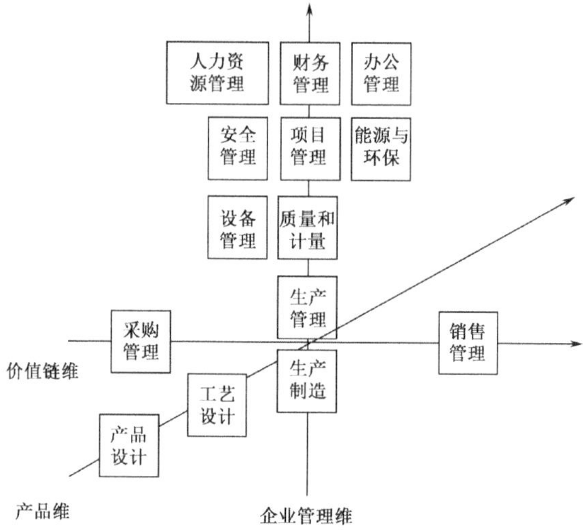

图 3-2　单项应用主要评估内容

综合集成主要评估内容包括产品设计与制造集成、管理与控制集成、产供销集成、财务与业务集成、决策支持等，如图 3-3 所示。

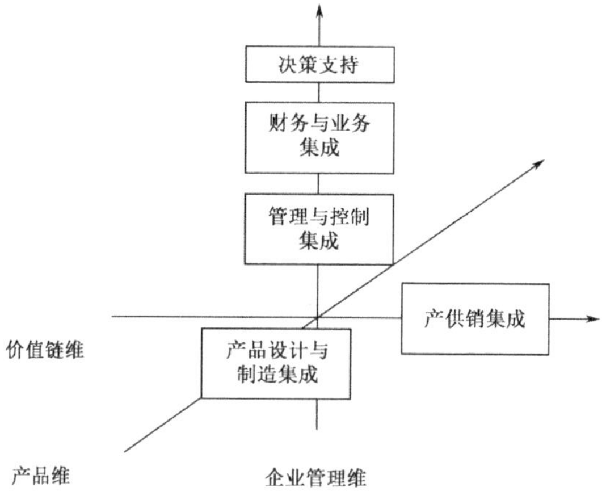

图 3-3　综合集成主要评估内容

协同与创新主要评估内容包括产品协同创新和绿色发展、企业集团管控、产业链协同等，如图 3-4 所示。

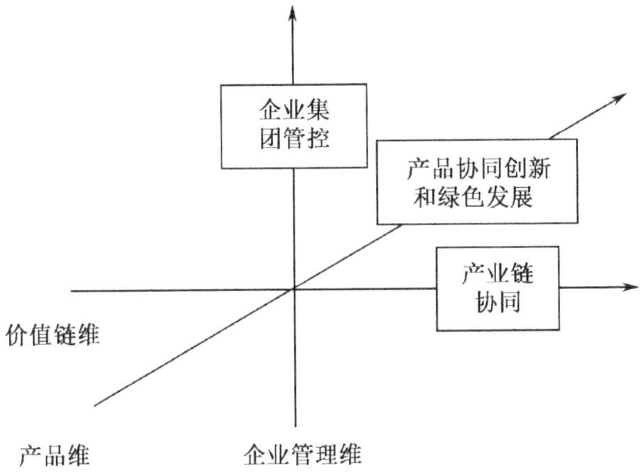

图 3-4 协同与创新主要评估内容

3.2.3 四个阶段

企业两化融合发展可分为四个阶段：起步建设阶段、单项覆盖阶段、集成提升阶段和创新突破阶段，可共同表征企业两化融合不断跃升的阶段特征和内涵，如图 3-5 所示。

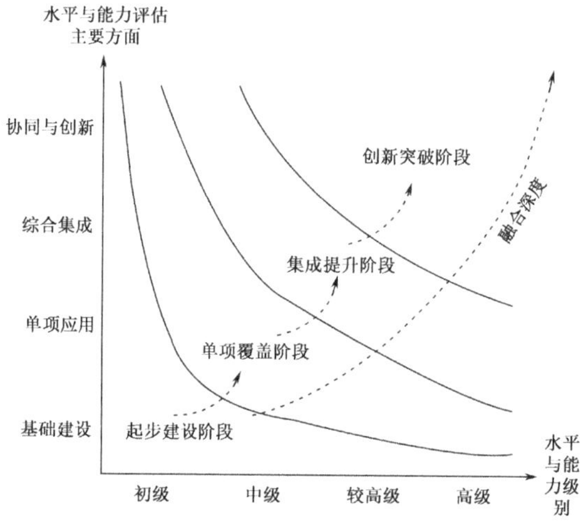

图 3-5　企业两化融合发展阶段

各发展阶段及内涵描述如表 3-2 所示。

表 3-2　两化融合发展阶段及内涵描述

发展阶段	内涵描述
起步建设阶段	两化融合基础设施和条件具备一定条件，但其单项应用尚未开展或刚刚起步。处于起步建设阶段的企业工作重心在于资源建设，从而为信息技术的应用打下基础，资源建设还将伴随着企业信息化后续深入发展不断得到加强和完善。资源建设既包括设备设施的构建，也包括逐步增大信息化投入、培养信息化人员、优化信息化组织、管理信息资源、保障信息安全等，从而逐步巩固信息技术应用的基础，完善信息技术应用的环境
单项覆盖阶段	企业具备了一定的两化融合基础设施和条件，单项应用对企业业务覆盖和渗透逐渐加强，发挥了一定作用但其综合集成尚未有效实现。处于单项覆盖阶段的企业，信息技术在各单项业务环节的应用得到逐渐推行和重视，信息技术开始与工业业务进行结合，实现对各单项业务环节的横向覆盖和纵向渗透。横向业务覆盖包括研发设计、制造过程、经营管理和市场流通等，纵向渗透是指在各业务环节应用中，信息技术的应用层次不断提高，对业务的支撑程度不断加深，比如从二维 CAD 发展到三维 CAD 等

续表

发展阶段	内涵描述
集成提升阶段	企业基础建设水平进一步提高，单项应用基本成熟，综合集成有效实现，但其协同与创新尚未有效开展。处于集成提升阶段的企业，其集成应用得到逐步推动和发展，信息技术开始与工业业务深度结合，在信息化手段支持下，业务系统之间逐步实现集成运作，业务之间逐步实现相互沟通和协同，在系统集成基础上，业务应用的开展推动了业务流程的逐渐优化和创新
创新突破阶段	企业基础建设趋于完备，单项应用和综合集成趋于成熟，且协同与创新得到有效实现。处于创新突破阶段的企业，在其集成应用进一步发展的基础上，信息技术应用实现从量变到质变的发展，信息技术与工业业务的全面融合得到大力推进，信息实现了与生产资料、劳动者等工业生产要素的相互融合，而且其本身也成为了工业生产必不可少的要素。融合创新开始突破企业边界，引发了面向市场和客户的工业业务流程变革和重组，促进了技术、管理和市场等方面的模式创新，催生了新的工业能力

企业实现两化深度融合的过程，就是不断实现上述阶段性跃升的过程。企业通过两化融合促进能力增强，实现竞争力提升，并进一步促进经济和社会效益提高，其提升作用随企业两化融合发展阶段跃升而跃进。企业所处的两化融合发展阶段及其对应评估方面的水平，与竞争力、经济和社会效益水平相辅相成，可实现持续改进和螺旋式上升。

3.3 两化融合评估指标体系

基于两化融合评估框架，坚持科学性、引导性、实效性、适用性和可操作性等原则，进一步构建两化融合评估指标体系，明确各个主要评估方面的关键要素以及各要素评估的要点。

3.3.1 基础建设评估指标

基础建设主要评估内容包括与“财”相关的资金投入、与“人”相关的组织和规划、与“物”相关的设备设施、与“信息”相关的信息资源、与“安全”相关的信息安全等。具体的评估指标和采集项如表 3-3 所示。

表 3-3 基础建设水平与能力评估指标

二级指标	三级指标	采集指标	采集项
资金投入	自动化投入	自动化生产设备资产占企业生产设备总资产的比例	当年自动化生产设备资产净值______万元
			当年企业生产设备总资产净值______万元
	信息化投入	信息系统运维投入占信息化总投入的比例	近五年信息化建设投入______万元
			近五年信息系统运维投入______万元
组织和规划	组织与领导设置	信息化部门设置情况	□无信息化部门 □信息化部门下属于其他业务部门 □信息化部门是专职一级部门建制 □集信息化、管理变革、模式转型及业务流程优化等职能为一体的一级部门建制
		信息化专职主管领导的层级	□无信息化专职主管领导 □中层管理者 □高层管理者
	规划、战略制订和实施	信息化规划制订和执行情况	□无规划 □分散在业务规划中 □有企业级专项规划 □有企业级专项规划，且年度信息化计划的执行情况作为业务部门的考核指标
设备设施	信息设备设施	百人计算机拥有量	百人计算机拥有量______台
		企业主干网覆盖情况	□尚未建有企业主干网 □建有企业主干网 □企业主干网覆盖 50%以上办公和生产区域 □企业主干网覆盖 80%以上办公和生产区域
	工业设备设施	生产设备数字化率	数字化生产设备数量占生产设备总数量的比例______%
		数字化生产设备联网率	联网的数字化生产设备数量占数字化生产设备总数量的比例______%

续表

二级指标	三级指标	采集指标	采集项
信息资源	信息化标准的制订	实现企业级统一的编码	□产品 □物料 □资产 □组织 □人员 □供应商 □客户代码 □财务科目代码 □以上均无
	信息资源集中管理	企业数据统一和集中管理程度	□数据分散管理 □分区域集中管理 □统一集中管理
信息安全	信息安全建设	信息安全保护程度	□无备份 □以离线备份为主 □以双机热备份为主

其中，工业设备设施水平分为数字化率和联网率两个层次。对于流程制造业，数字化生产设备是指单体设备中具备自动信息采集功能的设备，对于离散制造业，数字化生产设备是指数控机床、数控加工中心、工业机器人、带数据接口的机电一体化设备等。联网的数字化生产设备是指能与控制系统进行数据交换的数字化生产设备。

3.3.2 单项应用评估指标

单项应用主要评估内容包括研发设计、产品设计、工艺设计、生产管理、生产制造、采购管理、销售管理、财务管理、质量和计量、能源与环保、安全管理、项目管理、设备管理、人力资源管理、办公管理等。具体的评估指标和采集项如表 3-4 所示。

表 3-4　单项应用水平与能力评估指标

二级指标	三级指标	采集指标	采集项	适用类别
研发设计	研发设计	应用信息化手段开展研发设计情况	□尚未开展计算机辅助研发设计　□开展了产品配方信息化建模和产品性能仿真分析与优化　□开展工艺流程设计和仿真分析与优化　□开展工艺过程控制仿真分析与优化	流程
产品设计	数字化产品模型或原理样机	产品二维建模的比例	建立了二维数字化模型的产品占产品总数的比例________%	离散
		产品三维建模的比例	建立了三维数字化模型的产品占产品总数的比例________%	
		数字化预装配建模水平	□未实现　□可建立部件级预装配模型　□可建立产品级预装配模型	
		是否能构建数字样机	□是　□否	
	产品性能与功能的数字化验证	产品性能与功能的数字化验证情况	□无法实现产品性能与功能数字化验证　□仅能实现零件级性能与功能仿真　□能够在零件级性能仿真基础上实现部件级性能仿真　□能够在部件级性能仿真基础上实现产品级性能仿真　□能够在产品级性能仿真基础上实现可制造性分析	
工艺设计	计算机辅助产品工艺规划	是否开展了三维的工艺设计	□是　□否	离散
		计算机辅助产品工艺规划和工装设计情况	□信息化工艺流程规划　□工艺文件自动生成　□计算机辅助材料定额制定　□计算机辅助工时定额制定　□信息化工装设计　□以上均未实现	
	计算机辅助工艺过程动态仿真与优化	计算机辅助工艺过程动态仿真与优化情况	□加工工艺动态仿真与优化　□装配过程动态仿真与优化　□产品维护过程动态仿真与优化　□以上均未实现	

续表

二级指标	三级指标	采集指标	采集项	适用类别
生产管理	生产计划管理	应用信息化手段开展生产计划管理情况	□尚未应用信息化手段开展生产计划管理 □应用信息化手段自动生成生产计划 □应用信息化手段自动优化生产计划	流程
		按自动生成的生产计划排产的比例	按照系统自动生成的生产计划排产的产品品种数占产品品种总数的比例________%	离散（大批量、多品种小批量）
			按照系统自动生成的生产计划排产的产品数占产品总数的比例________%	离散（复杂单件）
	物料需求计划和配送管理	应用信息化手段开展物料需求计划管理情况	□尚未应用信息化手段实现物料需求计划管理 □应用信息化手段自动生成物料需求计划 □应用信息化手段自动优化物料需求计划	流程
		自动物料需求计划比例	按照系统自动生成的物料需求计划供应的物料占全部物料供应总量的比例________%	离散
		应用信息化手段开展配送管理情况	□尚未应用信息化手段实现物料配送管理 □应用信息化手段自动生成物料配送计划 □应用信息化手段自动优化物料配送计划	流程
		自动配送计划比例	自动生成配送计划的物料占全部配送物料总量的比例________%	离散
		物料信息动态跟踪能力	□实现对在制品库存物料信息的动态跟踪 □实现对物料配送信息动态跟踪 □实现对生产物料全过程信息动态跟踪 □以上均未实现	离散
	外协计划和外协过程管理	是否能够通过信息化对外协全过程进行监管	□是 □否	离散
		自动外协计划比例	按照系统自动生成的外协计划采购的物料占全部外协物料采购总量的比例________%	

续表

二级指标	三级指标	采集指标	采集项	适用类别
生产制造	底层装备与生产线	PLC/DCS 生产线（装置）覆盖率	应用了 PLC/DCS 的生产线（装置）数占生产线（装置）总数的比例________%	流程
		自动化生产线的覆盖率	自动化生产线数量占生产线总数的比例________%	离散大批量
		关键工序数控化率	①应用 NC/CNC 的关键工序数量占关键工序总数量的比例_____%；②应用 DNC 的关键工序数量占关键工序总数量的比例_____%；③应用 FMC/FMS 的关键工序数量占关键工序总数量的比例_____%	离散多品种中小批量、复杂单件
		APC(先进过程控制系统)生产线（装置）覆盖率	应用了 APC(先进过程控制系统)的生产线（装置）数占生产线（装置）总数的比例_______%	流程、离散大批量
		计算机辅助编程（CAM）的数控工序覆盖率	计算机辅助编程（CAM）的数控工序数量占数控工序总数量的比例_____%	离散
	信息化排产与车间调度	信息化排产（车间级作业计划）覆盖率	实现信息化排产的最小排产单元（或生产线）数占最小排产单元（或生产线）总数的比例_____%	流程
		利用信息系统编制的准时制车间作业计划(JIT)覆盖率	利用信息系统编制准时制车间作业计划（JIT）的车间数量占车间总数的比例_____%	离散大批量
		利用信息系统编制的车间作业计划覆盖率	利用信息系统编制车间作业计划的车间数量占车间总数量的比例_____%	离散多品种小批量、复杂单件
		信息化生产作业计划与车间调度直接控制的层级	□没有实现信息化生产作业计划与车间调度 □仅能控制到单个车间 □能够控制到整条生产线或工序 □能够直接控制到设备	

续表

二级指标	三级指标	采集指标	采集项	适用类别
生产制造	信息化排产与车间调度	应用信息化手段自动下达到数字化设备（或生产岗位）的生产调度（作业）指令占全部生产调度（作业）指令的比例	□无 □50%以下 □50%以上 □80%以上	离散多品种小批量、复杂单件
		实现自动优化调度的产线比例	通过建立过程控制数学模型等实现自动优化调度的产线比例_____%	流程
	信息化生产监控	可实现信息化生产监控的层级	□没有实现信息化生产监控 □仅能监控到单个车间 □能够监控到整条生产线或工序 □能够直接监控到设备	
	生产制造过程与现场物流管理	生产制造过程信息跟踪与管控情况	□实现产品加工全过程的信息跟踪与管控 □实现产品装配全过程的信息跟踪与管控 □实现在制品物流信息跟踪与管控 □以上均未实现	离散
		应用信息化手段实现的生产制造现场物料管理精度	□无 □精确到物料品种 □精确到不同物料品种的不同批次 □精确到单一物料	混合
			□无 □精确到车间物料 □精确到车间工位物料 □精确到单一物料	离散
采购管理	采购信息化管理的业务范围和内容	应用信息系统实现的采购管理业务覆盖范围	□尚未实现采购信息化管理 □采购寻源 □采购成本管理 □采购计划生成与发放 □采购合同管理 □采购报表分析 □采购索赔	
	入场物流和原料库存信息化管理	应用信息系统进行入场物流和原料库存管理实现的功能	□尚未实现原料库存信息化管理 □利用信息化实现原料出入库管理 □利用信息化实现原料配送管理 □实现原料自动分拣	
	供应商信息管理	应用信息系统实现的供应商管理业务覆盖范围	□供应商基本信息管理 □供应商准入管理 □供应商评价管理 □以上均未实现	

续表

二级指标	三级指标	采集指标	采集项	适用类别
采购管理	采购电子商务	采购电子商务的应用范围	□采购需求计划 □网上询报价 □网上招标 □订单交互 □物流交互 □网上结算 □以上均未实现	
		网上采购率	年度网上采购额____万元	
			年度采购总额____万元	
销售管理	销售信息化管理的业务范围和内容	应用信息系统实现的销售管理业务覆盖范围	□尚未实现销售信息化管理 □市场信息管理 □销售计划管理 □售前活动管理 □销售合同管理 □销售价格管理 □销售订单处理和跟踪 □销售渠道管理 □销售分析	
	产成品库存、物流配送和售后服务	应用信息系统实现的产成品库存管理情况	□尚未实现产成品库存信息化管理 □利用信息化实现产成品出入库管理 □利用信息化实现产成品配送管理 □实现产成品自动分拣	
		应用信息系统实现的物流配送管理覆盖环节	□成品发运 □配送过程 □产品交付 □以上均无	
		应用信息系统进行售后服务管理实现的功能	□呼叫中心 □维修服务 □售后质量□配件管理□以上均未实现	离散
			□质量异议管理 □质量问题统计分析 □索赔管理 □召回管理 □以上均无	流程
	客户（分销商）管理	应用信息系统实现的客户（分销商）管理业务覆盖范围	□客户（分销商）基本信息管理 □客户（分销商）分析 □客户（分销商）评估 □以上均未实现	分销商管理适用于离散大批量
	销售电子商务	销售电子商务实现的功能	□销售意向沟通 □网上订单交互 □网上报价 □网上投标 □电子单据 □网上结算 □物流配送 □客户个性化服务 □以上均未实现	
		网上销售率	年度网上销售收入____万元	
			年度销售收入____万元	
财务管理	财务信息化管理程度	应用信息系统进行财务管理实现的层级	□会计账务和资金由手工管理 □仅能够利用系统实现会计账务管理 □能够利用系统自动生产财务报表和进行财务分析 □能够利用系统进行成本管理 □能够利用系统进行成本管理基础上进行财务预算管理	

续表

二级指标	三级指标	采集指标	采集项	适用类别
财务管理	财务报表和财务分析	应用信息系统实现的财务报表功能	□财务报表自动生成 □财务报表报送 □合并报表 □以上均未实现	
		应用信息系统实现的财务分析功能	□资金运作分析 □财务政策分析 □经营管理分析 □投融资管理分析 □财务分析报告生成 □以上均未实现	
	成本信息化管理	应用信息系统实现的成本管理功能	□成本预测 □成本决策 □成本计划 □成本核算 □成本控制 □成本分析 □成本考核 □以上均未实现	
	财务预算信息化管理	应用信息系统实现的财务预算管理功能	□投资预算管理 □生产经营预算管理 □预算编制 □预算执行与控制 □预算考核 □以上均未实现	
质量和计量	计量和检化验管理	上传到信息系统的计量数据占全部计量数据的比例	上传到信息系统的计量数据占全部计量数据的比例_____%	
		上传到信息系统的检化验数据占全部检化验数据的比例	上传到信息系统的检化验数据占全部检化验数据的比例_____%	
	质量管理	应用信息系统进行质量管理的覆盖范围	□尚未建设质量管理信息系统 □仅能覆盖到产成品 □能够覆盖到产成品及产成品的生产制造过程（生产车间/工艺过程/生产线） □能够覆盖到产成品、产成品制造过程和原材料入场 □不仅能够覆盖到产成品及生产制造过程和原材料入场，还能够覆盖到产品设计	“覆盖到产品设计”选项仅适用于离散
		应用信息系统进行质量管理实现的功能	□尚未建设质量管理信息系统 □产品规范管理 □工艺规范管理 □合同质量设计 □检化验信息管理 □质量判定管理 □支撑质量管理体系建立和运行	

续表

二级指标	三级指标	采集指标	采集项	适用类别
质量和计量	质量检测与控制精细化	上传到信息系统的质量检测数据占全部质量检测数据的比例	上传到信息系统的质量检测数据占全部质量检测数据的比例_____%	
		实现自动采集的质量检测数据占全部质量检测数据的比例	实现自动采集的质量检测数据占全部质量检测数据的比例_____%	
能源与环保	能源管理	应用信息化手段进行能源管理实现的功能	□尚未实现能源信息化管理 □能够形成自动能源计划 □实现能源平衡和能源调度 □实现能源绩效与考核 □能源设备运转状况在线实时监控 □能源生产/消耗实绩采集 □能源在线实时监管	
		能源数据自动采集上传比例	能源数据自动采集上传比例_____%	
	环保管理	应用信息化手段进行环保管理实现的功能	□环保数据在线实时监测 □监测数据自动报警 □环保监测考核 □以上均未实现	
		环保数据自动采集上传比例	环保数据自动采集上传比例_____%	
安全管理	安全生产监测	安全生产监测数据自动采集比例	安全生产监测数据自动采集比例_____%	
	安全生产集中监控情况	应用信息化手段实现的安全生产重点部位、设备集中监控覆盖程度	□无 □50%以下 □50%以上 □80%以上	

续表

二级指标	三级指标	采集指标	采集项	适用类别
安全管理	应急响应及重大危险源预测预警	信息化条件下安全生产应急响应及重大危险源预测预警情况	□重大危险源动态信息采集 □重大危险源实时监控 □重大危险源预测分析、及时预警 □安全生产应急演练及快速响应 □以上均未实现	
项目管理	项目信息化管理	应用信息系统进行项目管理实现的功能与层级	□尚未实现项目信息化管理 □项目规划与立项管理 □项目设计、计划与预算管理 □项目执行管理 □项目后评估管理	流程、离散大批量、多品种小批量
		应用信息系统进行项目准备实现的功能	□无 □项目需求及可行性分析 □项目初步设计 □项目报价 □项目立项启动	离散复杂单件
		应用信息系统进行项目计划实现的功能	□无 □项目目标及范围 □项目组织团队及管理机制 □项目进度计划制定及核实 □项目预算编制 □项目详细设计	
		应用信息系统进行项目执行与控制实现的功能	□无 □合同管理 □分包管理 □采购管理 □材料管理 □设备管理 □人工管理 □质量管理 □安全管理 □风险管理 □文档管理 □成本管理 □任务及进度管理	
		应用信息系统进行项目验收及运维实现的功能	□无 □项目成果试验 □项目验收 □项目结算及审计 □项目效益及影响评估 □项目后运维	
其他经营业务管理	设备管理	应用信息化手段进行设备管理实现的功能与层级	□利用信息系统实现设备合同、设备图档等基本资料的管理 □利用信息系统实现设备点检检修、资材备件、故障诊断与及时处理等过程管理 □利用信息系统实现设备成本控制等固定资产管理 □实现设备运行信息在线动态监控与管理 □以上均未实现	

续表

二级指标	三级指标	采集指标	采集项	适用类别
其他经营业务管理	人力资源管理	应用信息化手段进行人力资源管理实现的功能与层级	□利用信息系统实现统一人力资源规划、组织人员招聘和进行人事管理 □人力资源培训与开发实现全企业集中管理和执行 □利用信息系统实现薪酬与福利管理面向个体员工的全企业集中统一 □利用信息系统实现关键绩效管理事务的记录、跟踪和考核全过程管理 □以上均未实现	
	办公管理	办公自动化实现的功能与层级	□电子邮件、通讯录管理、信息发布等信息交流与发布信息化管理 □收发文和公文流转管理等公文信息化管理 □日程管理、会议管理、个人事务等日常活动信息化管理 □实现移动办公 □以上均未实现	

3.3.3 综合集成评估指标

综合集成主要评估内容包括产品设计与制造集成、管理与控制集成、产供销集成、财务与业务集成、决策支持等。综合集成评估指标要求各集成系统可直接从相关业务系统及源头系统中自动获取数据，能够实现数据不落地，消除人为更改的情况。具体的评估指标和采集项如表 3-5 所示。

表 3-5 综合集成水平与能力评估指标

二级指标	三级指标	采集指标	采集项	适用类别
产品设计与制造集成	基于标准的产品模型数据定义	产品模型数据定义情况	□有二维图纸定义规范，且可自动批量导入 PDM □有三维模型定义规范，且可成套自动导入 PDM □有工艺规划定义规范，且可成套自动导入 PDM □以上均无	离散

续表

二级指标	三级指标	采集指标	采集项	适用类别
产品设计与制造集成	产品数据管理	产品数据管理覆盖范围	□无产品数据管理 □产品设计环节 □工艺设计环节 □生产制造环节 □现场安装调试环节	离散
		产品数据管理覆盖的功能	□电子文档管理 □产品结构管理 □技术状态管理 □以上均未实现	
	产品模型传递和关联维护	产品模型传递和关联维护实现程度	□实现产品设计与工艺设计之间产品模型信息自动传递 □实现工艺设计与生产制造之间产品信息自动传递 □实现产品设计与生产管理之间产品信息关联维护 □实现工艺设计与生产管理之间产品信息关联维护 □实现产品信息在产品设计、工艺设计、生产制造、生产管理各业务环节的关联维护和一致性管理 □以上均未实现	
管理与控制集成	车间生产制造执行系统（或调度系统）与经营管理系统集成	车间生产制造执行系统（或调度系统）向经营管理系统自动上传信息范围	□无车间级生产制造执行信息系统（调度系统）或经营管理系统 □车间级制造执行信息能够通过手工转录方式上传至经营管理系统 □自动上传生产能力信息 □自动上传计划执行信息 □自动上传资源分配与消耗（设备、原料、环境等）信息 □自动上传生产实绩信息（订单状态信息）	
		经营管理系统向车间生产制造执行系统（或调度系统）自动下达指令包含内容	□无法自动下达指令 □自动下达生产任务 □自动下达产品 BOM	“自动下达产品BOM”仅适用于离散型企业
	生产制造过程控制系统与车间生产制造执行系统（或调度系统）集成	生产制造过程控制系统向车间生产制造执行系统（或调度系统）自动上传信息覆盖范围	□无过程控制系统或车间级生产制造执行信息系统（或调度系统） □自动上传工序进展信息 □自动上传设备运行参数 □自动上传生产工况实时信息（纯流程型） □自动上传物料使用状态（非纯流程型） □自动上传能源消耗信息（流程型） □自动上传生产环境参数（流程型）	生产环境指的是企业安全、健康、环保（SHE）等参数

续表

二级指标	三级指标	采集指标	采集项	适用类别
管理与控制集成	生产制造过程控制系统与车间生产制造执行系统（或调度系统）集成	车间生产制造执行系统（或调度系统）向生产制造过程控制系统自动下达指令情况	□无法自动下达指令 □自动下达排产计划 □自动下达生产指令 □自动下达物料清单 □自动下达生产优化运行参数	
产供销集成	按订单自动排产和动态调度	按照用户订单自动排产和动态调度能力	□按照用户订单自动排产 □根据用户订单制订排产计划的同时自动形成物料供应计划 □在用户订单与产能不匹配时实现在有限产能约束下优化排产 □在发生改判、降级、判废以及紧急情况下能够进行动态调度 □以上均未实现	混合、离散
	供应链各业务环节集成运作	应用信息系统进行内部供应链集成管理所覆盖的环节	□物料采购环节 □原料库环节 □生产制造环节 □产成品库环节 □产品销售环节 □产品配送环节 □以上皆未实现集成运作	
		供应链集成运作水平	□能够实现供应商在指定时间直接供货到生产现场 □能够按照客户要求，实现精准配送 □运用信息系统实现覆盖全国乃至全球的分销网络 □以上均未实现	混合、离散
	订单和质量全过程跟踪管理	应用信息化手段实现用户订单全过程跟踪情况	□无法进行订单过程跟踪 □跟踪到产品配送阶段 □跟踪到生产制造阶段 □跟踪到物料采购阶段 □跟踪到研发设计阶段	混合、离散
		应用信息化手段实现的产品质量追溯情况	□质量不可追溯 □追溯到产品交付 □追溯到生产制造 □追溯到物料供应 □追溯到研发设计	
财务与业务集成	财务系统与业务系统集成	实现与财务系统集成的业务系统范围	□采购管理系统 □销售管理系统 □生产制造系统 □物流管理系统 □设备管理系统 □人力资源管理系统 □研发设计系统 □以上均未集成	

续表

二级指标	三级指标	采集指标	采集项	适用类别
财务与业务集成	采购和销售流程监控情况	财务系统对采购实时监控的情况	□合同价格监控 □到货监控 □付款监控 □发票监控 □以上均未监控	
		财务系统对销售实时监控的情况	□合同价格监控 □发货监控 □收款监控 □开票监控 □以上均未监控	
	成本计划和控制能力	成本信息自动获取范围	□研发设计 □产成品、半成品收发存 □主原料消耗 □资材备件消耗 □人工成本 □维修费用 □能源成本 □运输成本 □以上均未实现	
		应用信息化手段实现产品实际成本核算的精度	□无法应用系统自动进行产品实际成本核算 □精确到车间 □精确到产品品种 □精确到不同产品品种的不同批次 □精确到单个产品（离散）	流程、离散大批量型企业
			□无法应用系统自动进行产品实际成本核算 □精确到车间 □精确到批次 □精确到单个产品 □精确到零部件	离散多品种小批量和复杂单件
	全面预算管理	通过信息化全面落实企业战略规划，实现全面预算管理的情况	□投资预算与执行管理 □生产采购预算与执行管理 □技措技改预算与执行管理 □费用预算与执行管理 □成本预算与执行管理 □以上均未实现	
决策支持	决策支持信息自动采集	基于智能知识模型自动采集信息并进行综合分析的业务范围	□采购及供应商信息 □销售及客户信息 □库存信息 □生产信息 □财务信息 □质量信息 □物流信息 □设备信息 □能源环境信息 □成本信息 □绩效信息 □竞争情报 □市场趋势和环境 □以上均未实现	
	决策支持内容	综合运用信息化手段可实现的决策支持内容	□合同、收入、成本、利润等对比分析与决策 □客户价值和信用决策 □产品盈利和市场趋势决策 □研发生产与经营管理的集成运营决策 □企业预测预警 □企业风险管控 □信誉建设 □以上均未实现	

3.3.4 协同与创新评估指标

协同与创新主要评估内容包括产品全生命周期协同创新和绿色发展、企业集团管控、产业链协同等。具体的评估指标和采集项如表 3-6 所示。

表 3-6 协同与创新水平与能力评估指标

二级指标	三级指标	采集指标	采集项	适用类别
产品全生命周期协同创新和绿色发展	产品全生命周期协同创新	贯穿产品全生命周期各阶段的产品状态信息跟踪与反馈情况	□能够实现统一数字化产品定义在产品全生命周期各阶段应用和关联维护 □产品状态信息跟踪与反馈覆盖研发设计、生产制造、售后服务（乃至回收处理）等全生命周期各阶段 □以上均未实现	离散
		跨企业网络化产品协同设计与制造能力	□实现跨区域的网络化产品协同设计与制造 □实现国内企业间的网络化产品协同设计与制造 □实现全球多国多企业间的网络化产品协同设计与制造 □以上均未实现	
		在线实现产品服务延伸或远程管控的情况	□产品安装 □产品使用培训 □远程监控 □备品备件 □故障维修 □维护保养 □咨询改进 □二手交易 □以上均未实现	
	产品全生命周期绿色发展	应用信息化手段实现产品全生命周期绿色发展的情况	□尚未通过信息化支撑产品全生命周期绿色发展 □基于产品全生命周期信息跟踪与反馈实现绿色研发设计 □基于产品全生命周期信息跟踪与反馈实现绿色工艺创新 □基于产品全生命周期信息跟踪与反馈实现产品安全和集约生产 □产品生产制造与使用全过程废弃物综合利用	流程
			□实现在产品全生命周期管控条件下的绿色设计 □实现在产品全生命周期管控条件下的绿色工艺创新 □实现在产品全生命周期管控条件下的产品集约生产 □实现在产品全生命周期管控条件下的产品再制造 □以上均未实现	离散

续表

二级指标	三级指标	采集指标	采集项	适用类别
产业链协同	信息交互和共享	产业链企业之间信息交互和共享情况	□建立了产业链企业业务系统之间信息交换接口 □产业链企业建设或采用了统一的信息标准和规范 □产业链企业之间关联信息实现共享和实时交互 □以上均未实现	
	业务协同和一体化	通过信息化实现业务协同和一体化情况	□通过信息化与主要原料供应商实现了物料等协同 □通过信息化与物流企业实现了储运协同 □通过信息化与下游客户实现了订货业务协同 □通过信息化与下游客户实现了财务结算协同 □以上均未实现	流程
			□实现生产计划协同 □实现物料协同 □实现订货业务协同 □实现物流仓储协同 □实现加工配送协同 □实现财务结算协同 □实现研发设计协同 □实现产业链企业间订单全程可追溯 □实现产业链企业间质量全程可控 □以上均未实现	混合、离散

3.3.5 竞争力与经济社会效益评估指标

竞争力与经济社会效益主要评估内容包括质量提升与顾客满意、业务效率、财务优化、创新能力等竞争力水平，以及经济效益和社会效益水平等。具体的评估指标和采集项如表 3-7 所示。

表 3-7 竞争力与经济社会效益水平评估指标

二级指标	三级指标	采集指标	采集项
产品质量和客户满意	产品质量合格率	产品质量合格率	产品质量合格率______%
	按期交货率	按期交货率	按期交货率______%

续表

二级指标	三级指标	采集指标	采集项
业务效率	设备综合利用效率	设备综合利用效率	设备综合利用效率______%
	产能利用率	产能利用率	产能利用率______%
	全员劳动生产率	全员劳动生产率	全员劳动生产率______万元
财务优化	财务决算速度	企业月度合并财务决算最终结果报出所需天数	企业月度合并财务决算最终结果报出所需天数______天
	库存资金周转率	库存资金周转率	库存资金周转率______次/年
		库存资金周转率与同行业其他企业比较情况	□达到国际先进水平 □达到国内先进水平 □达到国内平均水平 □达到初级水平
创新能力	新产品产值率	新产品产值率	新产品产值率______%
	新产品研发周期	新产品研发周期	新产品研发周期______天
		新产品研发周期与同行业其他企业比较情况	□达到国际先进水平 □达到国内先进水平 □达到国内平均水平 □达到初级水平
	专利	百人专利拥有量	百人专利拥有量______个
经济效益	成本	成本费用利润率	成本费用利润率______%
	利润	销售利润率	销售利润率______%
社会效益	万元产值综合能耗	万元产值综合能耗	万元产值综合能耗______吨标准煤
		万元产值综合能耗与同行业其他企业比较情况	□达到国际先进水平 □达到国内先进水平 □达到国内平均水平 □达到初级水平
	社会贡献率	社会贡献率	社会贡献率______%

CHAPTER 04 第4章

两化融合发展数据地图

依据两化融合评估体系，广大企业可依托两化融合服务平台（www.cspiii.com）开展自评估、自诊断、自对标。基于翔实的企业两化融合评估数据，围绕两化融合现状识别、效益分析、问题诊断、趋势预测等，可绘制形成全国、区域、行业、企业等两化融合发展数据地图，客观描绘两化融合发展全景图，加快形成数据驱动的两化融合分业施策新模式。

4.1 两化融合评估样本情况

2018 年 6 月底，全国 99910 家企业依托两化融合服务平台上报两化融合评估数据，占列入国家统计监测的规模以上工业企业总数的

26.4%，评估样本具体分布情况如下。

4.1.1 样本企业增长情况

自2009年以来，全国参与评估诊断和对标引导的企业数量呈现持续增长态势。特别是2014年两化融合服务平台正式上线，实现了在线开展自评估、自诊断、自对标，企业参与两化融合评估诊断的积极性明显提升，样本企业数量呈现爆发性增长，首次突破1万大关，增至31059家。2014—2018年，样本企业数量持续高速增长，年均增速33.9%。截至2018年6月，样本企业数量高达99910家，占列入国家统计监测的规模以上工业企业总数的26.4%，样本企业具有良好的行业代表性，可以客观地反映全国水平（见图4-1）。

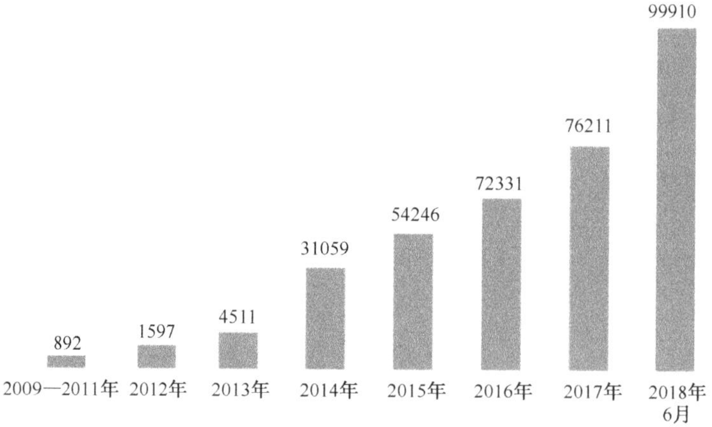

资料来源：两化融合服务平台（www.cspiii.com）。

图4-1 2009—2018年样本企业数量增长情况

4.1.2 行业分布情况

样本企业行业分布情况如图4-2所示，机械、食品、轻工等行业样本企业数量较多，占到21.2%、11.9%、11.8%，其次是电子、建材、纺织、石化、交通设备制造，均超过了5%，与全国规模以上工业企业行业分布情况相比（见图 4-3），行业分布大致吻合，尤其是与机械、轻工、食品、纺织和建材这几类占比较大的行业分布情况基本一致，样本企业具有良好的行业代表性，可以客观地反映全国水平。

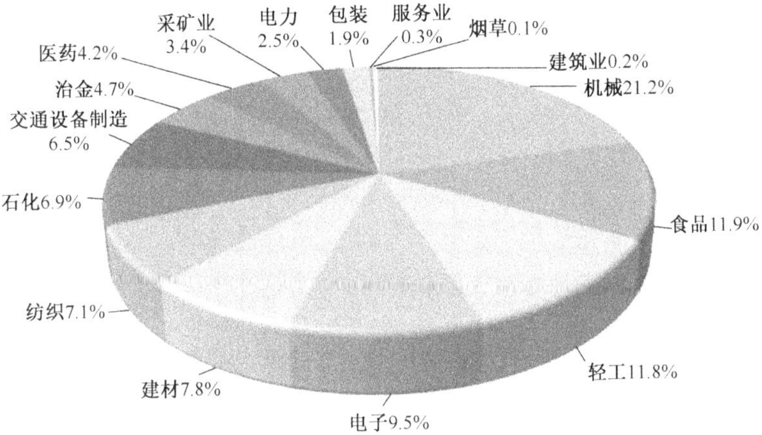

资料来源：两化融合服务平台（www.cspiii.com）。

图4-2 两化融合样本工业企业按行业分布情况

4.1.3 规模分布情况

样本企业与全国规模以上工业企业规模分布对比情况如图4-4所示。样本中，大型企业占6.5%，小微型企业占58.7%，中型企业占17.8%。

与全国规模以上工业企业分布进行对比，两化融合评估样本小微型工业企业所占比例略低于全国水平，大中型工业企业所占比例高于全国水平。

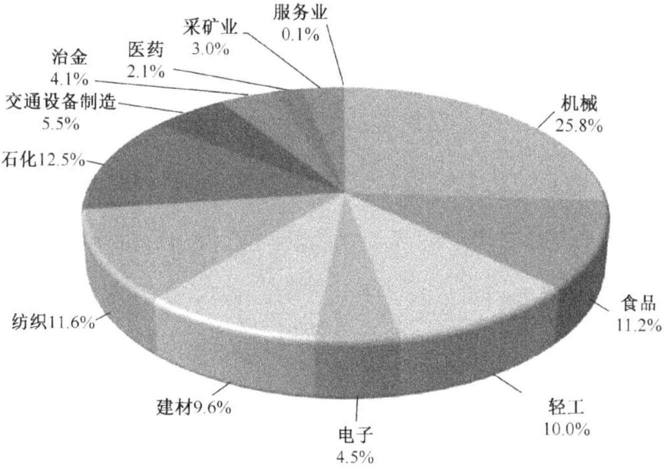

资料来源：国家统计局《中国统计年鉴2018》。

图 4-3　全国规模以上工业企业行业分布情况

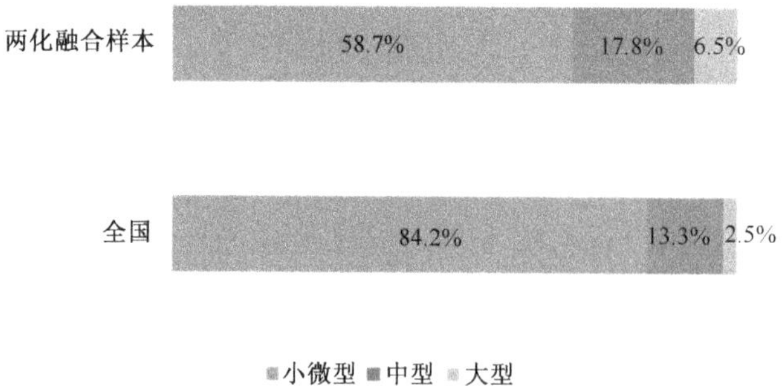

资料来源：两化融合服务平台（www.cspiii.com）。

图 4-4　两化融合样本企业与全国规模以上工业企业规模分布对比情况

4.1.4 生产类型分布情况

样本企业生产类型分布情况如图 4-5 所示，纯流程和离散大批量的样本企业比例较高，均超过了 25%；其次是离散中小批量和混合型，分别占 17.9%和 10.8%。

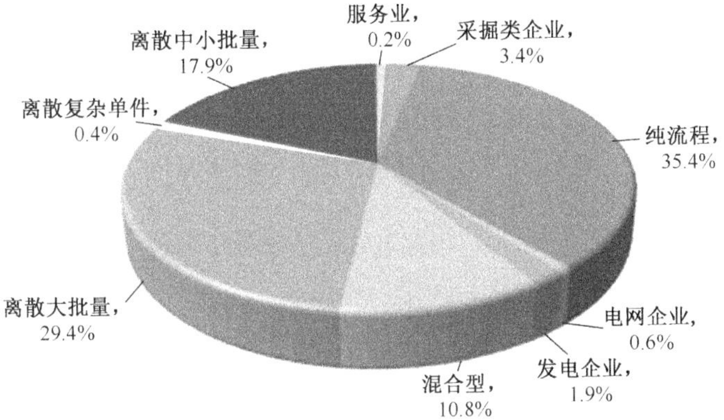

资料来源：两化融合服务平台（www.cspiii.com）。

图 4-5 两化融合样本企业生产类型分布情况

4.1.5 区域分布情况

样本企业区域分布情况如图 4-6 所示，其中华东地区最多，达到 34.4%，其次是华北和华南地区，分别是 20.3%和 14.1%。与全国规模以上工业企业区域分布情况进行对比（见图 4-7），华东和华北工业企业样本数占比与全国实际统计情况有出入，其他地区分布情况基本一致。

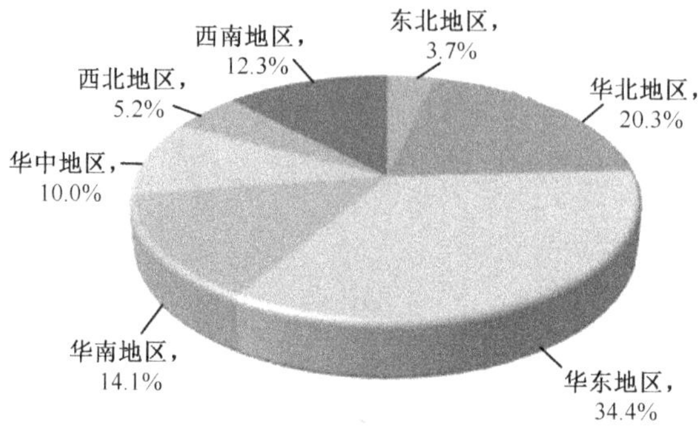

资料来源：两化融合服务平台（www.cspiii.com）。

图 4-6　两化融合样本区域分布情况

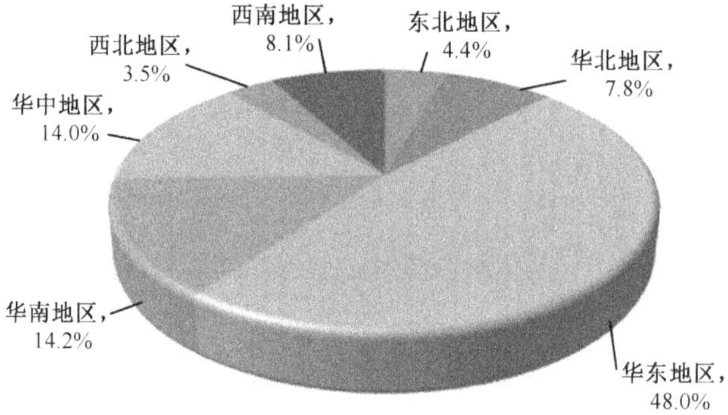

资料来源：国家统计局《中国统计年鉴 2018》。

图 4-7　全国规模以上工业企业区域分布情况

4.1.6　企业性质分布情况

样本企业性质分布情况如图 4-8 所示，民营企业占比最多，达到 66.1%，其次是股份制企业和国有企业，分别占 13.6%和 9.1%，外商及港、澳、台投资企业占 5%左右。与在全国规模以上工业企业性质分布情况相比(见图 4-9)，两化融合评估样本民营企业占比基本吻合，国有企业和外商及港、澳、台投资企业占比稍有不同。

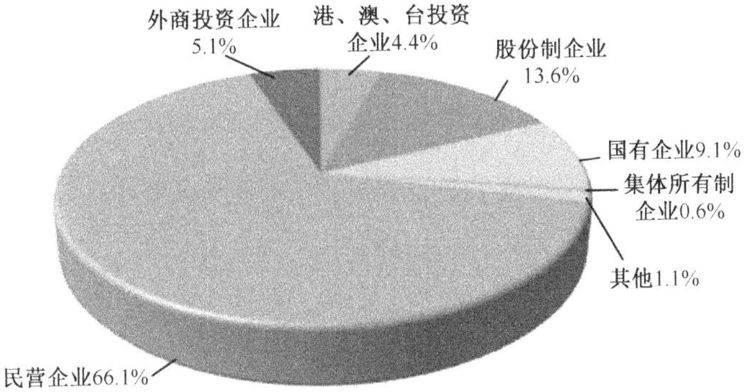

资料来源：两化融合服务平台（www.cspiii.com）。

图 4-8 两化融合样本企业性质分布情况

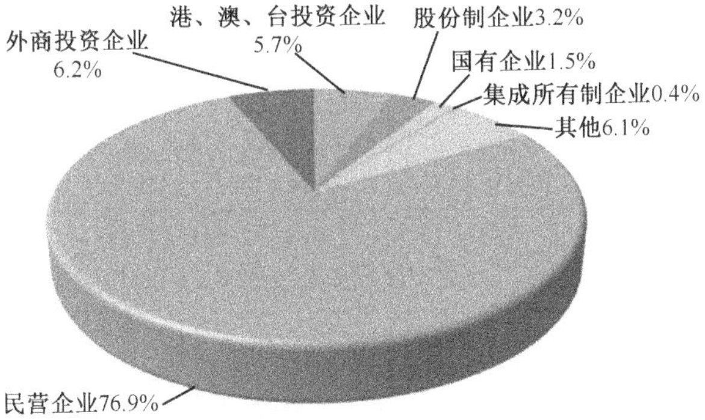

资料来源：国家统计局《中国统计年鉴 2018》。

图 4-9 全国规模以上工业企业性质分布情况

4.2　两化融合发展水平监测指标体系

基于国家标准《工业企业信息化和工业化融合评估规范》（GB/T 23020-2013），在两化融合评估体系的基础上，提炼形成了一系列关键指标，从总体水平、发展阶段、关键领域、新模式新业态等不同方面全面剖析两化融合发展现状、发展重点、价值成效、特征模式以及发展趋势，已成为衡量和表征全国、区域、行业两化融合发展水平与成效的重要依据（见表 4-1）。

表 4-1　两化融合发展水平监测指标体系

评价重点	指标名称	指标解释
总体水平	两化融合发展水平	综合表征两化融合发展的总体水平，由样本企业的两化融合发展水平得分按照企业人员规模加权平均得出
	基础建设得分	基础建设旨在通过评估两化融合基础设施和条件建设情况，衡量两化融合基本资源保障的水平与能力级别
	单项应用得分	单项应用旨在通过评估信息技术在企业部门级单一业务环节中的应用情况，衡量信息技术与工业技术以及企业单项业务的结合和融合的水平与能力级别
	综合集成得分	综合集成旨在通过评估企业跨部门、跨业务环节的业务综合和集成情况，衡量两化融合环境下企业内多业务综合集成和融合的水平与能力级别

续表

评价重点	指标名称	指标解释
总体水平	协同与创新得分	协同与创新旨在通过评估跨企业的业务协同和发展模式创新情况，衡量两化融合环境下企业间业务协同、创新和融合的水平与能力级别
发展阶段	起步建设	两化融合发展是一个企业信息化水平和竞争能力不断跃升的过程，可分为四个阶段： ①起步建设阶段：企业已经开始建设两化融合基础设施和条件，但其单项应用尚未开展或刚刚起步 ②单项覆盖阶段：企业具备了一定的两化融合基础设施和条件，单项应用对企业业务覆盖和渗透逐渐加强，发挥了一定作用，但其综合集成尚未有效实现 ③集成提升阶段：企业基础建设水平进一步提高，单项应用基本成熟，综合集成有效实现，但其协同与创新尚未有效开展 ④创新突破阶段：企业基础建设趋于完备，单项应用和综合集成基本成熟，且协同与创新得到有效实现
	单项覆盖	
	集成提升	
	创新突破	
关键领域	信息化投入占比	该指标表征信息化投入占销售收入的比例。信息化投入是信息化建设投入和信息系统运维投入之和。信息化建设投入是指当年新建和升级信息系统过程中，用于购置、租赁、项目实施、咨询、培训、服务外包等的投入；信息系统运维投入是指原有信息系统运行维护过程中，用于购置、租赁、咨询、培训、服务外包等的投入
	生产设备数字化率	该指标表征数字化生产设备数量占生产设备总数量的比例。流程行业数字化生产设备是指单体设备中具备自动信息采集功能的设备；离散行业数字化生产设备是指数控机床、数控加工中心、工业机器人、带数据接口的机电一体化设备等

续表

评价重点	指标名称	指标解释
关键领域	数字化研发设计工具普及率	数字化研发设计工具是指辅助企业开展产品设计，实现数字化建模、仿真、验证等功能的软件工具。对于离散行业，该指标表征实现产业二维或三维数字化建模的企业比例；对于流程行业，该指标表征利用数字化手段开展研发设计的企业比例
	关键工序数控化率	流程行业关键工序数控化率是指关键工序中过程控制系统（例如 PLC、DCS、PCS 等）的覆盖率；离散行业关键工序数控化率是指关键工序中数控系统（例如 NC、DNC、CNC、FMC 等）的覆盖率
	关键业务环节全面信息化的企业比例	该指标是指研发设计、生产、采购、销售、财务、人力、办公（共计 7 个）关键业务环节均应用了信息系统进行管理的企业比例
	应用电子商务的企业比例	该指标是指产品或服务的采购或销售订单是在网络上完成的企业比例。但是，支付和产品或服务的交割，可以“在线”或者“离线”完成。订单在网络上完成不包括通过电话、传真或者传统 E-mail 进行的订单收发活动
	实现管控集成的企业比例	该指标是指利用信息系统集成实现生产管理（计划层）、车间生产制造执行（执行层）、生产制造过程控制（控制层）之间的信息上传、指令下达等无缝衔接（从业务系统中自动获得数据，数据不经过人工录入）和业务集成的企业比例
	实现产供销集成的企业比例	该指标是利用信息系统集成实现内部供应链的物料采购、原料和产成品库、生产制造、产品销售等环节的业务集成运作，并能够与财务管理进行无缝衔接（从业务系统中自动获得数据，数据不经过人工录入）的企业比例
	实现产业链协同的企业比例	该指标是指利用信息系统实现企业与其产业链上下游企业间在研发、采购、生产、销售、财务等关键业务协同运作的企业比例

续表

评价重点	指标名称	指标解释
	重点行业骨干企业“双创”平台普及率	该指标是指建设“双创”平台的重点行业骨干企业数量占重点行业骨干企业总数量的比例
	实现网络化协同的企业比例	该指标是指实现网络化协同的规模以上离散制造企业占全部规模以上离散制造企业的比例。目前所统计网络化协同类型包括跨企业的网络化产品协同设计、跨企业的网络化生产制造等
新模式新业态	开展服务型制造的企业比例	该指标是指开展服务型制造的规模以上离散制造企业占全部规模以上离散制造企业的比例。目前所统计服务型制造类型包括远程监控、在线运维、网络化精准营销、基于智能终端提供创新服务等
	开展个性化定制的企业比例	该指标是指开展个性化定制的规模以上离散制造企业占全部规模以上离散制造企业的比例。开展个性化定制的企业可以按照用户订单自动排产、形成物料供应计划并具备动态优化能力
	智能制造就绪率	该指标是指关键工序数控化率超过50%，且管控集成和产供销集成已基本实现的企业比例。这些企业底层装备数控化程度高，管理信息化与底层自动化之间，以及内部供应链上采购、生产、销售、库存、财务等环节间实现了集成，已开始向智能工厂、智慧企业迈进，形成集成系统支持下的网络化、柔性化、智能化制造模式

4.3 两化融合发展步入快车道

当前，世界正在进入以信息产业为主导的经济发展时期，互联网、大数据、人工智能等新一代信息技术持续向实体经济领域融合渗透。

近年来，我国深入推动新一代信息技术在制造领域的渗透应用，加快产业转型升级步伐，数字化、网络化、智能化进程持续提升，融合发展价值效益不断显现。

4.3.1　全国两化融合发展全景图

2018年，全国两化融合发展不断深入，两化融合发展水平达到53.0，22.4%的企业处于集成提升以上阶段，ICT 技术在产业特定领域应用、多业务多环节集成应用和智能化协同应用的深度与广度不断拓展，新模式新业态层出不穷，融合发展整体向中高级阶段加速迈进，融合发展成效愈发凸显（见表4-2）。

表4-2　全国两化融合发展全景图（2018）

指标		数值
总体水平	两化融合发展水平	53.0
	基础建设	60.5
	单项应用	53.1
	综合集成	42.8
	协同与创新	38.7
发展阶段	起步建设	27.4%
	单项覆盖	50.2%
	集成提升	17.4%
	创新突破	5.0%
关键领域	信息化投入占比	0.25%
	生产设备数字化率	45.9%

续表

指标		数值
关键领域	数字化研发设计工具普及率	67.4%
	关键工序数控化率	48.4%
	关键业务环节全面信息化的企业比例	45.8%
	应用电子商务的企业比例	58.8%
	实现管控集成的企业比例	20.4%
	实现产供销集成的企业比例	24.7%
	实现产业链协同的企业比例	7.8%
新模式新业态	重点行业骨干企业“双创”平台普及率	75.1%
	实现网络化协同的企业比例	33.7%
	开展服务型制造的企业比例	24.7%
	开展个性化定制的企业比例	7.6%
	智能制造就绪率	7.0%

资料来源：两化融合服务平台（www.cspiii.com）。

4.3.2 我国两化融合发展水平持续快速增长

从总体水平看，我国两化融合发展水平延续了近几年较快的增长态势，整体向更深层次、更高阶段演进。2018 年全国两化融合发展水平达到 53.0，较 2017 年同比增长 2.3%，各类企业两化融合发展水平均有一定程度提升，大型企业两化融合发展水平保持领先、稳中向好，小微型企业、民营企业水平提升较快，发展增速已超过大中型企业（见图 4-10、图 4-11、图 4-12、图 4-13）。

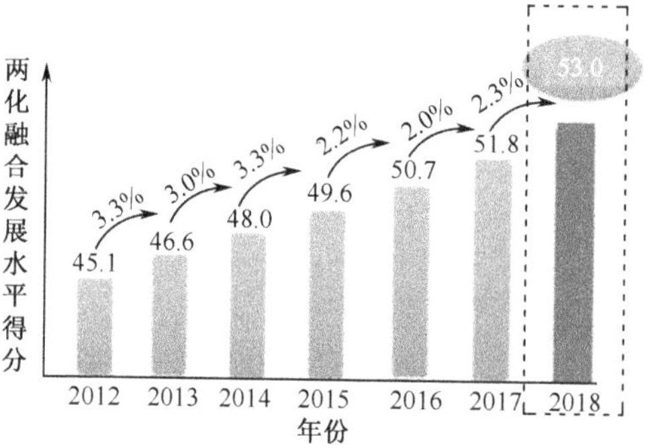

资料来源：两化融合服务平台（www.cspiii.com）。

图 4-10　2012—2018 年全国两化融合发展水平演进情况

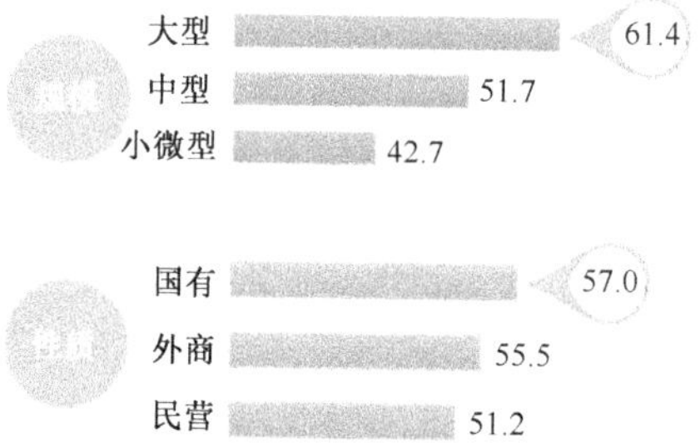

资料来源：两化融合服务平台（www.cspiii.com）。

图 4-11　2018 年不同规模和性质企业两化融合发展水平情况

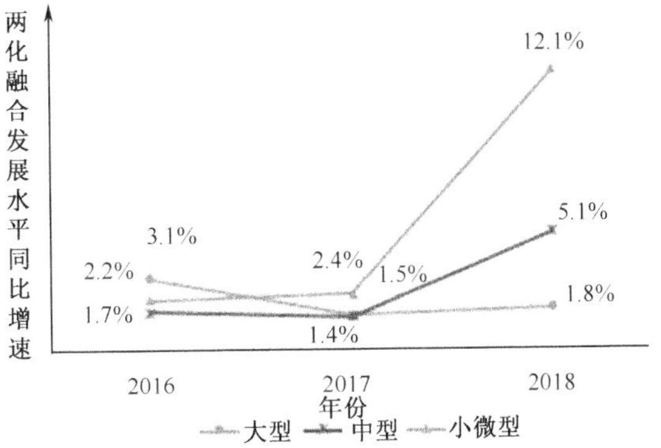

资料来源：两化融合服务平台（www.cspiii.com）。

图 4-12　2016—2018 年不同规模企业两化融合发展水平对比情况

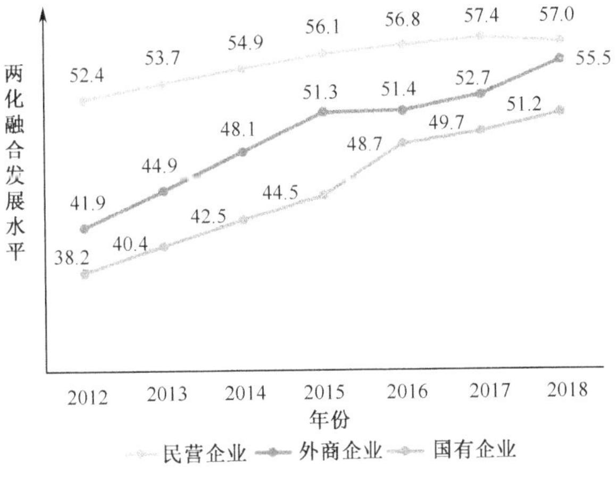

资料来源：两化融合服务平台（www.cspiii.com）。

图 4-13　2012—2018 年全国不同性质企业两化融合发展水平情况

4.3.3 我国企业"综合集成"实现新突破

从发展进程看，当前我国企业两化融合向中高级阶段发展的基础不断夯实，"综合集成"跨越实现突破式进展。2018 年，全国 22.4%的企业已经实现综合集成，首次突破 20%大关，其中 5.0%的企业处于创新突破阶段，50.2%处于单项覆盖阶段的企业中有 48.4%的企业，也就是全国 24.3%的企业在关键业务环节信息化方面已实现全面覆盖，具备了开展信息化环境下的业务集成运作的良好条件，将在短期内进入集成提升阶段。相较于 2012 年（10.9%），2018 年全国实现综合集成的企业比例翻了一番（见图 4-14 和图 4-15）。

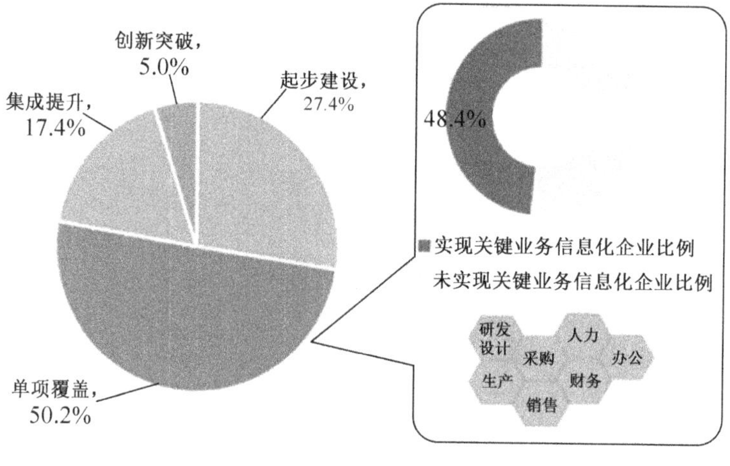

资料来源：两化融合服务平台（www.cspiii.com）。

图 4-14　2018 年全国两化融合发展阶段分布情况

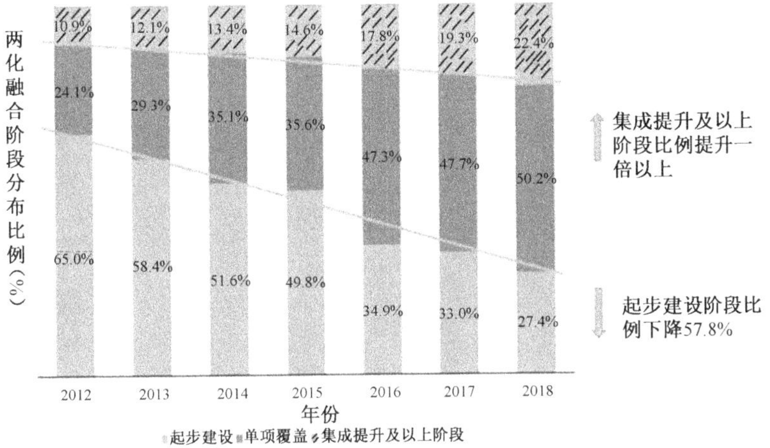

资料来源：两化融合服务平台（www.cspiii.com）。

图 4-15　2012—2018 年全国两化融合发展阶段分布情况

4.3.4　制造业数字化、网络化、智能化进程不断提速

从关键指标看，我国两化融合关键领域整体水平持续提升，数字化、网络化、智能化进程不断加快。在底层设备方面，2018 年全国生产设备数字化率达到 45.9%，较 2016 年增长 4.1%；**在研发设计方面，**2018 年全国数字化研发设计工具普及率达到 67.4%，较 2016 年增长 9.1%；**在生产管控方面，**2018 年全国关键工序数控化率达到 48.4%，较 2016 年增长 5.7%；**在智能化发展方面，**2018 年全国智能制造就绪率高达 7.0%，较 2016 年提升 37.3%（见图 4-16）。

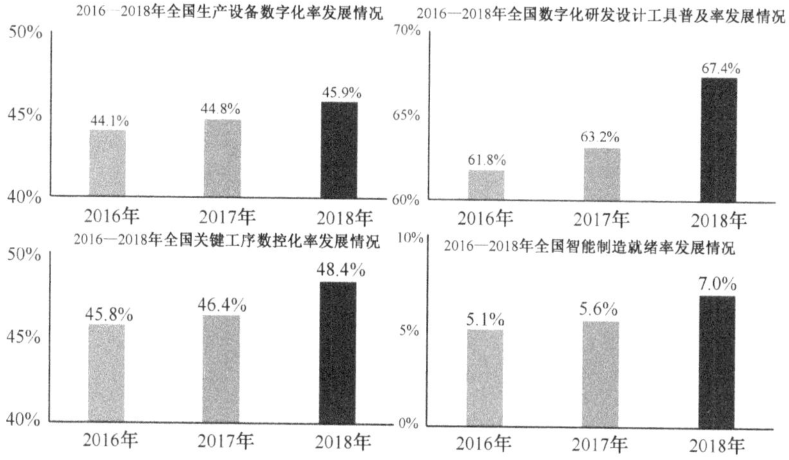

资料来源：两化融合服务平台（www.cspiii.com）。

图 4-16　2016—2018 年全国两化融合关键指标情况

4.4　省市间两化融合发展存在阶梯性差异

全国各省两化融合发展水平梯级分布特征明显，整体呈现“沿海高、西南高、西北低、东北低”的态势。各省两化融合发展由于战略导向、经济基础、产业结构、资源禀赋等不同，在整体水平方面都表现出明显的梯级分布特征。其中，第一梯队包括山东、上海、江苏、广东、北京、重庆、天津、福建、浙江、四川等省市，主要分布于东部沿海地区，川渝地区一直是西南地区两化融合排头兵；第二梯队集中在中东部地区，包括辽宁、河南、河北、湖北、安徽、内蒙古、山西、陕西、江西、吉林、湖南等地；第三梯队省市散布于东北、西北等地，包括宁夏、黑龙江、贵州、广西、海南、青海、甘肃、西藏、新疆等省市。

从发展增速看，2018 年各省市两化融合发展的区域不平衡性趋于缓和。发展水平处于第一梯队的浙江、江苏、广东在保持领先的情况下同比增速有所放缓，而发展水平处于第三梯队的黑龙江、青海、西藏等进入快速发展期，两化融合发展水平同比增速跃居第一梯队。各省份间、各梯队间的差距均不同程度地表现出逐渐缩小的发展态势，全国两化融合的区域间平衡、协调发展局面正在不断形成。

4.5 重点行业两化融合发展路径各异

我国两化融合发展在不同行业的发展水平和阶段不尽相同，各行业的发展需求和生产特征也存在差异。基于各自数字化、网络化、智能化的重点需求状况，各行业围绕融合发展的不同侧重点，展开了积极的探索，探索过程中发现的核心问题和桎梏，将作为行业下一阶段重点突破的方向。

4.5.1 重点行业两化融合发展全景图

我国各重点行业两化融合在研发、制造、产业链等方面呈现不同特征，发展路径各异。其中，**装备行业**以数字化研发工具的创新应用为突破口推进两化融合，是各行业中融合发展最具潜力的领域之一；以石化行业为代表的**原材料行业**以强化制造环节的智能化水平为着力点，在生产设备数字化率、数字化生产设备联网率和智能制造就绪率方面位于各行业领先水平；**食品、医药**等消费品行业着力打造用户需求的快速响应能力，产业链协同水平较高；**电子行业**着力推动产品智能化发展，产品研发设计、生产制造环节的数字化、网络化、智能化水平均位居各行业前列（见图4-17）。

水平低	水平高	数字化研发设计工具普及率	生产设备数字化率	数字化生产设备联网率	智能制造就绪率	实现产业链协同的企业比例
装备行业	机械	81.1%	39.7%	31.1%	6.4%	6.1%
	汽车	85.9%	42.3%	—	9.7%	7.4%
原材料行业	建材	54.9%	45.6%	40.5%	4.9%	8.4%
	钢铁	51.8%	49.2%	—	7.1%	5.4%
	石化	58.6%	54.2%	53.5%	8.3%	9.8%
消费品行业	轻工	68.4%	42.1%	34.1%	6.1%	7.9%
	食品	52.4%	44.2%	38.2%	5.5%	11.0%
	纺织	65.5%	48.0%	39.2%	6.6%	6.9%
	医药	57.6%	46.4%	36.2%	6.6%	10.6%
电子行业	电子	78.3%	53.6%	44.2%	11.1%	7.8%

资料来源：两化融合服务平台（www.cspiii.com）。

图4-17 2018年重点行业两化融合发展全景图

电力、烟草、电子、交通设备制造等行业两化融合发展水平较高，实现综合集成的企业比例超过25%。2018年，各行业两化融合发展水平排名从高到低依次为电力、烟草、电子、交通设备制造、石化、医药、纺织、机械、轻工、食品、冶金、建材、采矿业，整体呈现出能源行业高于制造业高于采矿业的态势。其中，对于制造业而言，消费品、电子行业两化融合发展水平较高，高于全国平均水平，原材料、装备行业的两化融合发展水平基本持平。实现综合集成的企业比例超过 25%的行业包括电力、烟草、电子、交通设备制造等（见图 4-18）。

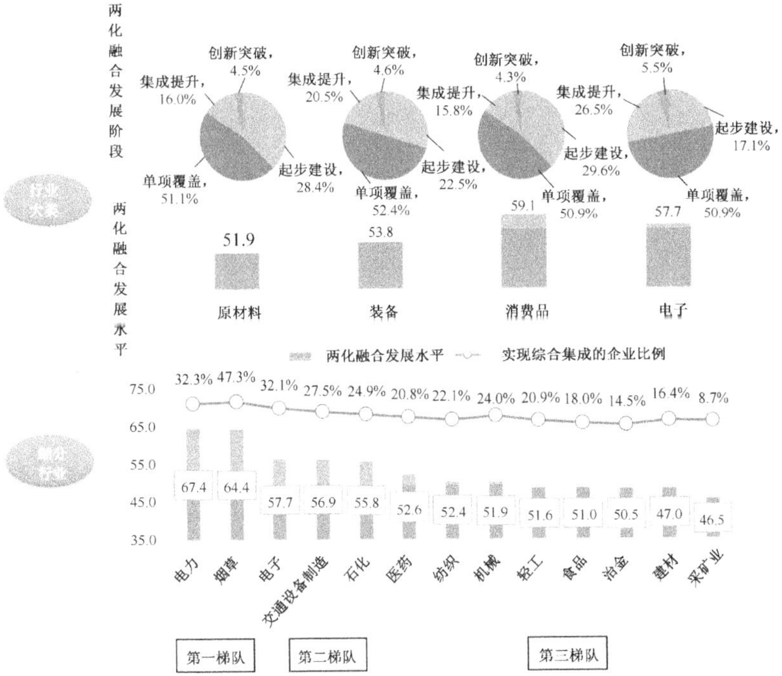

资料来源：两化融合服务平台（www.cspiii.com）。

图 4-18　2018 年行业两化融合发展水平及阶段分布情况

近年来，我国各重点行业两化融合进程持续深入，发展着力点各有侧重。**在底层设备方面，石化、钢铁等**原材料行业生产设备数字化率较高且提升速度较快，企业两化融合基础设施投入快速提升；**在研发设计方面，机械、汽车等**装备行业数字化研发设计工具普及率位居全行业领先水平，**轻工、纺织、食品等**消费品行业日益重视提高数字化研发设计能力，数字化研发设计工具普及率提升明显；**在生产管控方面，石化、钢铁等**原材料行业关键工序数控化率较高且提升速度较快，行业生产制造数字化改造效果不断凸显；**在智能化发展方面，电子行业**加快在智能制造领域探索，行业智能制造就绪率位居前列（见图 4-19）。

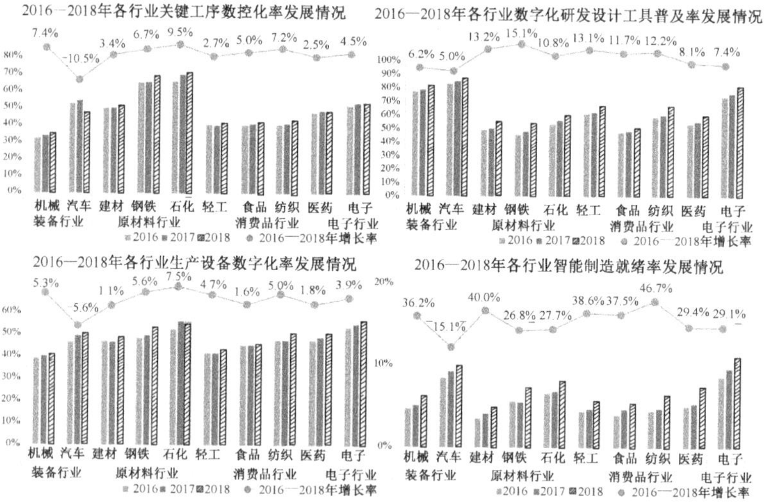

资料来源：两化融合服务平台（www.cspiii.com）。

图 4-19　2016—2018 年行业两化融合关键指标情况

4.5.2 原材料行业重点关注智能制造水平的提升

随着经济发展进入新常态，原材料行业成为践行“三去一降一补”任务的攻坚区，通过信息技术深度融入研发、设计、制造、采购、销售、服务等环节，加速面向客户需求的研发设计、工艺设计等迭代优化，驱动生产组织由推动式向拉动式转变。2018 年，我国原材料行业两化融合发展水平达到 51.9，低于全国平均水平，20.5%的企业达到集成提升及以上阶段（见表 4-3）。

表 4-3 原材料行业两化融合发展全景图（2018）

指标		数值
总体水平	两化融合发展水平	51.9
	基础建设	58.9
	单项应用	53.5
	综合集成	39.2
	协同与创新	33.3
发展阶段	起步建设	28.4%
	单项覆盖	51.1%
	集成提升	16.0%
	创新突破	4.5%
关键指标	信息化投入占比	0.24%
	生产设备数字化率	49.3%
	数字化研发设计工具普及率	55.7%
	关键工序数控化率	62.7%
	关键业务环节全面信息化的企业比例	37.9%
	应用电子商务的企业比例	51.1%
	实现管控集成的企业比例	17.2%
	实现产供销集成的企业比例	20.8%
	实现产业链协同的企业比例	8.0%

续表

指标		数值
新模式 新业态	重点行业骨干企业“双创”平台普及率	70.5%
	实现网络化协同的企业比例	—
	开展服务型制造的企业比例	—
	开展个性化定制的企业比例	—
	智能制造就绪率	6.4%

资料来源：两化融合服务平台（www.cspiii.com）。

近年来，原材料行业两化融合进程不断加快，尤其是生产制造环节的数字化、智能化水平持续提升。在底层设备方面，2018 年行业生产设备数字化率达到 49.3%，较 2016 年增长 2.7%；**在研发设计方面，**2018 年行业数字化研发设计工具普及率达到 55.7%，较 2016 年增长 12.1%；**在生产管控方面，**2018 年行业关键工序数控化率高达 62.7%，较 2016 年增长 4.5%；**在智能化发展方面，**2018 年行业智能制造就绪率高达 6.4%，较 2016 年提升 28%（见图 4-20）。

原材料行业以强化制造环节的智能化水平为着力点，打造集约高效实时优化的生产新体系。行业智能制造转型趋势显著，大型钢铁、石化行业智能制造就绪率分别达到 19.9%、8.3%，在各重点行业当中居于前列。围绕提质增效的目标，原材料行业在质量全过程管控、设备预防性管理、能源综合管理、供应链集成等方面不断提升智能化水平，不断探索基于数据的产业生态圈、产业链集成共享平台等新模式（见图 4-21）。

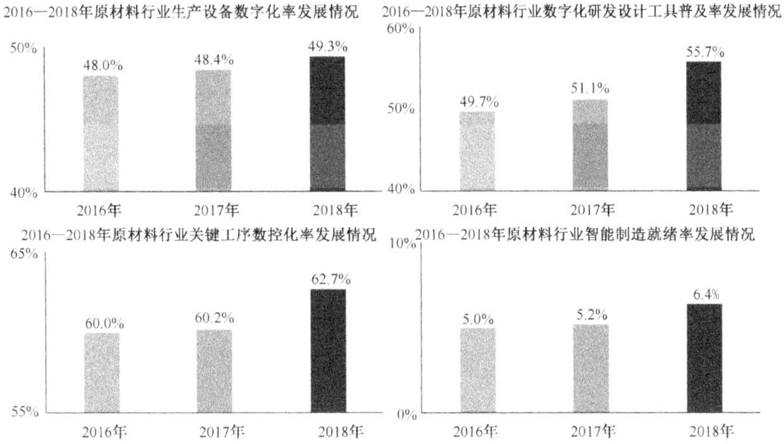

资料来源：两化融合服务平台（www.cspiii.com）。

图 4-20　原材料行业关键指标情况

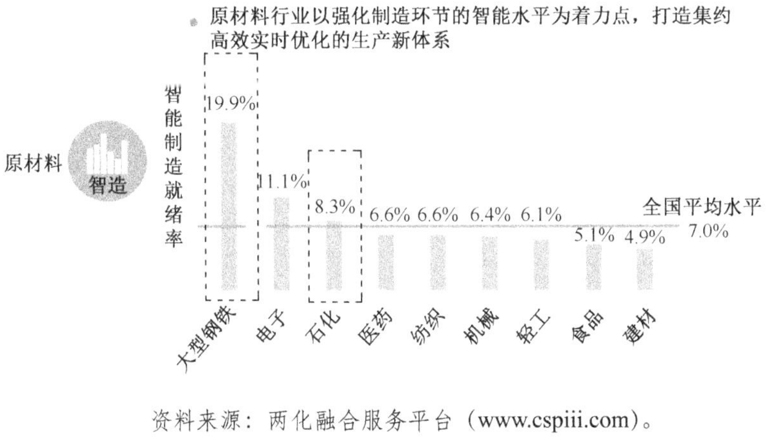

资料来源：两化融合服务平台（www.cspiii.com）。

图 4-21　原材料行业两化融合侧重点

以**建材行业**为例，作为原材料行业的重要分支，行业两化融合有序开展，2018 年行业两化融合发展水平达到 47.0，部分企业已初步形成探索内部集成互联以及企业间的业务协同和模式创新的机制，16.4%的企业达到集成提升及以上阶段，4.9%的企业初步具备探索智能制造的条件，但整体仍低于制造业平均水平（20.5%和 6.4%）（见表 4-4）。

表 4-4 建材行业两化融合发展全景图（2018）

指标		数值
总体水平	两化融合发展水平	47.0
	基础建设	53.1
	单项应用	47.5
	综合集成	33.6
	协同与创新	32.9
发展阶段	起步建设	34.2%
	单项覆盖	49.4%
	集成提升	13.3%
	创新突破	3.1%
关键指标	信息化投入占比	0.25%
	生产设备数字化率	45.6%
	数字化研发设计工具普及率	54.9%
	关键工序数控化率	51.5%
	关键业务环节全面信息化的企业比例	36.3%
	应用电子商务的企业比例	47.2%
	实现管控集成的企业比例	16.9%
	实现产供销集成的企业比例	19.8%
	实现产业链协同的企业比例	8.4%
新模式新业态	重点行业骨干企业“双创”平台普及率	76.5%
	实现网络化协同的企业比例	—
	开展服务型制造的企业比例	—
	开展个性化定制的企业比例	—
	智能制造就绪率	4.9%

资料来源：两化融合服务平台（www.cspiii.com）。

建材行业着力推动生产实施与 IT 设备更新改造和换代升级，孕育出多种新型发展模式。一是开展跨界经营，建设建材集团大数据中心和云计算中心，实现基于大数据的商业智能与决策支持、集中分析与对标云、营销云、物资云等功能，切实落实“互联网+建材”的行业应用，加快推进制造业向制造服务业转型；二是通过搭建绿色建材信息系统着力完善绿色建材标准评价体系，利用互联网、大数据等信息技术构建绿色建材公共服务系统，并推动循环经济产业链的绿色功能产业转型；三是提升企业两化融合过程中的数据收集与分析能力，充分挖掘数据价值，实现产品个性化定制，提升建材产品的差异化和多样性，完善供给侧结构。

4.5.3 装备行业着眼于提升全产业价值链水平

目前我国装备制造产业规模已位居世界首位，产业链覆盖较全，但现阶段装备行业仍然面临着产能过剩和结构失衡等问题，聚焦高端装备发展，夯实装备升级基础是“十三五”期间我国制造业转型升级的核心议题。2018 年，我国装备行业两化融合稳步推进，两化融合发展水平达到 53.8，高于原材料行业，但低于消费品和电子行业，行业中 25.1%的企业达到集成提升及以上阶段，积极探索企业内部集成互联以及企业间的业务协同和模式创新（见表 4-5）。

表 4-5　装备行业两化融合发展全景图（2018）

指标		数值
总体水平	两化融合发展水平	53.8
	基础建设	62.2
	单项应用	53.2
	综合集成	44.9
	协同与创新	37.0
发展阶段	起步建设	22.5%
	单项覆盖	52.4%
	集成提升	20.5%
	创新突破	4.6%
关键指标	信息化投入占比	0.29%
	生产设备数字化率	40.7%
	数字化研发设计工具普及率	82.3%
	关键工序数控化率	39.3%
	关键业务环节全面信息化的企业比例	50.9%
	应用电子商务的企业比例	59.4%
	实现管控集成的企业比例	22.8%
	实现产供销集成的企业比例	26.1%
	实现产业链协同的企业比例	6.2%
新模式新业态	重点行业骨干企业“双创”平台普及率	73.5%
	实现网络化协同的企业比例	32.7%
	开展服务型制造的企业比例	24.2%
	开展个性化定制的企业比例	7.3%
	智能制造就绪率	7.2%

资料来源：两化融合服务平台（www.cspiii.com）。

近年来，装备行业加快数字化转型升级，尤其是研发创新环节的数字化水平持续提升，位居领先地位。在底层设备方面，2018 年行业生产设备数字化率达到 40.7%，较 2016 年增长 5.2%；**在研发设计方面**，2018 年行业数字化研发设计工具普及率达到 82.3%，较 2016 年增长 6.3%；**在生产管控方面**，2018 年行业关键工序数控化率高达 39.3%，较 2016 年增长 5.4%；**在智能化发展方面**，2018 年行业智能制造就绪率高达 7.2%，较 2016 年提升 35.8%（见图 4-22）。

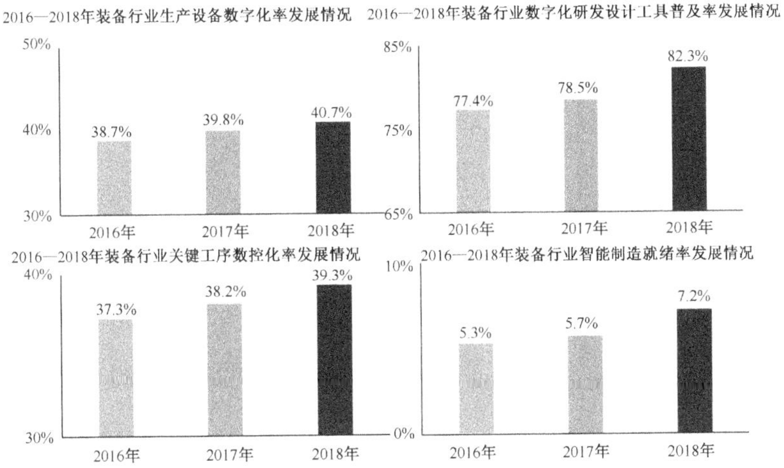

资料来源：两化融合服务平台（www.cspiii.com）。

图 4-22　装备行业关键指标情况

装备行业以数字化研发工具的集成应用和基于产品的智能服务为双向突破口，提升产业价值链水平。装备行业围绕产品全生命周期研发创新开展积极探索，行业数字化研发设计工具普及率达到 82.3%，其中汽车行业和机械行业分别高达 85.9%和 81.1%，数字化研发设计工具的普遍应用为装备行业以客户需求为核心开展定制化协同研发、基于智能化产品的敏捷售后服务等创新性探索奠定了良好基础（见图 4-23）。

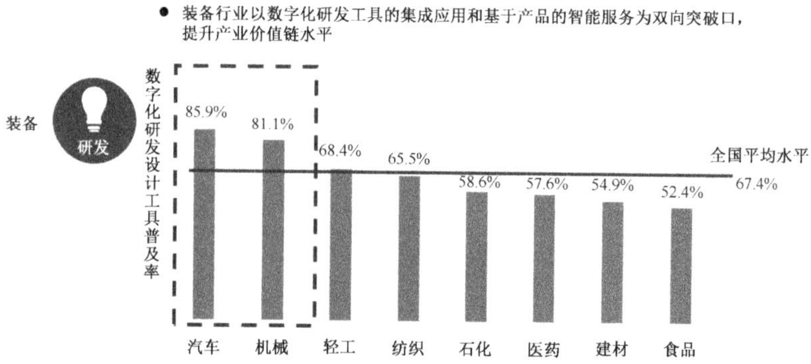

资料来源：两化融合服务平台（www.cspiii.com）。

图 4-23　装备行业两化融合侧重点

以汽车行业为例，作为装备行业中数字化研发设计工具普及率最高的行业，行业融合发展步伐较快，2018 年行业两化融合发展水平达到 58.0，29.6%的企业达到集成提升及以上阶段，积极探索企业内部集成互联以及企业间的业务协同和模式创新，初步具备探索智能制造条件的企业比例达 9.7%，高于装备行业平均水平（25.1%和 7.2%）（见表 4-6）。

表 4-6 汽车行业两化融合发展全景图（2018）

指标		数值
总体水平	两化融合发展水平	58.0
	基础建设	64.8
	单项应用	58.1
	综合集成	48.7
	协同与创新	42.7
发展阶段	起步建设	19.0%
	单项覆盖	51.4%
	集成提升	24.8%
	创新突破	4.8%
关键指标	信息化投入占比	0.27%
	生产设备数字化率	42.3%
	数字化研发设计工具普及率	85.9%
	关键工序数控化率	46.8%
	关键业务环节全面信息化的企业比例	54.0%
	应用电子商务的企业比例	60.5%
	实现管控集成的企业比例	25.9%
	实现产供销集成的企业比例	29.6%
	实现产业链协同的企业比例	7.4%
新模式新业态	重点行业骨干企业“双创”平台普及率	74.2%
	实现网络化协同的企业比例	37.1%
	开展服务型制造的企业比例	27.7%
	开展个性化定制的企业比例	6.7%
	智能制造就绪率	9.7%

资料来源：两化融合服务平台（www.cspiii.com）。

汽车行业在生产、交易、服务等方面进行数字化转型的重点布局，推动产业迈向价值链中高端。数字化转型是汽车行业智能化发展的重点，不仅渗透于汽车设计、物流供应、生产流程、管理模式和制造组装等供给侧诸多环节，更逐步渗透于产品营销、维修保养、设施服务、金融保险、车联网服务、人车交互、可视化、出行服务、交通安全管理和商业模式等需求侧应用领域，延伸和创造更多的价值空间。**从制造数字化水平来看**，我国汽车制造商在智能装备应用、网络互联建设、运营管理系统应用、基于模型的企业开展涉及工业互联网平台应用等方面有初步进展，但较国外主流的先进汽车制造企业仍有一定差距，开展数字化转型的基础尚未牢固（见图 4-24）。**从研发方式来看，**汽车设计模式逐步向多主体协同设计转变，汽车部件的电子化水平显著提升，控制决策的智能化、自主化也实现大幅跃升；**从交易方式来看，**包括乘用车、客车、卡车等在内的汽车 O2O 电商交易平台建设逐步完善，新兴汽车超市模式的出现将为汽车行业资源整合方式、交易模式带来巨大变革；**从汽车售后市场服务来看，**在一定程度上新建商业模式和架构，出现了一批从导航升级到车联网全覆盖、智慧物流的智能解决方案，大型车企的战略定位由传统的汽车制造厂商转变成用户出行方案解决商。

4.5.4 消费品行业着力打造用户需求的快速响应能力

近年来，“互联网+”在消费品行业中的不断渗透和深化应用，促进了消费品产业结构优化升级。我国消费品行业两化融合进程不断加速，2018 年行业两化融合发展水平达到 59.1，比全国平均水平（53.0）

高 6.1 个百分点，两化融合发展达到集成提升及以上阶段的企业比例为 20.1%，作为典型的中小企业主导、劳动密集型行业，行业中处在起步建设阶段的企业仍然占有较高比例。2018 年，消费品行业智能制造就绪率为 6.0%，与原材料、装备和电子行业相比，水平有待进一步提升（见表 4-7）。

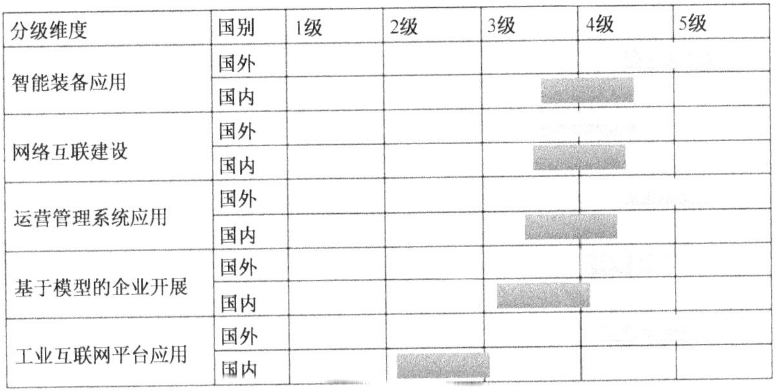

资料来源：中国汽车产业发展报告（2017）。

图 4-24 汽车行业企业制造数字化发展成熟度综合评级及国际比较

表 4-7 消费品行业两化融合发展全景图（2018）

指标		数值
总体水平	两化融合发展水平	59.1
	基础建设	51.4
	单项应用	40.4
	综合集成	36.7
	协同与创新	25.5

续表

指标		数值
发展阶段	起步建设	29.6%
	单项覆盖	50.3%
	集成提升	15.8%
	创新突破	4.3%
关键指标	信息化投入占比	0.26%
	生产设备数字化率	44.7%
	数字化研发设计工具普及率	61.2%
	关键工序数控化率	43.0%
	关键业务环节全面信息化的企业比例	43.6%
	应用电子商务的企业比例	62.4%
	实现管控集成的企业比例	19.0%
	实现产供销集成的企业比例	24.4%
	实现产业链协同的企业比例	9.0%
新模式 新业态	重点行业骨干企业“双创”平台普及率	78.4%
	实现网络化协同的企业比例	33.1%
	开展服务型制造的企业比例	12.8%
	开展个性化定制的企业比例	5.2%
	智能制造就绪率	6.0%

资料来源：两化融合服务平台（www.cspiii.com）。

近年来，消费品行业两化融合进程不断深入，各环节、各领域数字化水平稳步提升。在底层设备方面，2018 年行业生产设备数字化率达到 44.7%，较 2016 年增长 2.5%；**在研发设计方面，**2018 年行业数字化研发设计工具普及率达到 61.2%，较 2016 年增长 11.5%；**在生产管控方面，**2018 年行业关键工序数控化率高达 43.0%，较 2016 年增长 3.6%；**在智能化发展方面，**2018 年行业智能制造就绪率高达 6.0%，较2016年提升36.4%（见图4-25）。

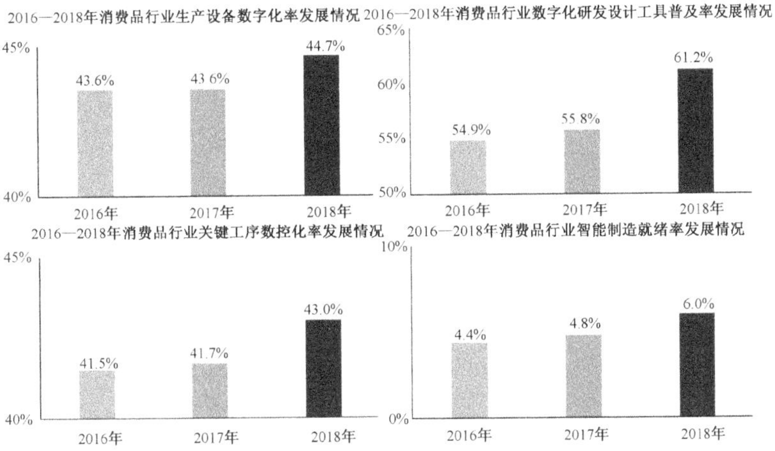

资料来源：两化融合服务平台（www.cspiii.com）。

图4-25　消费品行业关键指标情况

消费品行业基于互联网构建用户需求的精准采集、快速传导和实时响应新能力。消费品行业与用户和终端消费者接触紧密，食品、轻工行业工业电子商务普及率为65.3%、62.4%，分别较全国平均水平高出6.5个、3.6个百分点。企业积极利用互联网、大数据等技术更好地了解消费者需求，不断进行营销模式和产品差异化创新，在以用户为核心的个性化定制、精准营销以及产品全生命周期追溯和监管方面开展创新性的探索（见图4-26）。

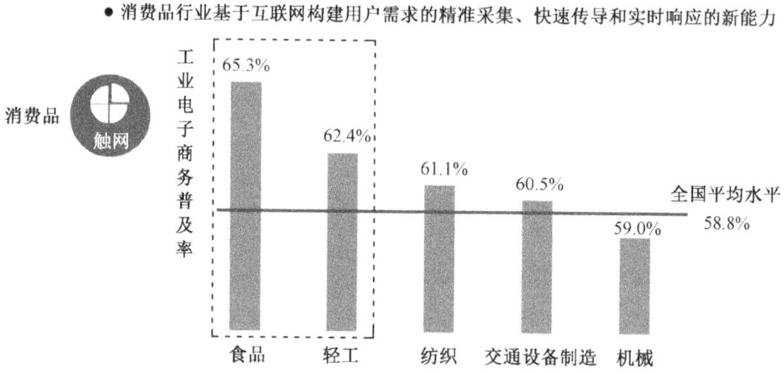

资料来源：两化融合服务平台（www.cspiii.com）。

图 4-26 消费品行业两化融合侧重点

以**食品行业**为例，作为工业电子商务普及率最高的消费品行业，2018 年两化融合发展水平达到 51.0，18.0%的企业达到集成提升及以上水平，初步具备探索智能制造条件的企业比例达 5.5%，略低于消费品行业平均水平（20.1%和 6.0%）（见表 4-8）。

表 4-8 食品行业两化融合发展全景图（2018）

指标		数值
总体水平	两化融合发展水平	51.0
	基础建设	57.7
	单项应用	51.0
	综合集成	38.5
	协同与创新	37.3
发展阶段	起步建设	31.7%
	单项覆盖	50.3%
	集成提升	13.9%
	创新突破	4.1%

续表

指标		数值
关键指标	信息化投入占比	0.25%
	生产设备数字化率	44.2%
	数字化研发设计工具普及率	52.4%
	关键工序数控化率	42%
	关键业务环节全面信息化的企业比例	40.3%
	应用电子商务的企业比例	65.3%
	实现管控集成的企业比例	16.9%
	实现产供销集成的企业比例	23.7%
	实现产业链协同的企业比例	11.0%
新模式新业态	重点行业骨干企业“双创”平台普及率	81.1%
	实现网络化协同的企业比例	—
	开展服务型制造的企业比例	—
	开展个性化定制的企业比例	—
	智能制造就绪率	5.5%

资料来源：两化融合服务平台（www.cspiii.com）。

以产业数字化转型发展为契机，以消费者需求为中心，传统食品行业在生产、销售、安全等方面焕发新活力。在生产方面，通过打造以消费者为中心驱动的互联网化，实现食品供需双方的精准配对；**在销售方面，**新零售模式加速发展，初步实现全渠道/线上线下融合、“人货场”重构、无人零售、社区便利店等销售形式的变革；**在食品安全方面，**借助区块链技术使食品供应链上的生产者、供应商、加工业者、经销商、零售商、监管机构以及消费者能随时获取食品来源与状态信息，有效阻止食品安全问题的蔓延。

4.5.5 电子行业着重推动产品智能化发展

我国电子行业两化融合发展一直位居全国领先行列，2018 年行业两化融合发展水平达到 57.7，32.0%的企业两化融合发展水平处于集成提升及以上阶段。近年来，工业互联网创新发展与深化应用，电子行业底层装备数字化、网络化水平日益提升，生产设备数字化率高达 53.6%，数字化生产装备联网率达到 44.2%，位居各行业领先水平，为行业生产数据的实时收集、高效传输和分析利用提供坚实基础。2018 年电子行业智能制造就绪率为 11.1%，与领先行业相比，发展水平有待进一步提升（见表 4-9）。

表 4-9 电子行业两化融合发展全景图（2018）

指标		数值
总体水平	两化融合发展水平	57.7
	基础建设	67.2
	单项应用	57.1
	综合集成	48.3
	协同与创新	40.6
发展阶段	起步建设	17.1%
	单项覆盖	50.9%
	集成提升	26.5%
	创新突破	5.5%
关键指标	信息化投入占比	0.24%
	生产设备数字化率	53.6%
	数字化研发设计工具普及率	78.3%
	关键工序数控化率	53.9%
	关键业务环节全面信息化的企业比例	56.9%
	应用电子商务的企业比例	65.3%

续表

指标		数值
关键指标	实现管控集成的企业比例	26.1%
	实现产供销集成的企业比例	31.1%
	实现产业链协同的企业比例	7.8%
新模式 新业态	重点行业骨干企业“双创”平台普及率	76.7%
	实现网络化协同的企业比例	36.9%
	开展服务型制造的企业比例	28.9%
	开展个性化定制的企业比例	7.2%
	智能制造就绪率	11.1%

资料来源：两化融合服务平台（www.cspiii.com）。

近年来，电子行业两化融合发展保持领先地位，各领域数字化改造水平与增速整体呈现“双高”态势。在底层设备方面，2018 年行业生产设备数字化率达到 53.6%，较 2016 年增长 3.9%；**在研发设计方面，**2018 年行业数字化研发设计工具普及率达到 78.3%，较 2016 年增长 7.4%；**在生产管控方面，**2018 年行业关键工序数控化率高达 53.9%，较 2016 年增长 4.5%；**在智能化发展方面，**2018 年行业智能制造就绪率高达 11.1%，较 2016 年提升 29.7%（见图 4-27）。

电子行业产品智能化发展初现成效，是发展智能产品的主力军。促进产品智能化是智能制造发展的重要方向，物理产品配备 ICT 部件（传感器、RFID、通信接口等），可收集生产和使用过程中的环境和自身状态的数据。当生产过程的产品数据被获取，并能与更高级别的系统进行通信时，生产流程才能得到改进，同时实现实时自主引导；当使用阶段用户与企业之间的通信成为可能，用户协同的产品和服务优化升级与互动创新才具备实现基础。数据分析表明，尽管大多数企业的产品还未能实现智能化，但我国电子行业已初步向产品智能化方向迈进，智能产品比例已达到46.9%，显著高于其他行业（见图4-28）。

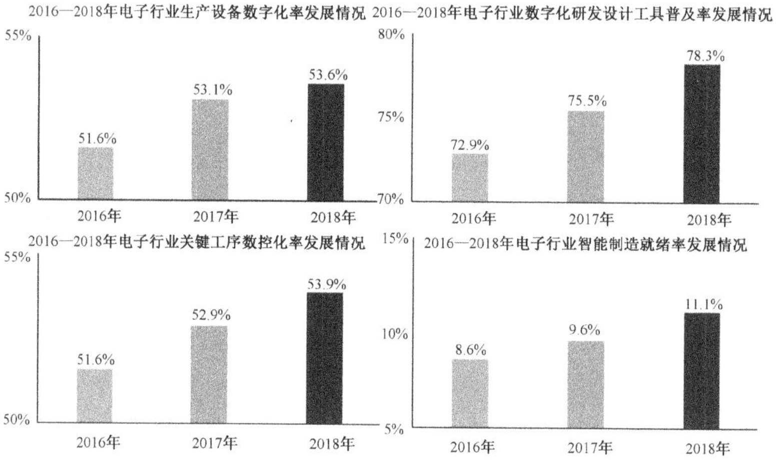

资料来源：两化融合服务平台（www.cspiii.com）。

图4-27　电子行业关键指标情况

电子行业围绕智能化产品的服务模式创新活动日渐活跃。产品的智能化是服务模式创新的催化剂，企业以智能化产品作为切入点，建立广泛的“产品+服务”组合，向客户提供基于数据的增值服务，提升产品附加值，进而持续优化和更新商业模式。用户服务也由此越来越多地基于产品数据的收集、评估和分析，并依赖于产业创新生态的建立。随着互联网技术在制造领域的快速渗透，产品智能化水平的提升使价值链不断扩展和延长，推动产品与服务的融合，有效促进企业实现高效、智能、创新的服务新模式。分析发现，基于产品较高的智能化水平，电子行业个性化定制、网络化精准营销、远程监控、在线运维和基于大数据分析的创新服务等服务新模式层出不穷，行业服务模式创新活动日益活跃（见图 4-29）。

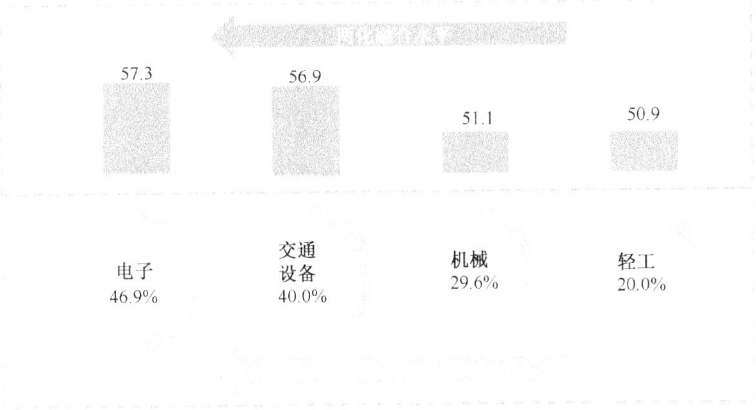

资料来源：两化融合服务平台（www.cspiii.com），经整理计算。

图 4-28　电子行业两化融合侧重点

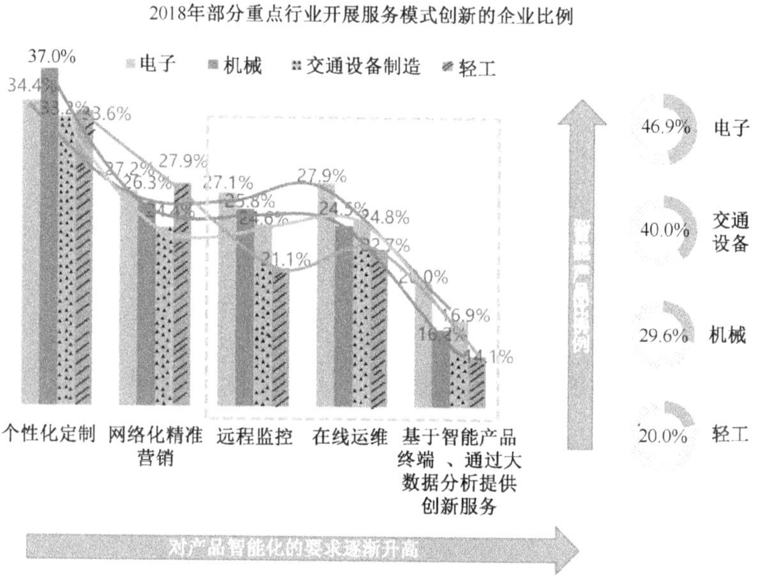

资料来源：两化融合服务平台（www.cspiii.com），经整理计算。

图 4-29　2018 年部分重点行业开展服务模式创新的企业比例

4.6　重点中央企业两化融合工作成效日益凸显

中央企业是我国国民经济的重要支柱。近些年，中央企业在集团内部大力推进信息技术与企业业务全面融合的同时，也积极发挥其影响力、带动力，推动产业链上下游企业共同开展电子商务发展、平台资源开放共享、行业共性解决方案探索、产业链协同创新，有效带动了产业链上下游两化融合水平的协同提升。

4.6.1 中央企业高度重视两化融合评估诊断和对标引导

摸清现状，找准问题，是企业精准施策推进两化深度融合发展的先手棋。基于两化融合评估统一框架，各中央企业积极开展企业两化融合评估诊断和对标工作。截至 2018 年 6 月，国务院国资委监管下的 96 家中央企业中，已有 92 家中央企业在全集团层面开展两化融合自评估、自诊断、自对标，占全部 96 家中央企业的 95.8%（见图 4-30）。

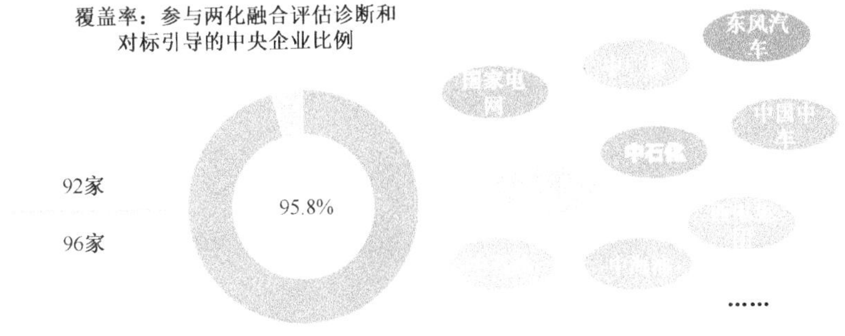

资料来源：两化融合服务平台（www.cspiii.com）。

图 4-30　截至 2018 年 6 月中央企业开展两化融合评估诊断和对标引导的情况

4.6.2 中央企业两化融合发展实现综合集成突破势头明显

中央企业是我国两化融合实践的先行者，代表了我国企业两化融合的较高水平，2018 年中央企业两化融合发展总体水平达到 59.3，明显高于全国平均水平 53.0。从不同性质的企业情况来看，中央企业两化融合水平处于领先地位，分别比国企、外商投资和民营企业高出 4.0%、6.8%、15.8%。从发展进程来看，中央企业两化融合发展已基本达到中级阶段，正全面向高级阶段迈进，实现综合集成突破势头明显。当前处于起步建设阶段的企业比例仅为 8.4%，处于单项覆盖阶段的企业比例为 50.5%，41.1%的企业实现了综合集成，是全国整体水平的近 2 倍，在带动产业链上下游企业两化融合水平协同提升方面的辐射引领作用显著，国家电网、中国电信、中国移动、商飞、中石化、鞍钢等一批中央企业两化融合发展水平处于领先地位，业务协同和模式创新活跃（见图 4-31 和图 4-32）。

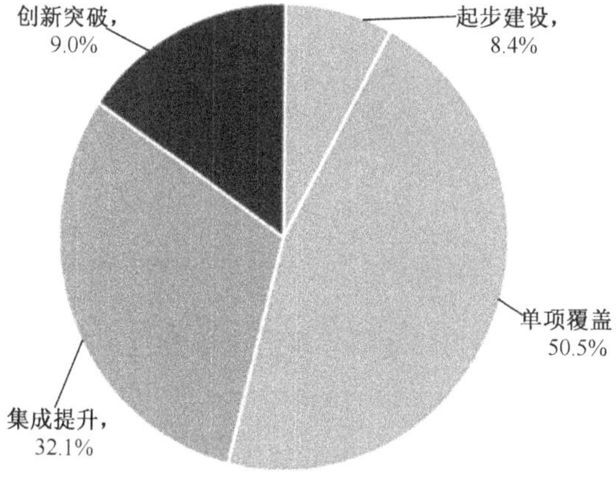

资料来源：两化融合服务平台（www.cspiii.com）。

图 4-31　2018 年中央企业两化融合发展阶段分布情况

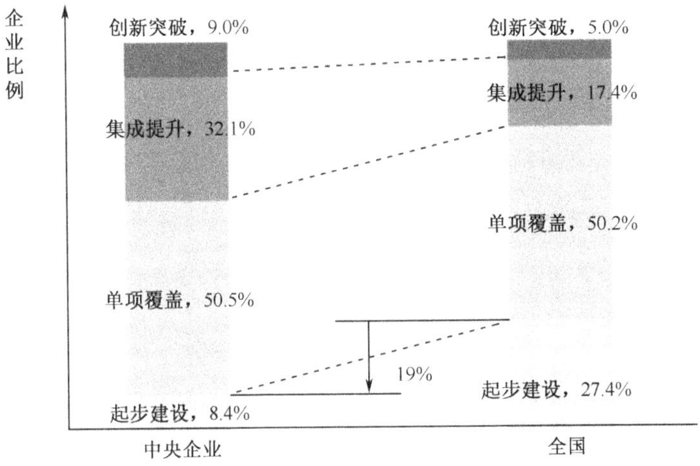

资料来源：两化融合服务平台（www.cspiii.com）。

图 4-32　2018 年中央企业子公司两化融合发展阶段分布与全国对比情况

4.7　新模式、新业态为制造业转型升级注入新动能

随着两化融合的不断加深与延展，促进企业生产优化、组织变革、服务创新的效益不断显现。在制造业与互联网融合的大趋势下，网络化协同研制、服务型制造、个性化定制、平台化运营以及智能制造已经成为当前企业转变发展方式、实现创新发展的重点方向，新模式新

业态不断涌现，为制造业转型升级不断注入新动能。

4.7.1 网络化协同研制蓄势待发

网络化协同研制是指企业基于互联网分布式协同环境，开展众包设计研发、网络化制造、公共云制造平台服务等模式创新，并行协同地设计、制造产品的过程。2018 年，我国离散制造企业中实现网络化协同研制的企业比例为 33.7%。基于开放平台的协同创新已成为领先行业发展网络化协同研制的共同特征，汽车、电子、纺织等行业网络化协同水平相对领先。加强开放平台建设、推进基于平台的组织模式变革是离散制造企业实现网络化协同研制的当务之急（见图 4-33 和图 4-34）。

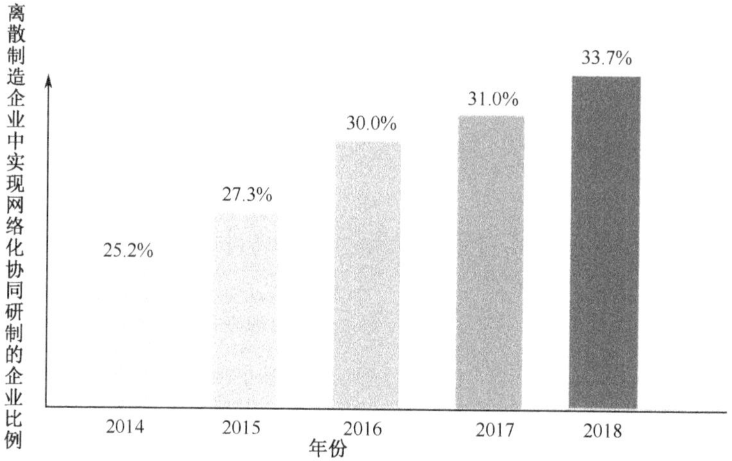

资料来源：两化融合服务平台（www.cspiii.com)。

图 4-33 2014—2018 年全国离散制造企业实现网络化协同研制企业比例

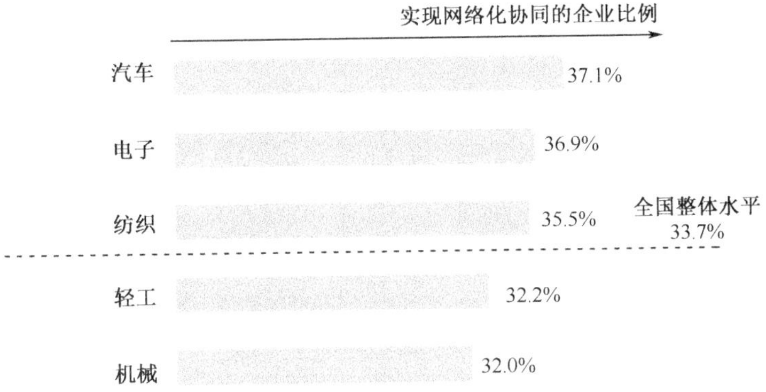

资料来源：两化融合服务平台（www.cspiii.com）。

图 4-34 2018 年各重点行业实现网络化协同研制的企业比例

4.7.2 服务型制造亮点纷呈

服务型制造是制造企业不断增加服务要素在投入和产出中的比重，推动产品和服务融合的一种制造新模式。2018 年，我国离散制造企业中开展服务型制造的比例为 24.7%。价值链延伸与重构已成为领先行业开展服务型制造的共同诉求，电子、汽车行业开展服务型制造的企业比例均已接近 30%，高于全国平均水平。提升服务环节信息化水平与产品全生命周期各环节集成度是制造业服务化转型的主要手段（见图 4-35 和图 4-36）。

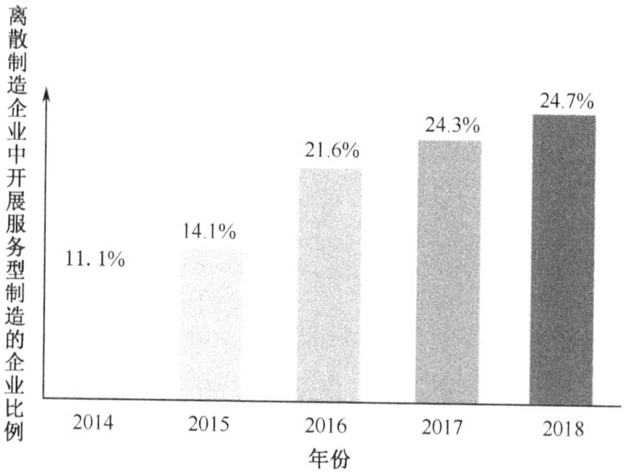

资料来源：两化融合服务平台（www.cspiii.com）。

图 4-35 2014—2018 年全国离散制造企业开展服务型制造的企业比例

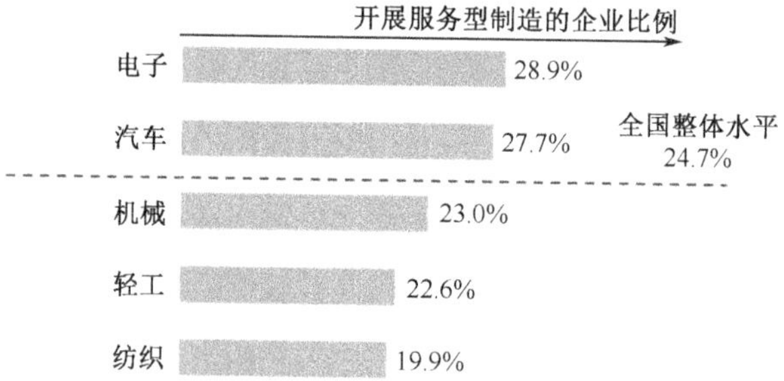

资料来源：两化融合服务平台（www.cspiii.com）。

图 4-36 2018 年重点行业开展服务型制造企业比例

4.7.3 个性化定制加速发展

个性化定制是一种以用户为中心、数据驱动生产的制造新模式，是企业提升竞争力的重要抓手。2018 年，我国离散制造企业中开展个性化定制的比例为 7.6%。用户需求主导是领先行业开展个性化定制的根本出发点，纺织、轻工、机械、汽车等重点行业实现个性化定制的企业比例分别达到 9.0%、8.9%、7.5%和 6.7%，个性化定制正在从服装、家具行业向家电、机械等重点行业加速扩散。实现用户需求的精准获取与定义、提升生产柔性、提高数据流动的自动化水平是离散制造业推动个性化定制的关键路径（见图 4-37 和图 4-38）。

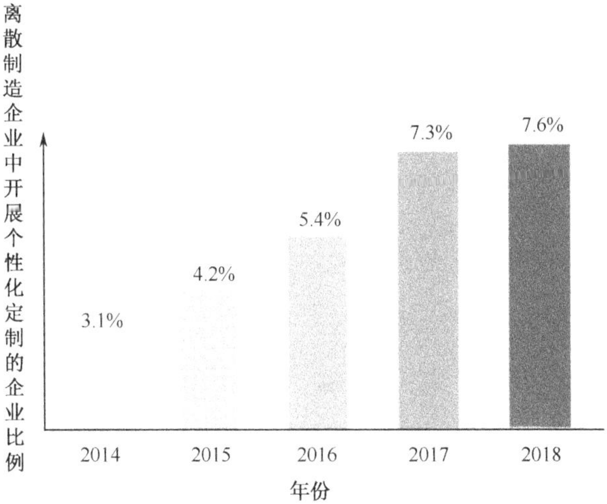

资料来源：两化融合服务平台（www.cspiii.com）。

图 4-37 2014—2018 年全国离散制造企业开展个性化定制的企业比例

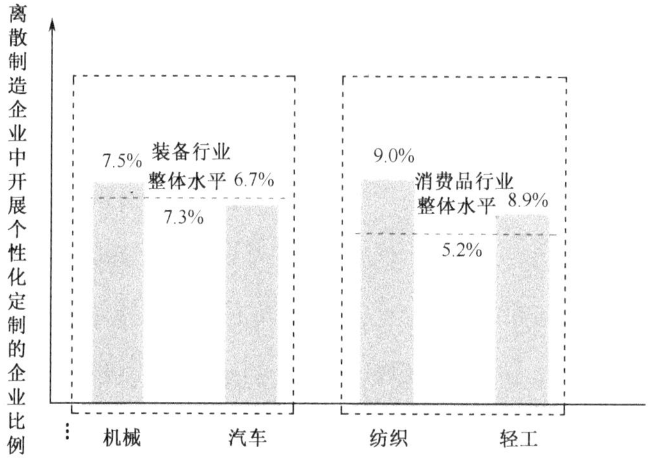

资料来源：两化融合服务平台（www.cspiii.com）。

图 4-38　2018 年重点离散制造行业开展个性化定制的企业比例

4.7.4　平台化运营如火如荼

目前，我国的平台化运营正步入全面实施、快速迭代、自我完善的新阶段，基于平台的制造业新生态正逐渐形成。2018 年我国平台化运营呈现快速发展态势，重点行业骨干企业“双创”平台普及率达到 75.1%。资源汇聚、生态构建已成为领先行业开展平台化运营的终极目标，纺织、电子等领先行业纷纷加快开展平台化运营，行业骨干企业“双创”平台普及率分别为 81.5%、76.7%，位居全国前列。加强数据采集与汇聚，构建平台运营新机制已成为企业实现平台化运营的重中之重（见表 4-10）。

表 4-10 2018 年各重点行业骨干企业“双创”平台普及率

重点行业	骨干企业“双创”平台普及率
纺织	81.5%
电子	76.7%
轻工	76.3%
汽车	74.2%
机械	73.1%
全国平均	75.1%

资料来源：两化融合服务平台（www.cspiii.com）。

4.7.5 智能制造基础亟待提升

两化融合是制造强国建设的主线，智能制造是主攻方向和制高点。当前，我国智能制造推进体系初步形成，对推动产业转型升级和创新发展的作用日益凸显。2018 年，我国初步具备探索智能制造条件的企业仅有 7.0%，智能制造基础尚显薄弱。集成互联、数据驱动是领先行业发展智能制造的共同选择，电子行业中具备初步探索智能制造基础的企业比例最高，达到 11.1%。夯实新型基础设施，加强企业综合集成水平是开展智能制造的着力点（见图 4-39 和图 4-40）。

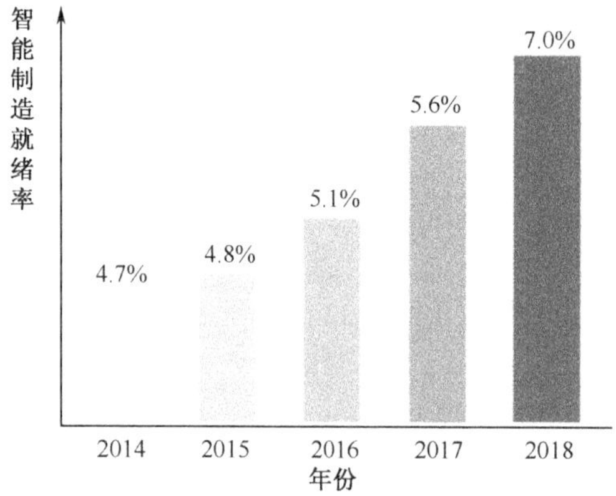

资料来源：两化融合服务平台（www.cspiii.com）。

图 4-39　2014—2018 年全国智能制造就绪率

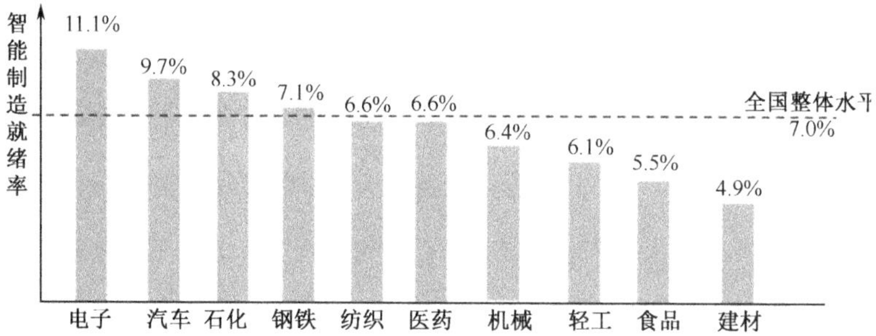

资料来源：两化融合服务平台（www.cspiii.com）。

图 4-40　2018 年重点行业智能制造就绪率

4.8 两化融合绩效产出逐步扩大

4.8.1 企业两化融合建设成效持续显现

两化融合达到集成提升以上阶段的企业，竞争力与经济社会效益较单项覆盖以下阶段企业高出 5%以上。随着两化融合的持续推进，两化融合效能效益会逐步显现并持续扩大。当企业两化融合达到集成提升以上阶段时，能够实现两化融合效能效益从量变到质变的飞跃。2018 年，22.4%的企业两化融合进入集成提升和创新突破发展阶段，比单项覆盖及以下阶段企业的竞争力高出 13.6%，经济社会效益高出 6.3%，企业业务效率、创新能力、财务效率等各方面经济效益指标均随着两化融合发展阶段的跃升实现了不同程度的提升（见图 4-41）。

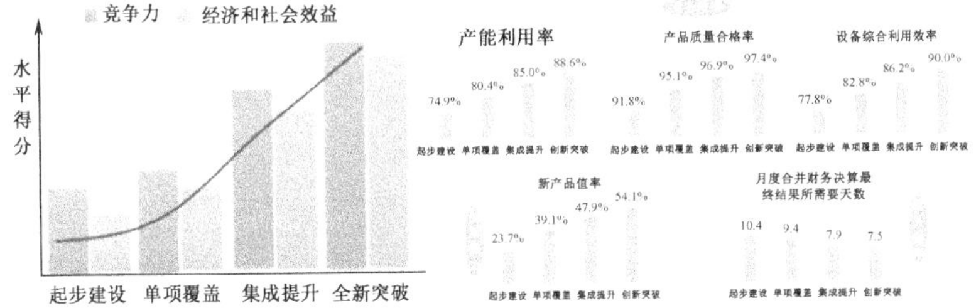

资料来源：两化融合服务平台（www.cspiii.com），经整理计算。

图 4-41 2018 年不同两化融合发展阶段企业绩效产出情况

与单项覆盖以下阶段企业相比，处于集成提升以上阶段企业的信息化投入仅高出约 1/5，即可实现全员劳动生产率高出 40%以上。随着两化融合发展水平的提升，企业更加重视两化融合投入，全员劳动生产率呈显著扩大趋势。投入方面，达到集成提升以上阶段企业的信息化投入占销售收入的比例平均达到 0.28%，比处于单项覆盖以下阶段企业的信息化投入占比高出 21.4%。产出方面，集成提升以上阶段企业的全员劳动生产率平均达 58.0 万元，与单项覆盖以下阶段企业相比高出 40.6%（见图 4-42）。

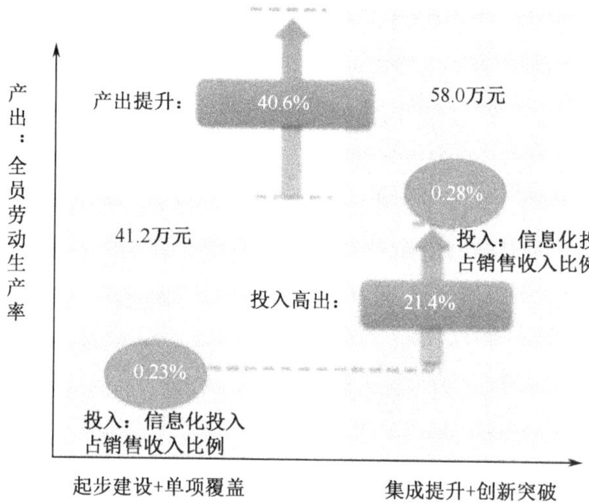

资料来源：两化融合服务平台（www.cspiii.com），经整理计算。

图 4-42　2018 年不同两化融合发展阶段企业的信息化投入与全员劳动生产率

产品全生命周期管控、供应链集成运作、生产管控集成水平的不断加强，带动了企业研发创新活力、资源配置水平及业务效率的大幅提升。一是企业实现产品全生命周期一体化管控可有效提高研发创新能力，与未实现产品全生命周期管控的企业相比，实现产品全生命周期各环节间业务集成的企业的平均新产品研发周期缩短 16.9%；二是企业实现供应链协同运作可改善经营绩效，实现供应链集成的企业的平均按期交货率和库存资金周转率分别较未实现供应链集成的企业高出 12.4%和 10.6%；三是企业实现生产管控集成可优化生产资源配置，实现生产管控全面集成的企业的平均产能利用率和设备综合利用效率分别较未实现生产管控集成的企业高出 15.7%和 9.5%（见图 4-43）。

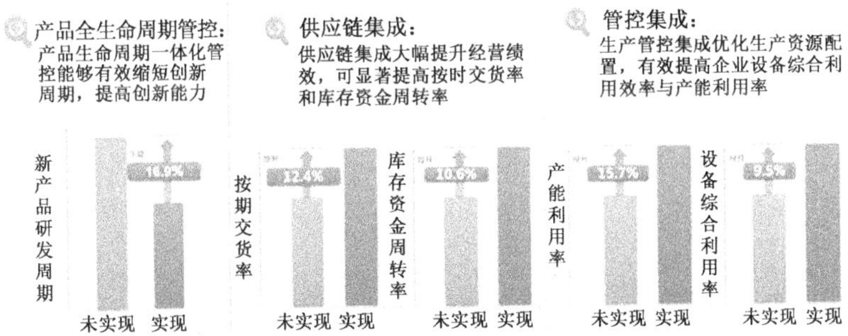

资料来源：两化融合服务平台（www.cspiii.com），经整理计算。

图 4-43 2018 年实现和未实现产品全生命周期管控、供应链集成、管控集成企业两化融合绩效产出情况

4.8.2 两化融合驱动重点行业全要素生产率指数级加速提升

轻工、电子、机械、纺织行业两化融合发展水平跨越中值线后，全要素生产率实现指数级加速提升。全要素生产率是表征生产效率的重要指标，是生产活动在一定时间内的效率，包括人力、物力、财力开发利用的效率，其来源包括效率改善、技术进步、规模效应。对2015—2018年轻工、机械、纺织、电子等行业的两化融合发展水平与其全要素生产率进行分析发现，四个重点行业两化融合发展水平接近或跨越中值线（50分）时，在两化融合发展水平增长速度趋于稳定的情况下，行业全要素生产率呈现加速增长趋势，两化融合对行业技术创新动力和创新效益的促进作用并非呈简单的线性增长趋势，而是加速上扬的指数型同向发展趋势（见图4-44）。

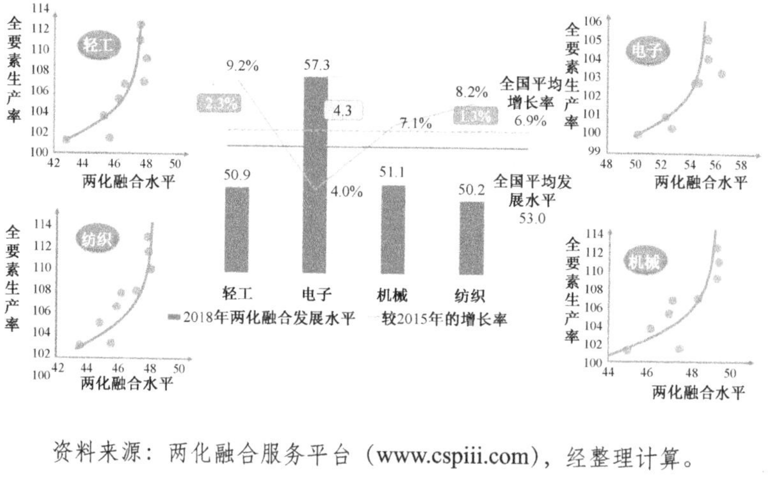

资料来源：两化融合服务平台（www.cspiii.com），经整理计算。

图4-44 2015—2018年部分重点行业全要素生产率和两化融合发展水平相关关系

4.8.3 两化融合助推我国经济迈向中高端

两化融合带动了研发、服务等高附加值经济活动较 2014 年翻一番，助推我国产业迈向价值链中高端。“微笑曲线”理论指出，位于价值链曲线两端的研发和服务利润高附加值高，位于中间的制造环节利润低附加值低。在全球竞争中，谁占据了价值链的核心环节，谁就掌握了利益最大化的主动权。两化融合引导我国企业围绕价值链两端的研发与服务开展了广泛丰富的价值创造活动，有效促进我国企业研发、制造、服务等环节附加值不断提高，加速推动我国制造业向产业价值链高端迈进。据测算，2018 年开展个性化定制和服务型制造的企业比例分别达到 7.6%、24.7%，较 2014 年增长超过一倍，越来越多的企业在价值链两端的研发、服务等高附加值环节开展探索，并且各环节不断交叠融合、互促互进（见图 4-45）。

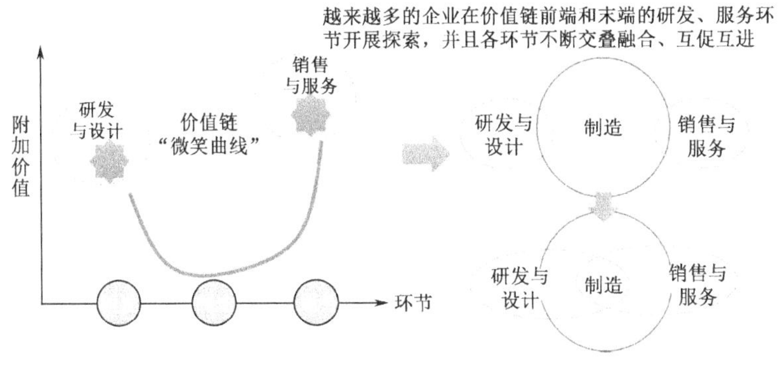

图 4-45 企业推动价值向产业价值链高端迈进的模式

4.9 两化融合发展趋势预测

4.9.1 全国两化融合发展持续快速推进

“十二五”期间，我国两化融合发展水平保持平稳较快的增长态势，整体向中等水平（50 分）稳步迈进。“十二五”初期（2012 年），我国两化融合发展水平为 45.1，经过三年的发展，“十二五”末期达到 49.6，年均增长 3.2%。“十三五”期间，全国两化融合发展水平持续保持 2%～3%的增速，在 2018 年两化融合发展水平达到 53.0，增速为 2.3%。不同类型企业的两化融合水平参差不齐，但按照当前水平和增长速度来看，到“十三五”末期，全国两化融合发展水平将突破 55 大关，并于“十四五”末期突破 60 大关（见图 4-46）。

4.9.2 两化融合向“综合集成”发展的进程提速

进入“十三五”以来，我国越来越多的企业实现单项覆盖阶段向集成提升阶段的跨越，达到两化融合的高级发展阶段，两化融合向“综合集成”发展的进程提速。2018 年，我国有 22.4%的企业两化融合达到较高水平，进入集成提升和创新突破阶段。从涨幅来看，进入“十三五”以来，我国进入集成提升和创新突破阶段的企业年均增长约 2.6 个百分点，为“十二五”时期年均涨幅的 2.1 倍。按照这一增长情况，可以预计"十三五"末期，我国处于集成提升以上阶段的企业比例将接近30%,"十四五"末期（到2025年）将突破40%大关（见图4-47）。

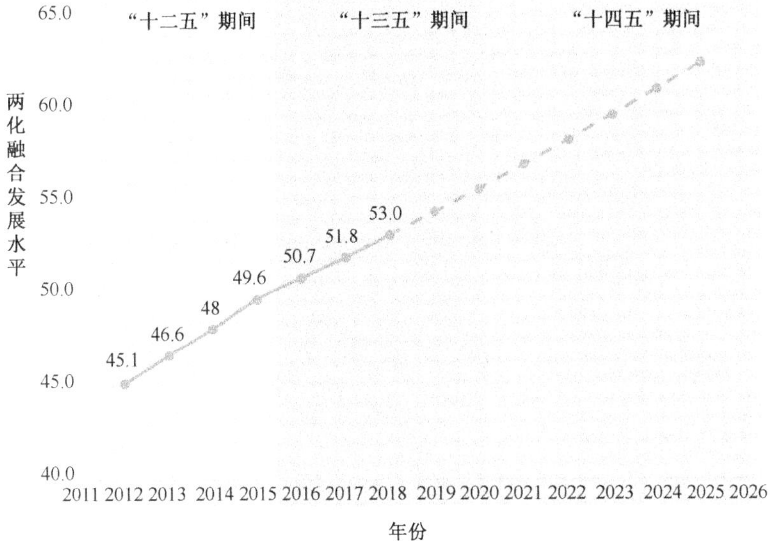

资料来源：两化融合服务平台（www.cspiii.com)，经整理计算。

图4-46　2012—2025年全国两化融合发展水平演进情况

4.9.3　两化融合驱动制造业高质量发展

一方面两化融合发展提升了产业能力。两化融合深化了信息技术在企业中的应用，推动设计、生产、销售、服务等各环节开放协同，提升了网络化协同与智能制造水平，带动了信息技术激发创新潜能、重构生产体系、引领组织变革、高效配置资源等作用的充分发挥，促进了生产要素的高效流动和优化配置，引导制造业朝着分工细化、协作

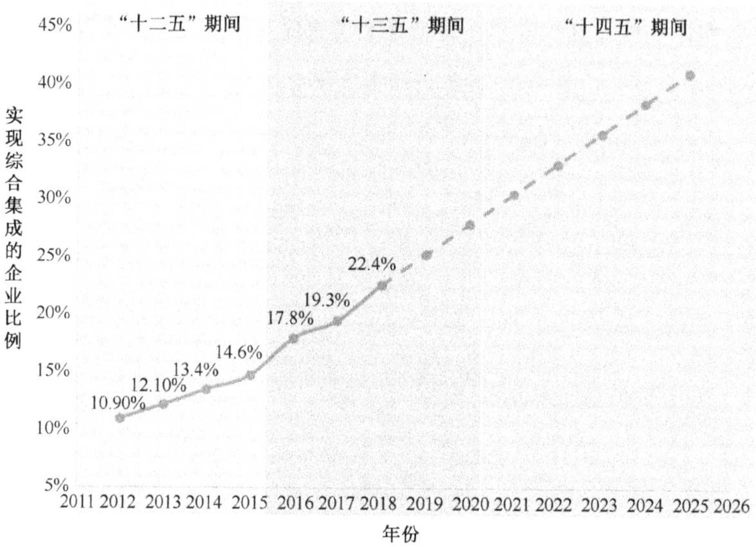

资料来源：两化融合服务平台（www.cspiii.com），经整理计算。

图 4-47　2012—2025 年实现综合集成的企业比例增长情况

紧密的方向发展，更好地解决了供需错配矛盾和供需结构性失衡问题。**另一方面两化融合发展优化了产业结构。**两化融合加速了社会各领域资源的高效整合，推动了生产性服务业与制造业在更高水平上融合发展，催生了服务型制造、个性化定制等各种满足消费升级需求的新模式、新业态，构建了产业新体系，创造了更加多样化、更具性价比、更高质量的产品和服务供给。通过提升产业能力、优化产业结构，精准、高效的供给体系和经济增长新动能将加快形成，全面保障产业发展的提质增效和新旧动能的顺利转换（见图 4-48）。

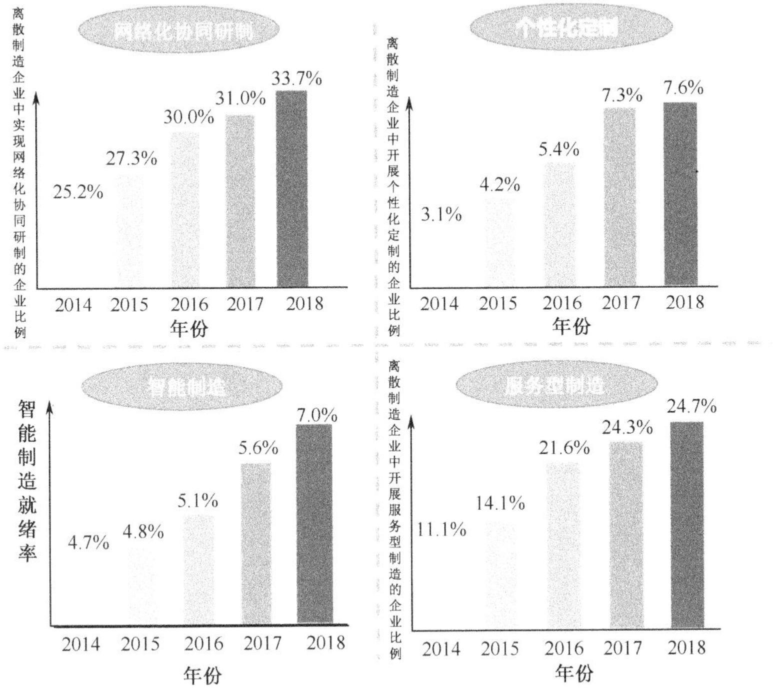

资料来源：两化融合服务平台（www.cspiii.com）。

图 4-48　2014—2018 年我国两化融合发展新模式新业态发展情况

第四篇
管理体系

阐述我国首套自主研制且实现大范围应用的两化融合管理体系，介绍其提出背景和应用价值，解读其理论框架，分析其应用实施方法，系统总结企业应用成效，为社会各界以两化融合管理体系为引领系统推进融合发展，加快我国产业提质增效、转型升级和创新发展提供参考。

CHAPTER 05 第5章

两化融合管理体系的提出及其应用价值

基于几十年来我国企业信息化发展历程中积累的技术应用成果和管理创新经验，参考 ISO 9000 等国际各类管理体系标准的做法和经验，我国自主研制形成一套两化融合管理体系，引导企业以数据为驱动、能力为主线、竞争优势获取为焦点，构建现代化运营管理机制，加快转型升级和创新发展。同时，我们以标准引领、市场主体、数据驱动、生态培育为核心推进思路，推动形成政府积极引导、企业自主推进、多方广泛参与、各界一致认同的工作生态，并使其迈上国际舞台。

5.1 两化融合管理体系提出背景

5.1.1 推进两化融合需要一套系统化管理方法

我国企业信息化经过几十年的发展，成效显著，且内生动力和现实需求日益强烈。企业两化融合评估数据表明，信息化在企业局部环节的单项应用已逐步成熟，突破覆盖企业全局的综合集成已经成为当前两化融合工作的重点和关键。然而，我国工业化尚未完成，企业仍然普遍存在装备化基础薄弱、流程管理缺位、信息化与企业管理两张皮等不足，严重阻碍了综合集成的有效实现，以及信息化对企业竞争力整体提升作用的发挥。随着技术的快速发展和经验的不断积累，越来越多的企业认识到，信息化环境下企业的发展不仅是技术渗透和融合的问题，更是一个优化和创新企业战略、组织、流程、业务模式，以适应信息技术变革和信息时代发展趋势的管理问题，覆盖企业全员、全要素、全过程、全方位。因此，企业推进两化融合，需要从强调技术向规范管理转变，从关注局部向统筹全局转变。

管理体系是用于确保一个组织能够履行实现其特定目标所需的所有任务的过程和程序的框架，它针对特定管理目标对组织的相关人员、部门、活动和过程提出系统性的、普适性的通用管理要求，涉及管理理念、原则、要素、机制和方法等。组织可按照通用的管理要求和方法，结合自身的需求和特点，构建适合自身的相应管理体系，有助于组织有效地建立、实施、保持和改进其内部管理机制，系统、全面地提升管理绩效。工业化时代，以 ISO 9000、ISO 14000 等为代表的管理体系对规范企业管理活动和过程、促进产业提升、优化经济秩序发挥了重要作用。

基于这些背景，我国提出采用“管理体系”的方法来全面引导和系统推进企业两化融合发展。2013 年 8 月，工信部印发了《信息化和工业化深度融合专项行动计划（2013—2018 年）》（工信部信〔2013〕317 号），将“企业两化融合管理体系建设和推广行动”作为首要行动。参考相关管理体系的做法，采用过程方法和系统方法，通过总结提炼企业两化融合的经验和规律，明确企业系统地建立、实施、保持和改进两化融合管理机制的通用方法，可以帮助企业依据自身的战略目标规定两化融合相关的活动和过程，并使其持续受控，有效引导和帮助企业以融合和创新的理念及方式推进两化融合，普及两化融合的先进管理经验，推动企业普遍创新，加速实现产业整体升级。

5.1.2 两化融合管理体系的战略定位

（1）两化融合管理体系是在推进新型工业化的基础上，探索符合信息时代发展规律的制造业管理新模式。

技术进步在引发产业变革的同时，总是伴随着管理理论和实践的重大变革。19 世纪美国成为制造强国时，诞生了以福特制流水线为代表的古典管理理论；20 世纪日本成为制造强国时，诞生了以丰田制精益管理为代表的经典管理理论。在当前工业社会向信息社会转型变革的重大战略机遇期，中国要成为制造业强国，同样也需要自己的管理理论和方法，两化融合管理体系为此提供了这样一个契机。

两化融合管理体系是参考以往成熟管理体系的做法，通过总结提炼几十年来我国广大企业信息化、企业管理等方面的实践经验、规律和方法，形成的一套规范企业系统推进两化融合的过程管理机制和方法，充分吸收了信息时代制造业发展的新理念、新要素、新规律，对新时期企业两化融合的内涵和外涵做出了创新性阐释，对企业两化融合工作的推进机制和管理方法提出了明确要求。这套管理体系是对新时期我国制造业管理理论的积极探索与创新，通过其广泛应用普及，可以引导众多企业将信息时代制造业发展的新理论、新任务、新方法、新举措融入两化融合工作之中，加速制造业数字化、网络化、智能化发展步伐，从而带动我国加速从工业经济向数字经济转型。

（2）两化融合管理体系日益成为我国实现制造强国战略的重要抓手。

随着《国家信息化发展战略纲要》《国务院关于深化制造业与互联网融合发展的指导意见》《工业和信息化部 国资委 国家标准委关于深入推进信息化和工业化融合管理体系的指导意见》（工信部联信软〔2017〕155 号）等的发布和实施，两化融合管理体系工作的重要意义日益凸显。**《国家信息化发展战略纲要》**明确提出要“普及信息化和工业化融合管理体系标准，深化互联网在制造领域的应用，积极培育众创设计、网络众包、个性化定制、服务型制造等新模式，完善产业链，打造新型制造体系”。**《国务院关于深化制造业与互联网融合发展的指导意见》**指出要“组织实施企业管理能力提升工程，加快两化融合管理体系标准制定和应用推广，推动业务流程再造和组织方式变革，建立组织管理新模式”。**《关于深入推进信息化和工业化融合管理体系的指导意见》**从标准体系建设、标准应用推广、市场化运行体系等方面提出了两化融合管理体系的工作重点，并明确提出“到2020年，两化融合管理体系标准初步形成，超过5万家企业开展两化融合管理体系贯标，遴选确立200家以上贯标示范企业，培训超过100万人次，基本形成规范、有序、健全的市场化机制。形成一批两化融合新方法、新工具、新解决方案，两化融合管理体系成为引领企业战略转型、组织变革、技术创新、生产方式和服务模式转变的重要抓手”。

（3）两化融合管理体系是深化行政体制改革、创新工作方式的有益探索。

工业是国民经济的主战场，作为行业管理的重要部门，正确处理政府与市场的关系，探索一套与市场经济相适应的行业管理新模式的任务十分紧迫和艰巨。一方面，要用政府权力的减法换取企业活力的加法乃至乘法，进一步激发市场主体活力。另一方面，要把该管的管好，弥补市场失灵、加强宏观管理、维护公平竞争、提供公正服务。面对新形势，围绕管战略、管规划、管政策、管标准的行业管理职责，工信部以及各级工信主管部门一直在探索推动两化深度融合的新思路、新方法和新手段，经过全行业的共同努力，形成了把两化融合管理体系作为统领，引导、推动两化深度融合的基本思路，这也是深化行政体制改革、创新行业管理模式的有益探索。

在各级政府普及推广两化融合管理体系的具体实践中，形成了两个工作重心。一个重心是如何营造发展的新环境。两化融合管理体系本质上是一套系统推进两化融合的管理方法论，主要是解决信息化条件下企业战略转型“怎么干”“怎么干好”的问题，而不是“干什么”的问题，是授人以渔，而不是授人以鱼。工信部组织发动社会力量，通过研制标准、搭建平台、宣传培训、政策引导、试点示范，形成了以两化融合管理体系贯标促转型、求发展的良好氛围和共识。另一个重心是如何激发市场的新活力。两化融合管理体系最根本的作用是充分调动和激发了应用企业、咨询机构、行业组织及解决方案提供商的积极性和主动性，形成了以市场服务为纽带、以价值链共创为基础的市场化运行机制。概括起来，两化融合管理体系的普及推广工作坚持为了企业、依靠企业、服务企业的理念，转变了职能、理顺了关系，形成了多方参与、分工合作的发展模式。

5.1.3 两化融合管理体系的研制推广历程

自 2013 年 8 月《信息化和工业化深度融合专项行动计划（2013—2018 年）》提出“企业两化融合管理体系建设和推广行动”以来，在社会各界的共同努力下，两化融合管理体系的研制推广依次经历了试点探索、系统突破以及全面普及三个阶段。

（1）2013—2015 年：试点探索阶段，发布试行版两化融合管理体系，推动管理体系在企业试点应用，初步形成完整的两化融合管理体系应用推广机制。

2013—2015年，经过多轮次迭代研制形成两化融合管理体系标准试行版，通过构建工作组织体系、组织开展贯标试点、建设市场化服务体系等举措，逐步推动两化融合管理体系标准在企业的应用。主要工作历程如下：

- 2013年8月23日，工信部印发《信息化和工业化深度融合专项行动计划（2013—2018年）》（工信部信〔2013〕317号），将“企业两化融合管理体系标准建设和推广行动”作为首个行动提出，明确要求制定“两化融合管理体系”国家标准，推动建立第三方认定机构，并在全国范围内开展广泛试点和全面推广。
- 2013年10月，成立了两化融合管理体系工作领导小组，由工信部苗圩部长任组长，工信部、国家标准委、中国企业联合会分管领导同志任副组长，领导小组成员包括工信部相关司局、地方工信主管部门、研究机构、重点企业等单位主要负责同志；成立了专家指导委员会，邀请多位院士等作为专家组顾问，指导委员会专家覆盖了信息化、工业化、标准化、管理体系、行业应用、企业管理、IT服务与咨询服务等领域；此外还成立了由工信部相关司局、工信部电子科学技术情报研究所（现国家工业信息安全发展研究中心）、中国企业联合会、工信部电子第五研究所、工信部电信研究院（现中国信息通信研究院）、工信部电子工业标准化研究院（现中国电子技术标准化研究院）、清华大学、北京机械工业自动化研究所、浙江省经信委和重点企业代表共同组成的联合工作组，负责各项具体工作和任务。联合工作组秘书处设在工信部电子科学技术情报研究所（现国家工业信息安全发展研究中心）。

- 2013 年 11 月 4 日，召开两化融合管理体系工作领导小组第一次会议，会议审议通过了两化融合管理体系的基本框架和主要内容。
- 2014 年 1 月 17 日，工信部发布《信息化和工业化融合管理体系要求（试行）》（工信部 2014 年第 3 号公告）。
- 2014 年 5 月 4 日，工信部办公厅印发《2014 年两化融合管理体系贯标工作方案和贯标试点企业名单的通知》（工信厅信函〔2014〕281 号），遴选了 502 家企业开展贯标试点，并发布了《2014 年两化融合管理体系贯标工作方案》，全面启动贯标试点工作。
- 2014 年 8 月 18 日，工信部发布了《关于公布 2014 年首批推荐的两化融合管理体系贯标咨询服务机构名单的通告》（工信部信函〔2014〕387 号），确定了 80 家首批推荐的贯标咨询服务机构。

- 2014 年 10 月 29 日，两化融合管理体系工作平台正式启用。
- 2014 年 12 月 15 日，工信部印发《信息化和工业化融合管理体系评定管理办法（试行）》（工信部信〔2014〕564 号）。随后 2014 年 12 月 25 日，两化融合服务联盟发布《关于公布首批两化融合管理体系评定机构名单的通告》（联盟函〔2014〕2 号），确定了 10 家评定机构名单。
- 2015 年 4 月 27 日，组织召开了两化融合管理体系贯标工作会议暨成果展，对两化融合管理体系贯标和评定的工作成果、经验进行了交流总结，明确了下一阶段的工作方向。

（2）2015—2017 年：系统突破阶段，形成两化融合管理体系国家标准，明确以管理体系引领两化融合的新路子。

2015—2017 年，系统推进标准研制、试点示范、市场化服务体系建设、宣传推广等工作，推动两化融合管理体系贯标迈上快车道，形成以贯标促融合、以贯标求发展的良好氛围。主要工作历程如下：

- 2015 年 6 月，工信部办公厅发布《关于印发 2015 年两化融合管理体系贯标试点企业名单的通知》（工信厅信软函〔2015〕439 号），正式公布了 2015 年 600 家贯标试点企业名单。
- 2015 年 8 月，编制出版书籍《信息化和工业化融合管理体系理解、实施与评估审核》，对两化融合管理体系的主要内容、贯标实施、评估审核过程等方面进行全面阐释解读。

- 2016年3月9日，两化融合服务联盟发布《关于公布两化融合管理体系贯标咨询服务机构第二批推荐名单的通告》(联盟函〔2016〕4号)，正式公布160家拟推荐和培养的两化融合管理体系贯标咨询服务机构。
- 2016年5月25日，工信部办公厅发布《关于公布2016年两化融合管理体系贯标试点企业名单的通知》(工信厅信软函〔2016〕359号)，正式公布2016年600家两化融合管理体系贯标试点企业名单。
- 2016年11月21日，召开两化融合管理体系工作领导小组第三次会议，系统总结贯标工作经验，分析面临的新形势，并部署下一阶段的重点任务。
- 2017年1月12日，两化融合服务联盟发布《关于公布〈信息化和工业化融合管理体系贯标咨询服务机构监督与评级管理办法〉的通知》(联盟函〔2017〕1号)。
- 2017年6月7日，召开两化融合管理体系国家标准发布会，正式发布《信息化和工业化融合管理体系基础和术语》(GB/T 23000-2017)和《信息化和工业化融合管理体系要求》(GB/T 23001-2017)两项国家标准。
- 2017年8月22日，工信部办公厅发布《关于公布2017年两化融合管理体系贯标试点企业名单的通知》(工信厅信软函

〔2017〕489 号）、《关于公布 2017 年两化融合管理体系贯标示范企业名单的通知》（工信厅信软函〔2017〕490 号），分别公布 706 家、50 家 2017 年两化融合管理体系贯标试点、示范企业。

➢ 2017 年 11 月 1 日，国家标准委发布 2017 年第 29 号中国国家标准公告，批准《信息化和工业化融合管理体系 实施指南》（GB/T 23002-2017）发布实施。

（3）2017 年至今：全面普及阶段，研制发布两化融合管理体系指导意见，成功组建两化融合标委会，推动两化融合管理体系登上国际舞台。

2017 年至今，进一步加强顶层设计，完善两化融合标准化工作体系和工作机制，持续拓展两化融合管理体系应用广度和深度，与全球共享产业数字化转型“中国方案”。主要工作历程如下：

➢ 2017 年 6 月 26 日，工信部、国资委、国家标准委联合印发《关于深入推进信息化和工业化融合管理体系的指导意见》（工信部联信软〔2017〕155 号），作为未来两化融合管理体系工作的顶层设计，明确了系统推进两化融合管理体系建设和推广工作的指导思想、工作目标、重点任务和保障措施。

➢ 2017 年 9 月 4 日—2017 年 9 月 15 日，在国际电信联盟电信标准化局第 20 研究组（ITU-T SG20）全体会议及各工作组会议上，Methodology for building sustainable capabilities during enterprises' digital transformation 和 Assessment framework for digital transformation of sectors in smart cities 两项两化融合国际标准成功立项。

- 2018 年 1 月 11 日，国家标准委正式批准筹建全国信息化和工业化融合管理标准化技术委员会。
- 2018 年 6 月 14 日，国家标准委发布《关于成立全国信息化和工业化融合管理标准化技术委员会等两个技术委员会的公告》（中国国家标准委公告 2018 年第 7 号），决定成立全国信息化和工业化融合管理标准化技术委员会，编号为 SAC/TC573，秘书处设在国家工业信息安全发展研究中心。
- 2018 年 7 月 5 日，两化融合管理体系工作领导小组第四次会议暨第一届全国信息化和工业化融合管理标准化技术委员会（SAC/TC573）第一次全体会议在北京召开，研究部署新时代两化融合工作重点，全面启动 TC573 工作。
- 2019 年 3 月 19 日，国际电信联盟（ITU）正式发布首个两化融合国际标准 Methodology for building digital capabilities during enterprises' digital transformation（《企业数字化转型过程中可持续竞争能力建设方法论》），标志着长期以来我国在两化融合领域的理论研究、实践探索和模式创新成果得到了国际同行的认可，与国际社会共享我国两化融合实践成果和产业转型升级方案实现重大突破。

5.2 两化融合管理体系（GB/T 23000 标准族）概述

两化融合管理体系（GB/T 23000 标准族）是企业系统地建立、实施、保持和改进两化融合过程管理，规范化推进两化融合的通用方法，可帮助并引导企业以融合和创新的理念推动发展，确保达成两化融合预期成效，以形成获取可持续竞争优势。

5.2.1 两化融合管理体系是一套引领企业数字化转型的系统性解决方案

围绕“往哪走”“做什么”“怎么做”三个基本问题，两化融合管理体系引导企业以数据为驱动、能力为主线，从战略一致性管控（明确“往哪走”）、全要素解决方案策划与实施（明确“做什么”）、能力建设全过程闭环管理（明确“怎么做”）三个方面入手，系统地构建转型创新机制，实现推进两化融合、加快数字化转型实践从关注局部向统筹全局转变，从关注单一要素向全要素协同创新转变。具体来讲，**战略一致性管控方面**，以新型能力识别与打造为主线，通过建立“战略-竞争优势需求-新型能力需求-新型能力建设-竞争优势获取”的战略层级识别与管控机制，将战略转化为一系列新型能力建设活动，分解到能力建设的各环节，通过能力实现确保战略有效落地。**全要素解决方案策划与实施方面，**围绕数据、技术、业务流程、组织结构四个核心要素形成系统性的新型能力建设方案，发挥技术的基础性作用、优化业务流程、调整组织结构，不断加强数据开发利用，通过技术应用、流程优化、组织变革、数据价值挖掘四方面活动的有效开展，加快培育数字化转型的新模式新业态。**能力建设全过程闭环管理方面，**按照PDCA方法，针对新型能力建设全生命周期的所有活动进行全过程闭环管控，充分发挥各级领导和相关人员的作用，统筹各方面的资源投入，确保新型能力建设的有效推进和持续改进。

5.2.2 两化融合管理体系是一套引导企业快速构建现代化运营管理机制的有效方法

企业推进两化融合不仅涉及新技术的创新应用，也涉及企业组织管理的系统变革，企业只有构建与新技术应用相匹配的组织管理模式，才能有效推进数字化转型进程。两化融合管理体系是引导企业强化变革管理的通用管理方法论，应用实施这套体系是加速企业管理创新的有效途径。**一方面，**企业可按照这套管理体系的要求，围绕数字经济时代新型能力的识别、打造和动态调整，建立和完善战略管控、流程与组织变革、数据治理等方面的制度安排，加快构建流程化、网络化、平台化的现代运营机制，为生产方式和服务模式变革创造有力条件。**另一方面**，企业以两化融合管理体系为指导，可以将质量、环境、安全、能源等多个管理体系的要求，转换为新型能力打造的具体需求，以能力打造为牵引在企业内部建立起协调运转的“一套流程”“一套体系”，从而有效提升管理的协调性和一致性。

5.2.3 两化融合管理体系是一系列普适易用、相互配套的国家标准

目前，两化融合管理体系已落地形成了一系列适用于各领域、各行业、各种规模、各种所有制企业，简单易用、相互配套的国家标准，**是我国两化融合领域首个自主研制且大范围应用推广、首个输出国际的管理体系类标准**。两化融合管理体系系列标准涉及基础共性、技术支持、行业应用等方面，共同构成了一组密切相关的标准族。基础共性标准包括用于规定两化融合管理体系内涵外延、要素构成、理念原则等的基础术语和要求，两化融合管理体系实施指南、评定指南、两化融合评估方法等。技术支持标准重点围绕咨询服务、新型能力体系及评价、多体系融合等方面提供支撑两化融合管理体系建设的方法工具。行业应用标准结合行业发展需求和特色，面向企业、研究院所、社会组织等不同对象形成行业推动两化融合发展的实施指南。截至目前，已有 12 项国家标准立项，5 项国家标准发布实施，一批国家级行业协会结合企业个性化应用需求研制形成了一批细化要求和实施指南，为企业推进两化融合、加快转型升级和创新发展提供了依据和指南。

5.3 两化融合管理体系（GB/T 23000 标准族）的配套使用关系

目前，已发布实施的 5 项两化融合管理体系国家标准分别为《信息化和工业化融合管理体系 基础和术语》（GB/T 23000-2017）、《信息化和工业化融合管理体系 要求》（GB/T 23001-2017）、《信息化和工业化融合管理体系 实施指南》（GB/T 23002-2017）、《信息化和工业化融合管理体系 评定指南》（GB/T 23003-2018）以及《工业企业信息化和工业化融合评估规范》（GB/T 23020-2013）。5 项国家标准之间紧密关联、协调配套，具体的配套使用关系见图 5-1，其中包括 1 项确立两化融合管理体系相关理论的基础标准（《基础和术语》），1 项提出两化融合管理体系建设通用要求的核心标准（《要求》）和 3 项支撑两化融合管理体系建设的配套标准（《实施指南》《评定指南》和《评估规范》）。

《信息化和工业化融合管理体系 基础和术语》（GB/T 23000-2017）是两化融合管理体系系列标准的理论基础。具体而言，《基础和术语》界定了有关术语和定义，确立了两化融合管理体系导向与原则、框架与方法，以及两化融合管理体系与其他管理体系之间的关系等内容，提出了两化融合管理体系的六个核心导向和九项管理原则，以及围绕战略循环、要素循环、管理循环所形成的两化融合闭环管理基本框架等，为 GB/T 23000 标准族奠定了理论基础。

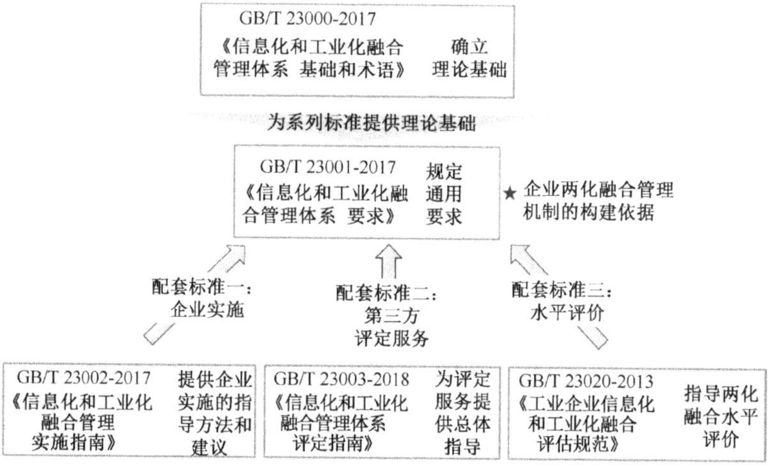

图 5-1　两化融合管理体系 5 项已发布国家标准的相互配套使用关系

《信息化和工业化融合管理体系 要求》（**GB/T 23001-2017**）（**以下简称《要求》）作为系列标准的核心，为组织两化融合管理机制构建提供了依据**。具体而言，在《基础和术语》的基础上，《要求》从可持续竞争优势、领导作用、策划、支持、实施与运行、评测、改进等方面明确了组织规范其两化融合过程的通用方法和 100 余项具体要求，规定了以数据驱动为核心的数据、技术、业务流程与组织结构四要素互动创新和持续改进机制，引导组织强化变革管理、规范两化融合过程，并使其持续受控，从而不断打造信息化环境下的新型能力，获取预期战略相匹配的可持续竞争优势。

其余三项配套标准则分别围绕实施应用、第三方评定服务和两化融合水平评估为相关方提供指引，对《要求》的落地实施提供了有效支撑。

围绕企业实施应用，《信息化和工业化融合管理体系 实施指南》（GB/T 23002-2017）对《要求》的相关条款进行补充解释说明，给出了企业落实两化融合管理体系各项要求的通用指南、指导性方法和实施建议，可有效引导企业将一套系统化、可操作的两化融合管理方法论导入到日常运营中，确保新型能力有效打造，实现企业可持续发展。

围绕第三方评定服务，《信息化和工业化融合管理体系 评定指南》（GB/T 23003-2018）提供了两化融合管理体系评定原则，给出了评定组织和评定过程，按过程方法实施评估审核的要求，可针对第三方评定服务提供总体性指导，帮助相关方评价企业两化融合管理体系的符合性和有效性。

围绕两化融合水平评价，《工业企业信息化和工业化融合评估规范》（GB/T 23020-2013）为组织评判其两化融合发展现状、重点、方向和成效提供系统分析方法，可帮助组织评估两化融合管理体系的有效性及改进机会。

5.4　两化融合管理体系的应用价值

两化融合管理体系对于两化融合推进、产业转型升级具有全局性、整体性的提升作用，为企业、政府、行业组织、各类咨询服务商等提供了一种具有普遍意义的创新工作手段和方法。

1．两化融合管理体系可激发企业创新潜能，为企业可持续发展注入新动力

近年来，我国制造企业发展取得长足进步，综合实力不断攀升，但与国际领先企业相比，还存在高端市场竞争优势不强、创新能力相对不足、产品附加价值挖掘不充分等问题，企业需以创新为驱动，提升全价值链综合实力，实现可持续发展。创新不单是技术创新和产品创新，更包括管理创新、机制创新、服务创新和模式创新等。两化融合管理体系引导企业创新构建和完善符合互联网时代发展规律和趋势的管理机制，推动数据、技术、业务流程、组织结构的全要素互动创新与持续优化，全面激发企业的创新潜能，促进新技术、新产品、新服务、新模式、新业态不断涌现，为企业的创新发展、可持续发展提供了强劲引擎。

2．两化融合管理体系是各级政府协同推进两化深度融合，加速制造业转型升级的重要抓手

两化融合管理体系引导企业从关注技术向关注能力转变，是引领产业同步加速技术创新和管理变革，更好推进信息技术和实体经济深度融合，加速产业转型升级的有力抓手。各级政府可全面推动企业两化融合管理体系贯标和评定工作，通过政策引导和市场拉动充分调动企业积极性和源动力，并通过培育第三方服务机构为企业提供专业化成套服务，支持先进管理经验在大范围内快速普及推广，实现两化融合、工业互联网、智能制造等各项工作在企业层面实际落地，获取产业升级在整体层面上的全局性成效。企业两化融合管理体系为政府相关推进工作提供了可逐步实现市场化的战略性新思路、新抓手，符合当前政府职能转变的大方向。目前，两化融合管理体系在国家和地方各项政策规划、试点示范、专项支持等工作中应用推广的力度和重视程度不断加强。

3. 两化融合管理体系是行业组织提升服务能力，推动行业实力整体提升的有效途径

行业组织是政府与市场的纽带和桥梁，随着全面深化改革步入深水区，行业组织在行业服务与监管方面将发挥愈加重要的作用。基于服务机制不健全、抓手缺失等多种原因，各行业组织的能力和价值尚未完全发挥。两化融合管理体系适用于所有行业，为企业战略转型、组织变革、生产方式和服务模式转变提供了通用方法和路径。行业组织可针对行业共性需求和特色，整合行业内产学研各类优势资源，创新行业服务方法，以两化融合管理体系为牵引研制行业共性标准、规范、解决方案等，为行业企业的转型升级提供专业指导与优质服务，提升行业服务能力，实现市场化转型发展。

4．两化融合管理体系可引导第三方咨询服务水平和能力提升，助力我国咨询服务业发展壮大

以两化融合管理体系为牵引，企业逐步形成了以新型能力打造引领模式创新，获取可持续竞争优势的基本方法。能否满足企业持续打造适应时代发展要求的新型能力、稳定获取可持续竞争优势的需求，逐步成为各类第三方咨询服务的关注点和重点。为适应新的服务需求，各类咨询服务机构围绕企业新型能力的打造和提升，主动打破专业领域和服务边界，提供面向新型能力提升的综合咨询和服务，积极探索和创新咨询服务方法、工具和流程，实现管理、工业技术、信息技术、解决方案等服务资源全面整合，不断提升咨询服务能力和成效。两化融合管理体系的普及推广为培育形成一批具有国际影响力的咨询服务机构创造了有利条件。

5.5 两化融合管理体系的应用推广体系

在创新推进两化融合管理体系的过程中，围绕总体推进、标准研制、市场服务、工作载体等方面构建了系统化的应用推广体系，推动了两化融合管理体系应用广度和深度的持续拓展。

5.5.1 协同工作组织体系

按照《信息化和工业化深度融合专项行动计划（2013—2018年）》（工信部信〔2013〕317号）的总体部署和要求，为组织领导“两化融合管理体系标准建设和推广行动”，组建了两化融合管理体系工作领导小组，由工信部苗圩部长任组长，工信部、国家标准委、国务院国资委、中国企业联合会等单位分管领导任副组长，领导小组成员包括工信部相关司局、部分地方工信主管部门、研究机构、重点企业等单位主要负责同志；成立了专家指导委员会，指导委员会专家覆盖了信息化、工业化、标准化、管理体系、企业管理、IT服务与咨询服务等领域，为两化融合管理体系建设推广提供了智力支撑；此外，还成立了联合工作组，由政府、研究机构、大学院校、行业协会、央企集团、龙头企业、软硬件服务商、知名互联网公司等共54家单位共同组成，负责各项具体工作和任务，联合工作组秘书处设在国家工业信息安全发展研究中心。自成立以来，这一协同工作组织体系持续完善，形成了工信部、国资委、国标委横向协同推进，国家、省、市、县纵向多级联动的工作机制，有效推进了两化融合管理体系的建设与普及推广。

5.5.2 全国两化融合标委会

为体系化、规范化开展两化融合管理标准制定工作和产业应用，在国家标准委、工信部的大力指导和支持下，组建成立了全国信息化和工业化融合管理标准化技术委员会（SAC/TC573）。两化融合标委会由来自各级政府、科研院所、重点企业、行业组织、跨国企业的68名知名专家学者组成，如图5-2所示。两化融合标委会是顺应融合发展趋势、服务产业转型升级的标准化技术组织，是信息化和工业化融合发展领域的首个国家标准化技术委员会，主要负责信息化和工业化融合管理等领域的国家标准制修订工作。目前，按照工作推广需求，两化融合标委会已经成立了两化融合管理体系、工业互联网管理等标准工作组，有序推进相关领域关键标准的研制与推广。

5.5.3 两化融合服务联盟

2013年10月，为发动更广泛的社会力量共同研制和推广两化融合理论方法、关键标准和系统解决方案，工信部电子科学技术情报

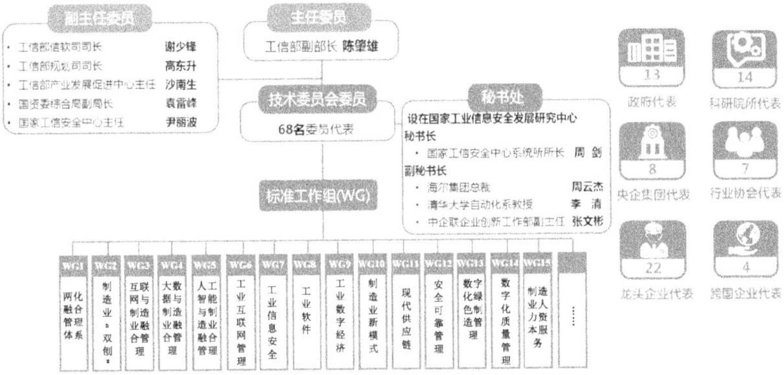

图 5-2　全国两化融合标委会（TC573）构成

研究所（现国家工业信息安全发展研究中心）联合相关单位发起组建两化融合服务联盟。联盟现有会员单位 657 家，涵盖中国企业联合会、中国钢铁工业协会、中国机械工业联合会等 23 家国家级协会，中国航空工业集团有限公司、中国石油化工集团公司、国家电网有限公司、中国第一汽车集团有限公司等 28 家中央企业集团，海尔、中联重科、潍柴动力、格力电器、中兴通讯、清华大学、上海交通大学、北京航空航天大学等 606 家行业龙头企业、咨询机构、IT 服务商和科研院所。联盟以“战略规划、理论方法和工具、系统解决方案研制、交流推广”为重点，通过打造两化融合服务线上和线下互动平台，建立各方共赢的良性互动合作模式，持续开展两化融合相关的跟踪研判、专题研究、标准研制、贯标评定、专题培训、解决方案、成果推广、会议交流、国际合作等服务，在引导社会各方力量向两化融合薄弱环节聚集，针对两化融合关键问题达成共识、合力发展中发挥了重要作用。

5.5.4 第三方市场服务

围绕服务企业贯标，培育形成了咨询、评定、培训等市场化服务力量。**在咨询服务方面，**形成了一支包括 1300 余家服务机构、20000 余名专业人员的咨询服务队伍，吸引了埃森哲、德勤、普华永道、毕马威等国际知名咨询公司，为企业提供专业咨询等相关服务，降低企业应用成果的门槛。**在评定服务方面，**形成了一支包括 10 家评定机构、近 700 名评定人员的评定服务队伍，根据两化融合管理体系标准和要求对企业应用成效进行评估审核，提升符合性和有效性。**在培训服务方面，**全国范围内各类机构围绕面向本成果的各类自发培训活动广泛开展，各类机构面向政府、行业、企业、服务商等组织开展培训 2000 余场，覆盖 100 万人次，统一了认知，营造了良好的社会氛围。

5.5.5 在线公共服务平台

秉承以信息化手段解决信息化难题的思想，搭建了集成 6 大系统的两化融合服务平台，部署了 31 个省市分平台，涵盖了 90 余家中央企业的央企分平台，已为 120000 余家企业用户、1300 余家软硬件服务机构、20000 余名专业人员提供相关服务，推动了服务资源集聚、供需精准对接、工作在线协同。其中，**评估系统**为企业提供在线评估诊断服务，集成区域评估、行业评估和企业自评估的全套解决方案，为参评企业在线实时反馈自评估报告，支持企业与全国及同行业企业进行对标分析。**决策支持系统**基于数据挖掘与建模，测算与预测个性化定制、服务型制造、网络化协同、智能制造、工业互联网等两化融合典型模式的发展情况。**贯标实施与跟踪系统**支持企业开展管理体系全流程应用实施，全面实时跟踪标准应用情况，建立企业与相关方的对接机制，提升相关方为企业提供动态高效服务的能力。**咨询服务系统**支持管理体系咨询机构开展全流程咨询服务，全方位展示服务进展与成效，支撑贯标企业与服务机构之间的精准对接，并通过社会化监督促进咨询服务水平与质量提升。**评定管理平台**为参与两化融合管理体系评定活动的企业和个人提供全流程在线服务，覆盖评定、监督审核、证书管理、统计分析等功能，帮助企业提升成果应用的符合性和有效性。**培训系统**为企业、服务机构、各级政府等各类主体提供在线培训服务，提升综合技能和水平。

5.6 两化融合管理体系的国际推广

近年来，世界各国企业纷纷开启数字化转型道路，在发展模式、路径、方法等方面进行积极探索，在理论研究、技术创新、产业实践等方面具有共同诉求。我们积极开展两化融合管理体系的国际推广，在国际标准研制、跨国企业应用、国际交流合作等方面不断取得新进展，在助力全球经济数字化转型中发挥着日益重要的作用。

5.6.1 国际标准研制

国际标准制修订是国内外推动新技术、新方法在较大范围内普及应用的普遍做法。在国际电信联盟（ITU）等国际机构的框架下，**我国两化融合国际标准研制屡获突破，两化融合管理体系的部分核心成果已上升为国际标准并获认可。**2017 年，基于我国两化融合管理体系国家标准 GB/T 23000-2017、GB/T 23001-2017、GB/T 23020-2013 的核心成果，**两项两化融合管理体系国际标准在 ITU 成功立项，并于 2019 年相继正式发布**，这标志着我国两化融合管理体系理论研究、实践探索和模式创新的成果得到了国际同行的认可，是向全球各国共享我国产业数字化转型实践成果和中国方案的重要里程碑，对于加快我国两化融合创新成果的国际推广、提升我国在全球新工业革命中的影响力具有重要意义。

5.6.2 跨国企业应用

源自发达国家的管理模式和理论方法经过百余年发展，已在全球范围内落地生根，长期以来，通过与信息技术产品、服务相结合，为全球企业提供了现代化发展的系统解决方案。两化融合管理体系的提出是我国在国际管理体系理念和系统化理论方法上的一次重要突破，经过多年的推进，**正逐步成为众多跨国公司推进信息化建设、加快数字化转型的指导方法。三菱、日立、西门子、奔驰、艾默生**等的在华下属企业均依据两化融合管理体系标准，科学推进经营管理活动的数字化转型；**埃森哲、德勤、普华永道、毕马威**等知名跨国咨询服务商均按照两化融合管理体系标准方法面向客户提供系统性咨询服务，并围绕标准应用探索形成数字时代企业转型的新方法、新工具，全面指导企业数字化转型和创新发展。

5.6.3 国际交流合作

两化融合管理体系总结提炼我国企业长期推进两化融合、加快数字化转型的实践成果，对世界各国尤其是发展中国家加快数字化转型具有重要的借鉴意义。随着国际交流合作的持续深入，**众多发展中国家纷纷关注并积极参与两化融合管理体系标准的研制与推广**。在 The Open Group 2017 印度峰会上，**印度**政府对我国两化融合管理体系标准应用推广所取得的成效表示赞赏，希望后续开展持续跟踪与合作交流；在 ITU-T 第 20 研究组（SG20）全体会议上，**西班牙、埃及、阿联酋、马来西亚、津巴布韦**等大力支持我国两项两化融合管理体系国际标准立项，**埃及、阿联酋、马来西亚**等国代表均表示愿意参与标准起草研制和国际推广应用工作。

CHAPTER 06 第6章

两化融合管理体系的理论框架详解

两化融合管理体系是贯彻新发展理念，引导各类企业加速战略转型、组织变革、模式转变、要素创新的新方法和新工具，已经落地形成了一系列国家标准，即 GB/T 23000 标准族。《信息化和工业化融合管理体系 基础和术语》（GB/T 23000-2017）和《信息化和工业化融合管理体系 要求》（GB/T 23001-2017）作为两项基础核心标准，明确了推进两化融合的六个导向和九项管理原则，提出了由三个循环机制构成的两化融合管理体系基本框架，并明确了建立、实施、保持和改进两化融合管理体系的关键过程和通用要求。

6.1 六个导向

把握互联网时代发展新趋势和新规律，明确企业推进两化融合的核心理念和重点方向，对于以两化融合管理体系引导企业的两化融合发展方式和发展方向进入适应互联网时代发展需求的新轨道，持续提升两化融合总体效能效益具有重要意义。鉴于此，《信息化和工业化融合管理体系 基础和术语》(GB/T 23000-2017)提出以效能提升为导向、以数据为驱动、以新型能力为主线、以综合集成为突破口、以流程化为切入点、以服务化为方向六个推进两化融合的核心导向(见图6-1)，引导企业以融合和创新的理念系统推进两化深度融合，稳定获取预期成效。

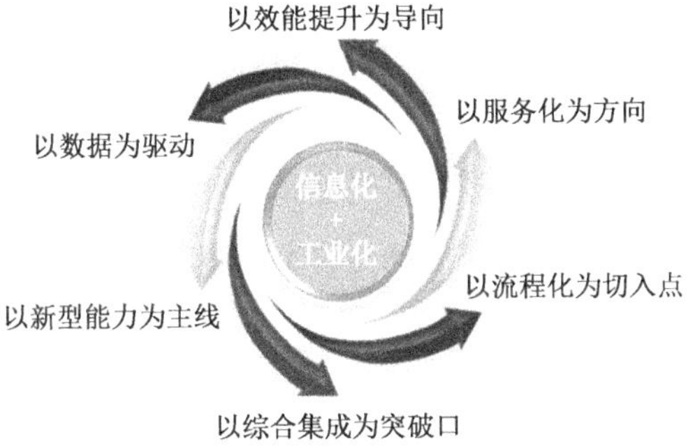

图 6-1 两化融合管理体系的六个核心导向

6.1.1 以效能提升为导向

两化融合管理体系要引导企业两化融合发展方式从“技术导向”“业务导向”向“效能导向”转变。改革开放以来，我国一直倡导科学技术是第一生产力，各界对科学技术从不够重视转向高度重视，两化融合的发展也逐渐进入“技术导向”阶段。技术在推进两化融合过程中发挥了重要作用，但也引发了“重技术、轻管理”“唯技术论”等现象，技术、技术应用以及技术应用目标之间的一致性难以保障，相互之间的“两张皮”现象较为普遍。随着技术的不断成熟、企业内发展需求的增长、知识经验的积累，“业务导向”逐步取代“技术导向”，也提高了技术与技术应用之间、技术与管理之间的一致性。但是，职能型组织的业务分工建立在技术（产品）的分工方式基础上，业务之间的协同性和整体运行的有效性主要通过职能的标准化来实现，随着市场需求日趋个性化、动态化、强调快速响应和用户体验，业务之间的有效协同及业务目标之间的一致性也愈加难以保证。“业务导向”并不能很好地解决技术应用与技术应用最终目标之间、业务管理与组织战略之间的一致性问题，难以确保组织战略有效落地和总体效能的提升。为弥补“业务导向”的不足，在互联网时代要着眼企业全局，“以效能提升为导向”推进两化融合（见图 6-2），采用系统方法全面优化相关两化融合过程。通过提高在战略一致性前提下的全员、全要素、全过程、全方位有机协同水平，将企业装备、技术、流程、管理、组织、商业模式、发展战略的创新、调整、优化，最终都转化为成本、质量、效益、服务以及市场占有率、客户满意度、劳动生产率等效益的提高，确保稳定获取两化融合总体效能。

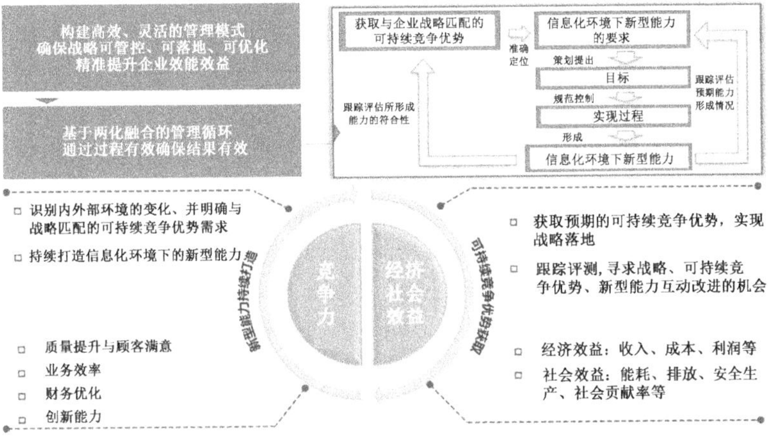

图 6-2　以效能提升为导向推进两化融合

6.1.2　以数据为驱动

两化融合管理体系要引导企业将数据作为战略性核心资产进行管理和应用，在两化融合推进过程中，要充分发挥数据的创新驱动潜能，加速企业业务重组、管理创新和战略优化。互联网时代，数据已经成为继劳动力、土地、资本、技术之后的新型生产要素，并日益成为企业转型升级、经济社会发展的新动力源泉。随着企业两化融合的持续推进，纵向集成和横向集成不断深入，企业数据的及时性、完整性、准确性不断提高，数据的自动流动水平也持续提升，数据作为企业核心资产和战略性基础资源的价值逐步显现出来。推进两化融合，要将数据作为一种新的生产管理要素，强化数据与技术、业务流程、组织架构相互影响和相互作用，不断提高数据开发利用的深度和广度，数据流、物流、资金流的协同水平和集成能力，数据流动的自动化水平，以及基于数据模型的智能决策水平，解决企业发展过程中面临的复杂性、多样性和不确定性问题，稳步提升企业的数字化、网络化、智能化水平，实现以数据为驱动的生产、经营、管理和服务模式的不断创新（见图 6-3）。

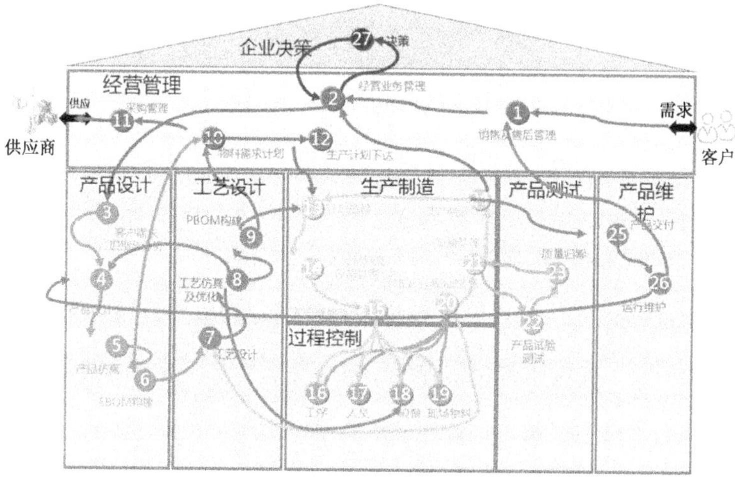

图 6-3　以数据自动流转驱动企业生产运营

6.1.3　以新型能力为主线

两化融合管理体系致力于引导企业“以效能提升为导向”推进两化融合，具体的落地方式就是持之以恒地围绕识别和打造信息化环境下的新型能力这条主线开展两化融合工作。企业的综合竞争能力表现在业务效率、财务效益、产品质量、服务体验、顾客满意、创新能力等诸多方面，两化融合可直接或间接影响企业的综合竞争能力。互联网时代，企业内外部环境日益复杂多变，企业需要不断整合、建立、改进、重构其内外部竞争能力，形成信息化环境下的新型能力，以保持企业市场竞争优势的可持续性。两化融合管理体系引导企业在两化融合推进过程中牢牢把握住信息化环境下新型能力的准确识别、有效打造、稳定实现和动态调整这一主线，将信息化环境下新型能力的需求作为两化融合工作的需求来源，进而推动数据、技术、业务流程、组织结构的互动创新和持续优化，将技术的进步、组织结构的变革、业务流程的优化或数据的分析利用有效转化成企业的新型能力，并以新型能力打造为牵引，重构企业生产方式、服务模式和组织形态，进而不断获取差异化的可持续竞争优势，提高经济和社会效益（见图6-4）。

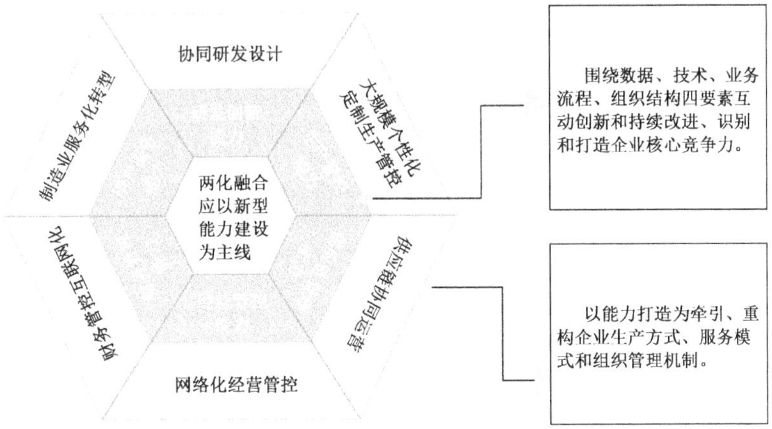

图6-4　以新型能力为主线开展两化融合工作

6.1.4 以综合集成为突破口

综合集成是企业两化融合迈向中高级阶段的标志，当前我国企业两化融合面临“综合集成”跨越困境，两化融合管理体系致力于引导企业以综合集成为突破口，实现多业务的集成化运作，实现两化融合成效的突破性提升和快速集中显现。根据《工业企业信息化和工业化融合评估规范》（GB/T23020-2013），企业两化融合水平由低到高可分为起步建设、单项覆盖、集成提升、创新突破四个发展阶段，达到集成提升阶段时，可实现跨部门、跨业务环节的业务综合集成，企业竞争力与经济和社会效益可实现台阶式跃升及跃升后加速上扬的走势。综合集成是当前我国企业两化融合发展的难点、重点、突破点。2018年，我国仅 22.4%的企业两化融合进入了集成提升和创新突破发展阶段，两化融合发展面临“综合集成”跨越困境。两化融合管理体系聚焦这一核心关键问题，引导企业立足企业全局、采用系统方法推进两化融合，按照企业总体战略与规划，不断深化产品设计与制造的集成、经营管理与生产控制的集成、产供销的集成及决策支持的集成，持续推动业务深度优化和高效集成化发展，加速两化融合对企业竞争力与经济社会效益突破性提升作用的显现（见图 6-5）。

6.1.5 以流程化为切入点

流程化是两化融合实现综合集成的必要条件，也是当前制约两化融合发展的薄弱环节，两化融合管理体系引导企业在两化融合推进过

程中加强业务流程的梳理和优化，并在流程化的基础上实现网络化组织，构建跨企业的价值网络。通过两化融合实现跨部门、跨业务环节的

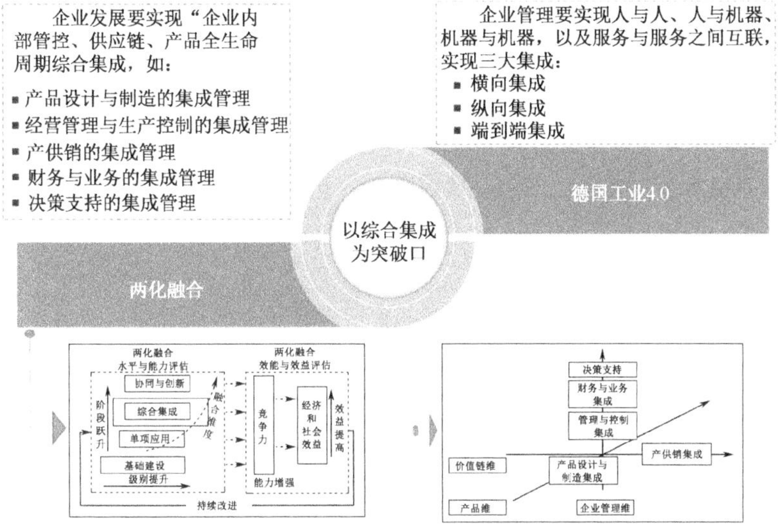

图 6-5　两化融合和德国工业 4.0 均强调以综合集成为突破口

业务综合集成的前提是，企业围绕为客户创造面向企业整体的、系统的业务流程架构，在跨部门、跨业务环节之间有清晰明确的业务流程。然而我国企业在工业时代所形成的组织架构大多是建立在部门职能分工基础上的“科层制管理”，部门之间业务无法有效衔接、价值无法有效传递，着眼企业整体的流程管理缺位已经成为实现综合集成的关键障碍。两化融合管理体系引导企业在推进两化融合时，要优先围绕新型能力打造的具体需求，厘清所涉及业务活动的范围与边界，以跨部

门、跨业务环节之间的业务流程梳理与优化为切入点，彻底改善因部门分割而产生的流程中断、分散等状态，从横向上逐步打通部门壁垒，建立流程驱动、协同协作的扁平化动态组织模式，为跨部门、跨业务环节的综合集成创造条件；综合集成的有效实现反过来也确保企业发展战略、文化价值、管理机制等体现在信息系统的内嵌流程当中，并通过流程化将技术、人力、设备设施、资本、服务、知识等多种资源整合为一体，逐步实现网络化的协同运作，进而构建跨企业的开放动态的价值网络，用柔性化、集成化和智能化的动态流程组织方式来组织更加有效的价值行为（见图 6-6）。

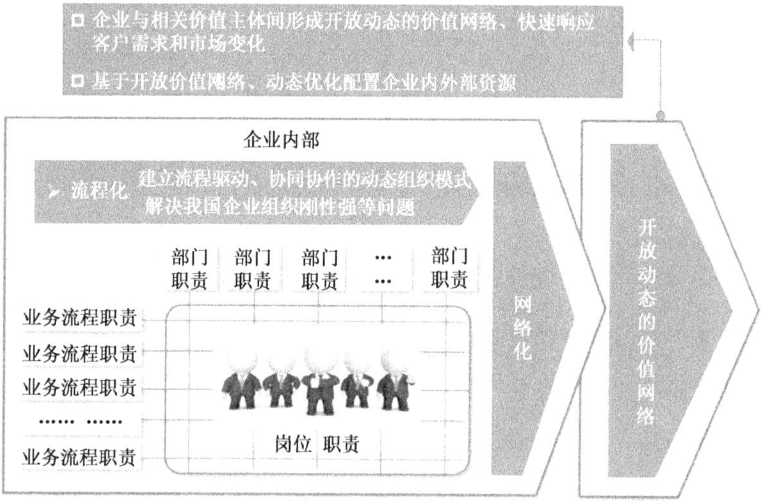

图 6-6　以流程化为切入点推动组织管理变革

6.1.6 以服务化为方向

两化融合管理体系引导企业依托数据、技术等的创新应用，以及业务流程、组织结构的创新安排，实现面向用户的服务水平和能力提升。当前推进两化融合的重点之一就是促进制造业的服务化转型。制造业服务化是制造企业由单纯提供产品向提供全价值链服务转变的过程，既提高了产品附加值，又延伸了价值链。与传统制造模式相比，制造业服务化转型更强调企业通过网络协作关系构建，主动将用户引入到产品研发设计、加工制造和应用服务等全生命周期的各环节，主动发现用户需求并展开针对性服务。两化融合管理体系引导企业注重应用数据、新一代信息通信技术等新资源和新手段，广泛采集和精准对接用户需求，注重基于互联网对服务用户的业务流程和组织结构进行创新安排，使用户深度参与到研发、生产、制造、服务等产品全生命周期的各环节当中来，不断拓展形成远程在线服务、产品全生命周期管理与服务、网络精准营销、个性化定制等各种服务新模式，提升用户服务水平和能力（见图6-7）。

图 6-7　基于两化融合推动服务化转型

6.2　九项管理原则

为确保企业依据两化融合管理体系全面规范两化融合相关的管理活动和管理过程，《信息化和工业化融合管理体系 基础和术语》（GB/T 23000-2017）进一步提出以获取可持续竞争优势为关注焦点，战略一致性，领导的核心作用，全员参与、全员考核，过程管理，全局优化，循序渐进、持之以恒，创新引领，开放协作九项管理原则。管理原则与六个导向相辅相成、紧密衔接，是贯穿整个两化融合管理体系的指导思想和重要理论基础，是确保企业把握两化融合本质、规范两化融合管理、获得并不断提升其实效的关键。

6.2.1 以获取可持续竞争优势为关注焦点

企业不应为信息化而信息化，最终目标是要支持企业在市场竞争中获得经济社会效益。但是，影响企业经济社会效益的因素众多，信息化并非其充要条件，也很难剥离出信息化的实际贡献率。如果把经济社会效益作为信息化的直接目标，将较难根据这一目标分解和确定信息化的工作重点，更难以考量信息化工作是否取得了最终成效。

随着信息化持续深入的发展，涵盖企业方方面面的各种能力都与信息化有着越来越密切的联系，通过信息化能够帮助企业获得所需要的新型能力，但企业能力的增强不一定就能够满足用户的需求，也不一定能在市场竞争中获得相对优势。用户需求是不断提升的，“优势”也都是“竞争”出来的。企业通过信息化获得的成本降低、效率提升等能力提升，必须比其主要竞争对手通过信息化在相应方面获得的能力提升更为显著、用户的体验更好，才能有效支持该企业缩小与先进企业的差距或扩大作为领先企业的优势，才有可能在激烈的市场竞争中提高获得更好经济社会效益的机率。

由于竞争者竞相模仿，领先企业通过信息化追求竞争优势的做法通常会引发扩散效应，所形成的差异化竞争优势将逐渐消失。企业只有通过信息化不断打造更加动态的新型能力，快速应对内外部条件的变化，才能在市场竞争中获得并总是保持相对的竞争优势，支持其实现可持续发展。

因此，企业应围绕获取可持续竞争优势部署和推进两化融合，明确当前及未来与其发展战略匹配的可持续竞争优势对打造新型能力的需求，确保从这些需求出发，提出两化融合的实施目标，有效规范和控制两化融合相关的活动和过程，并跟踪测评是否通过两化融合形成了预期的新型能力，以及是否进一步帮助企业获取了可持续竞争优势，以提升两化融合工作的可操作性，并确保其成效落到实处。如果两化融合的目标定位不准确，比如仅以某些方面的效率改进或水平提高作为目标，那么尽管企业投入很大，也达到甚至超越了预定的目标，但未必能给企业带来更强的市场竞争优势，更难以转化为最终的经济社会效益。

当前，我国企业要获得可持续竞争优势，成功实现转型升级，首先要通过信息化解决装备基础薄弱、流程管理缺位等工业化发展不足的问题，加速工业化进程，探索新型工业化道路，如积极稳妥且务实有效地推进智能制造。其次，要抓住信息化带来的新的发展机遇和潜能，占领新一轮技术革命和产业发展的制高点，比如，大力发展工业互联网、大数据、云计算和物联网等。围绕关注焦点的两化融合闭环控制流程如图 6-8 所示。

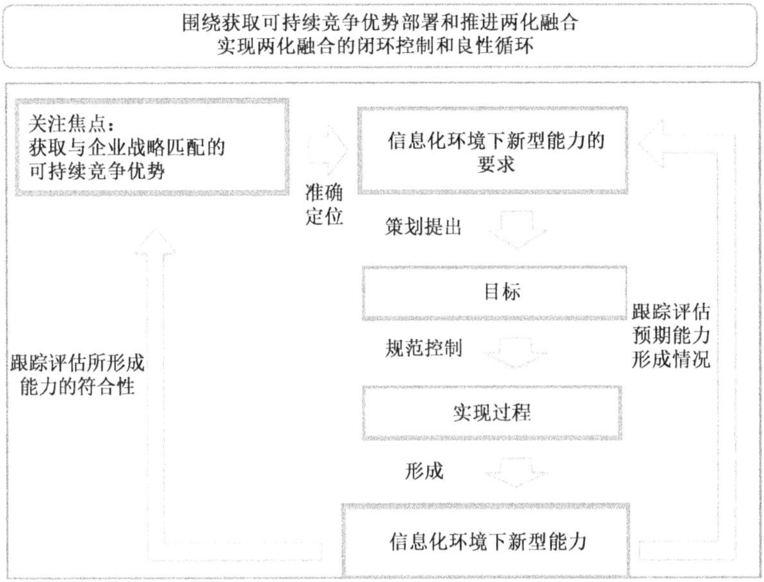

图 6-8 围绕关注焦点的两化融合闭环控制流程

6.2.2 战略一致性

两化融合涉及理念的变革、模式的转型，服务于企业全面创新和升级发展，已经成为关系到企业所有职能和层次的内生发展要素。因此，企业应将两化融合提升到战略高度，要从战略层面统筹规划两化融合工作，才能真正把握两化融合的本质。

随着信息技术的快速发展，用户需求日益多样，市场竞争日趋激烈，关键竞争要素正在发生快速变化，企业能否准确定位符合信息化时代要求的发展战略，并推动其与时俱进，对企业能否实现可持续发展具有决定性作用。企业如果没有清晰的发展战略，或者其发展战略按部就班、因循守旧，过于关注和依赖传统竞争要素，那么不管企业如何努力，都终将会被新生力量所取代。

企业在当前及未来所需要形成的可持续竞争优势，需要与其发展战略匹配，而如何获取这些可持续竞争优势则是两化融合工作的出发点和落脚点。因此，两化融合应与企业发展战略保持一致，围绕形成所需要的可持续竞争优势，对两化融合全过程进行监督管理，并对两化融合的成效进行考核。如果企业的发展战略是清晰准确的，而两化融合未能与其保持一致，甚至背道而驰，那么该企业难以将两化融合真正提升到战略高度，两化融合的总体成效也将难以保证，甚至严重影响企业的长远发展。

此外，两化融合也是保障企业发展战略有效执行和落地的重要途径。两化融合涉及企业所有的职能和层次，在两化融合过程中，可将企业战略发展的要求全面、准确、及时、有效地落实到相关的职能和层次，从而推动企业发展进步、创新变革和战略实现。

6.2.3　领导的核心作用

两化融合是企业战略级的任务，应始终作为最高管理者关注的重点，必须由最高管理者牵头推动，是典型的一把手工程。但如果最高管理者的重视仅停留在思想上，甚至口头上，或者仅由最高管理者唱独角戏，两化融合的整体成效都将难以保证。两化融合涵盖业务和管理的优化与变革，覆盖企业的所有职能和层次，其整体性和动态性要求也越来越强，除了最高管理者，管理者代表和其他各级领导在确保两化融合有效落地和取得实效方面的重要作用和意义日益凸显。只有最高管理者更加准确及时地进行战略决策，专职管理者代表更好地进行两化融合工作统筹并确保其执行，其他各级领导不断提高其主动性，才能确保企业领导层各司其职、有效沟通、不断优化，从而在有限资源约束下，更全面、更准确、更快速地解决各职能和层次的问题，通过两化融合实现企业能力和竞争优势的不断提升。

企业最高管理者的认识水平、变革决心和领导能力具有至关重要的作用和意义，是两化融合有效性的基本前提和坚实保障。随着信息化的深入发展，不转变发展理念和模式的企业必将被市场所淘汰。

只有管理者代表的统筹水平和执行力不断提升，两化融合才能更有效地服务于企业的所有职能和层次。要做到这一点，首先需要最高管理者向管理者代表合理授权。其次，管理者代表要能够在具体推进两化融合的过程中，通过信息化解决企业生产、经营和决策中面临的实际问题。最后，管理者代表要不断提升对自身综合素质的要求，既应懂技术又应懂业务和管理，既要有专业水平又要有组织协调能力，才能逐步胜任两化融合这一创新性、专业性、实践性要求都非常高的工作。两化融合的范畴远超传统的企业信息化，其管理者代表的重要人选是 CIO，但这也对 CIO 提出了更大的挑战、更高的要求。

企业两化融合工作能否满足和符合各个职能和层次的需求，能否确保在各职能和层次中得到有效落实，相关各级领导的主动性具有决定性的作用。因此，企业各职能和层次的主管领导应是相关两化融合工作的主要责任人（见图 6-9）。

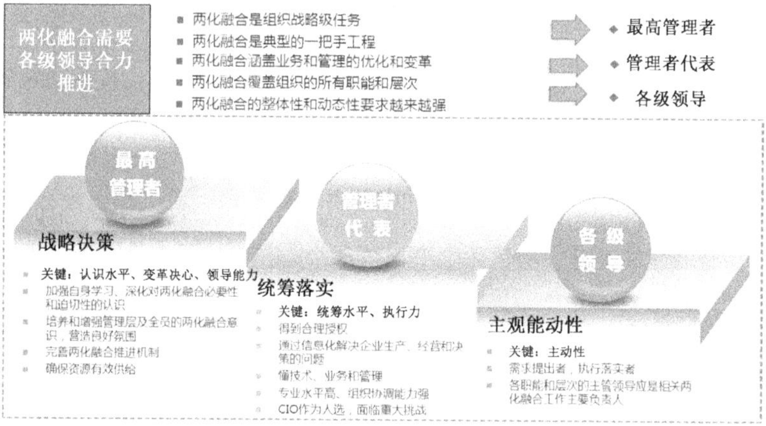

图 6-9　两化融合需要各级领导合力推进

6.2.4　全员参与、全员考核

两化融合工作的持续改善，首先需要不断梳理和明确企业各职能和层次的现状和准确需求，其次在企业总体层面进行统筹协调并确定工作重点和流程，最后还需要将两化融合的具体工作要求落实到各职能和层次，并对其成效进行分析和改进。

因此，企业相关职能和层次的全员与两化融合工作有着密不可分的关系，他们是两化融合相关需求的真正提出人和各项要求的贯彻落实者，他们能否不断深化对两化融合的认识并形成共识，是否积极配合、自觉推进相关工作，对于两化融合相关需求是否务实、各项要求能否有效落地具有举足轻重的作用。全员具体可包括管理人员、业务人员、专业技术人员、现场操作人员等。

要充分调动全员推进两化融合的积极性、自觉性和创造力，首先企业应以实现员工个人与企业共同发展为宗旨，建立员工培养和发展机制，完善企业文化。在通过信息化确保企业整体运转规范、高效的前提下，尽量为员工工作及相互沟通提供便利，并给予其足够的发挥空间，激发其创造力；其次，企业应建立精准的全员两化融合考核奖惩机制，明确员工的两化融合相关职责，为员工履行职责提供帮助，客观公正地评价员工的贡献并给予激励，有效解决两化融合工作“高阻力”“低参与”、对工作成败不担责等问题（见图 6-10）。

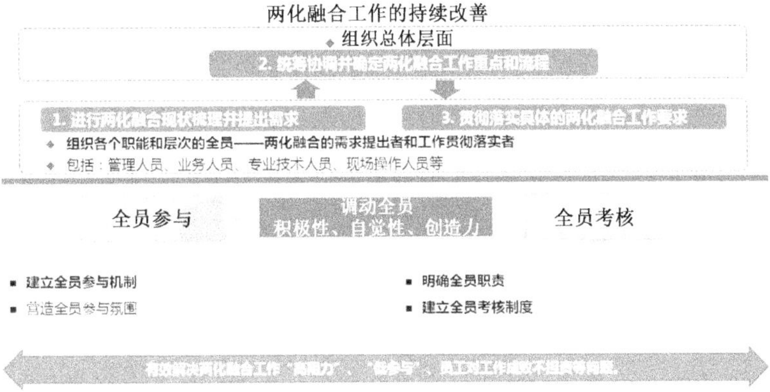

图 6-10　两化融合需要全员参与、全员考核

6.2.5 过程管理

一方面，长期以来，企业都是按照职能分工原则建立组织机构，高度的职能分工有利于促进技术和管理的专业化，适用于规模化生产，但为用户创造价值的过程实质上是跨部门完成的，在信息化条件下，全球范围内企业形成了新的共识，组织结构需要从纵向职能分工向横向协同整合这一过程方式转变，以适应以用户为导向的市场竞争新需求。另一方面，两化融合的复杂度高、探索性强，在两化融合过程中出现偏离或失误的概率较大，如不能及时处理，其影响将难以估计，这也往往导致两化融合成效不佳甚至彻底失败。因此，需要对两化融合相关的活动和资源采用过程方法，在过程中进行有效管理，并实现其持续改进，才能更好地获得预期的成效。

过程方法也是一种闭环管理方法，需要明确过程的输入和输出，确定过程之间的联系和相互作用关系，明确过程绩效、加强过程考核，监测、分析和持续改进过程，从而最大限度地获取过程的增值效应。

一般而言，对两化融合实施过程管理，首先，要依据两化融合的方针，沿着打造信息化环境下新型能力这条主线，明确两化融合的目标，系统识别、确定和管理实现目标相关的过程以及这些过程之间的相互作用关系，避免与目标相关的必要过程未被划入管理范畴；其次，要确保在受控条件下实现这些过程，并实现相关数据、技术、业务流程与组织结构的有效协同；再次，要对两化融合及其相关过程进行评估与诊断、监视与测量、考核，并报告结果；最后，要根据所报告的结果，采取措施弥补两化融合及其相关过程中的不足，预防可能发生的错误，持续优化过程，提升过程绩效。

应用过程方法，实施两化融合过程管理，企业可以基于其原有管理基础逐步建立并细化两化融合的过程管理机制，确保不再重复发生过的不足或错误，尽量减少可能发生的不足或错误，从而实现两化融合螺旋式上升和良性发展。

6.2.6 全局优化

通过交互作用，共同完成某种特定功能的一组相互依赖和相互关联的活动，可以视为一个系统。“系统方法”是指为了获得预期的结果，从系统的整体层面出发，实现分解与综合、分工与协作的有机结合，加强定性与定量分析的交互应用，科学处理部分与整体的关系，以实现全局优化的方法。系统方法面向整个系统，包括若干活动、过程及其网络，其核心价值在于管理的系统性，其目的是要提高实现总体目标的有效性和效率。

两化融合是企业的战略任务，覆盖企业全局，需要通过采用系统方法，将相互依赖和相互关联的两化融合相关活动和过程视为一个系统，从全局的角度对企业两化融合的整体运行进行全面管理，加强两化融合相关活动和过程的有机关联性，实现动态改进和全局优化，才能确保和不断提升两化融合的总体成效。

两化融合涉及理念的变革、模式的转型、技术的创新，与企业的所有职能和层次均可能相关，因此影响其取得实效的因素众多，要更好地获得最终的总体成效，最关键的是系统分析、识别并弥补企业两化融合这一有机系统中的短板，而不是“强者更强、弱者更弱”，或者“头痛医头、脚痛医脚”，片面或简单地把工作重点和资源主要集中在易出彩、好完成的领域或方面。

在企业两化融合中应用系统方法时，一是要将企业两化融合作为一个有机系统，并以系统方法进行管理；二是明确企业两化融合整体与局部的分解关系以及分工协作机制；三是运用信息化环境下的系统集成手段实现对企业两化融合的全面管理；四是系统分析企业两化融合的绩效，采取措施实现全局优化。

6.2.7 循序渐进、持之以恒

企业两化融合是在信息化时代企业生产、经营和决策等全面现代化的过程，只有起点、没有终点。不管企业主动还是被动，最终都将在不断激烈的市场竞争中，深入推进两化融合，以获取可持续竞争优势。

两化融合与管理变革密不可分，管理变革需要循序渐进且伴随着各种风险，两化融合也一样，不可急于求成、一蹴而就，而应该采取循序渐进的策略，通过长期的逐步优化，实现螺旋式提升。这样，既将风险控制在合理范围内，也能持续改进两化融合绩效，把两化融合和企业发展有机结合起来。

为了保持并不断增强企业全体对两化融合的热情和认识，企业应高度重视两化融合工作的时效性，不断确立阶段性目标，增强执行力，确保阶段性目标以及周期性成果的按时、高效实现，从而不断坚定推进两化融合的信心、决心和恒心，持续完善两化融合，实现良性循环。

对于成长型企业而言，循序渐进、持之以恒这一原则显得尤为重要，一定要将企业快速发展对两化融合的迫切需求落到实处，在企业总体规划和全局统筹的基础上，准确确定阶段性目标，并按期取得预期的成效，实现务实、稳步发展，防止信息化和企业业务、管理发展脱节，避免因成效不及时、不明显而导致企业在进行信息化投入时踌躇不前。

6.2.8 创新引领

随着信息化的深入发展，信息不对称问题将在一定程度上逐步得到解决，市场的动态性将不断加强，全球化趋势也将进一步加速。产业融合日益深化，竞争的地域优势和行业边界不断淡化，企业只有通过不断创新，才能在激烈的竞争中获得差异化的相对优势，从而赢得可持续发展的空间。

当前，信息技术、产业、应用、网络等方面的互动发展，为企业全面创新发展提供了重大机遇。应用创新、集成创新成为当今世界创新的主要形式，除了进一步促进技术发展，更多地体现为推动企业管理变革和模式转型，以适应信息化时代企业竞争的新趋势、新要求。

两化融合促进企业创新是通过数据、技术、业务流程与组织结构四要素的互动创新和持续优化来实现的。在工业化发展进程中，技术、业务流程和组织结构这三个要素互有交集、相互作用，通过技术的创新和应用引发业务流程的优化以及组织结构的调整，而三者匹配和融合才能确保技术创新、业务流程优化和组织结构变革的成果得到有效实现，从而全面加速工业化发展。

在信息化时代，技术、业务流程、组织结构三要素被融入了新的内涵，而数据的重要性凸显，逐步成为企业新的核心要素。通过不断加强数据的开发利用，可加速技术、业务流程、组织结构三要素的同步创新和持续优化。随着两化融合程度不断加深，数据、技术、业务流程与组织结构四要素的交集逐步扩大、相互渗透和影响逐渐深入，通过两化融合所创造的价值也将日益显著。

对于我国的企业而言，通过两化融合加速创新是实现转型升级的动力源泉，其潜力无限。因为资源定价不合理、准入壁垒等市场机制不完善造成的竞争环境不公平，曾经很大程度上影响了我国企业创新意识和能力的培养，然而，随着国际和国内环境的变化，以及我国市场机制的不断健全，企业已经普遍认识到破旧立新、创新发展的必要性和紧迫性。此外，我国已经发展成为世界上最大的制造业大国，很多产业正在快速地趋近，或者已经达到国际先进水平，仅仅依靠“模仿”或者“跟随”也将难以支持进一步发展，创新也因此成为实现我国制造业由大变强的必由之路。

6.2.9 开放协作

全球范围的新一轮技术革命和产业变革的兴起，将推动企业生产经营从集中化向分散化转变，从趋同化向个性化转变，从用户导向向用户参与转变，以满足市场日益增强的开放性、动态性、个性化需求。顺应这一时代潮流，企业需要在信息化条件下，重构和整合内外部资源，建立更加灵活的组织形态，形成可快速变化的动态能力，以获取可持续的竞争优势（见图 6-11）。

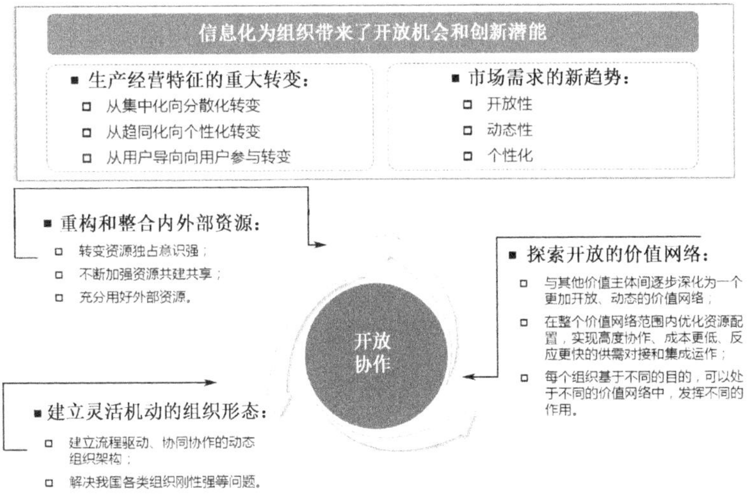

图 6-11 通过开放合作构建灵活的组织形态

在信息化和互联网条件下，建立新的合作分享模式和机制，有效整合、利用企业外部资源，更好地发挥企业外部资源的优势，快速打造企业所需要的动态能力，已经成为企业创新发展的关键。这些外部资源包括企业的各级供应商、经销商，为企业进行配套的中小企业，以及为企业服务的相关研究机构、分散的知识工作者等。

为了能够更加机动灵活，以快速响应用户的需求和市场环境的变化，企业在研发创新、生产经营、交付服务等过程中，与其各级供应商、用户，以及研究机构、政府机构等其他有价值关系的主体之间将逐步演化为一个更加开放、动态的价值网络。通过应用信息技术手段，以用户需求为中心，在整个价值网络范围内优化资源配置，实现高度协作、成本更低、反应更快的供需对接和集成运作。在开放的竞争环境下，企业的边界日益模糊，每个企业基于不同的目的，可以处于不同的价值网络中，并发挥不同的作用。

对于我国的企业而言，要抓住信息化为企业带来的开放协作机遇，应转变传统的资源要素和组织建设观念，有效解决我国企业由于长期规模化扩张和粗放式高速增长所普遍形成的对资源的独占意识、组织的刚性较强等问题，不断加强资源共建共享，充分应用内外部资源，并逐步探索、建立和完善信息化环境下的动态组织和价值网络，从而在新的竞争格局中抢占先机。

6.3 三个循环机制

除了六个导向和九项管理原则，《信息化和工业化融合管理体系基础和术语》（GB/T 23000-2017）还给出了两化融合管理体系的基本框架（见图 6-12），为企业在信息化时代抢抓发展机遇、加速转型升级提供了一套可执行、易操作的管理方法和机制。两化融合管理体系基本框架围绕打造信息化环境下的新型能力这一主线，内嵌贯穿和覆盖整个两化融合管理体系的三个循环机制，即战略循环、要素循环和管理循环，引导企业明确“往哪儿走”的发展方向问题，以及“干什么”和“怎么干”的路径和方法问题，确保企业战略要求的有效落地以及战略目标的有效实现。

6.3.1 战略循环（战略-可持续竞争优势-新型能力）

企业应将两化融合发展理念充分融入其战略，识别内外部环境的变化，明确与战略相匹配的可持续竞争优势需求，并将建设信息化环境下的新型能力作为数字经济时代战略转型和战略实现的重要途径和必要手段，确保新型能力建设与其战略的一致性和协调性，将企业战略目标转化为一系列新型能力建设活动，分解到能力建设的各环节，通过新型能力的实现和提升确保战略有效落地。

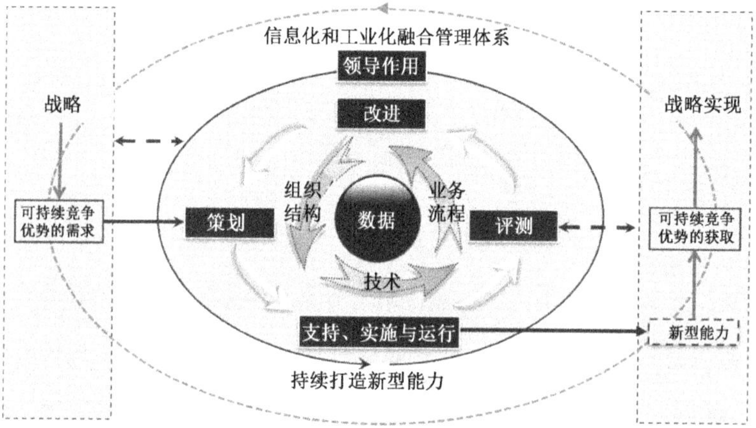

图 6-12　两化融合管理体系的基本框架

1．“战略–竞争优势需求–新型能力需求”识别机制

新型能力是企业为适应快速变化的环境而不断形成的新的竞争优势，整合、建立、重构其内外部能力，实现能力改进的结果。新型能力原则上是影响企业全局的，是在企业成长历程中积累产生的，并随着企业业务发展、环境的变化等因素动态改变。新型能力相对于已有能力，可以表现为量的增长，也可以是质的跨越，为充分、稳定获取可持续竞争优势，企业宜规划并形成系统性的新型能力体系。

围绕精准识别信息化环境下的新型能力建设需求，企业应建立“战略-竞争优势需求-新型能力需求”的层层识别机制，精准识别并动态优化其发展战略，基于内外部环境分析明确与战略相匹配的可持续竞争优势需求，并围绕可持续竞争优势需求进一步确定自身的新型能力需求及目标，从而确保新型能力建设方向的正确性和适宜性。

2. “新型能力目标分解-新型能力目标达成-竞争优势获取-战略实现”确认机制

企业识别并确立适宜的发展战略、明确与战略相匹配的可持续竞争优势需求及新型能力需求后，只有建立起有效的战略落地机制并使其有序运行，才能确保新型能力建设目标的有效实现、可持续竞争优势的稳定获取。

围绕提升新型能力建设结果的有效性，企业应建立“新型能力目标分解-新型能力目标达成-竞争优势获取-战略实现”的层层确认机制，将新型能力建设目标逐层分解至能力打造涉及的各个部门、岗位、流程中，在新型能力建设活动完成后，逐次明确新型能力的目标达成情况、可持续竞争优势的获取情况、战略的实现程度，并识别改进机会，从而确保新型能力的建设结果符合预期。

6.3.2 要素循环（数据-技术-业务流程-组织结构）

围绕拟打造的新型能力及其目标，企业应从数据、技术、业务流程、组织结构四个核心要素入手形成系统性的新型能力建设方案，发挥技术的基础性作用、优化业务流程、调整组织结构，不断加强数据开发利用，通过技术应用、流程优化、组织变革、数据价值挖掘四方面活动的有效开展，加快培育数字化转型的新模式新业态。

1．数据

在信息化时代，企业利润来源从传统的物质加工、节约成本更多地转变为管理和满足用户需求、实时地为用户提供更加及时的个性化服务。这种转变也导致了加工方式的转变，从过去的产品加工为主逐步转变为数据（信息）加工为核心，数据（信息）的流程与生产流程、企业管理流程加速融合。此外，随着互联网、尤其是移动互联网的发展，企业将变成一个更加网络化、社会化的结构，以人为基础是企业新的核心，而以人为中心形成的巨量数据（信息）更是企业运营和管理的关键所在。

当前，数据已经成为企业的基本生产要素，数据的管理能力已成为现代企业的核心竞争力之一。随着两化融合的深入，企业积累的数据（信息）越来越多，这些数据（信息）可能来自企业的各业务系统，也可能来自企业所处行业和竞争对手，或者来自企业所处的其他外部环境。除结构化数据之外，大数据等新技术的发展为非结构化数据的挖掘、共享和应用创造了重大机遇，这将为企业带来更加不可估量的价值。随着这些数据（信息）更加全面、准确和动态，数据（信息）中潜在的关联和规则日益成为企业生产、经营和决策的重要依据，甚至可能导致企业管理架构和决策机制发生重大变化。

2．技术

科学技术是第一生产力，历次产业革命都是以技术进步为先导、以技术创新加速产业化发展为主要特征的，如以机械设备制造为代表的第一次工业革命、以电气化应用为代表的第二次工业革命、以信息技术带来的自动化生产为代表的第三次工业革命莫不如此。对企业而言，技术创新也一直是赢得和保持竞争优势的重要途径之一，是企业发展的生命源泉和不竭动力。技术的发展和应用可以促进企业产品的创新、生产工艺和作业过程的优化、经营管理的提升、市场服务的改善等，进而为企业带来质量、成本、效率、品牌等方面的竞争能力和优势。

与两化融合相关的技术，其范畴应是企业在信息化条件下所有可能应用到的相关技术，主要包括工业技术、管理技术、服务技术、信息技术等。其中，新一代信息技术是创新最活跃、带动力最强、渗透性最广的，除了带动信息技术产业的迅猛发展，它还推动了不同技术之间的融合，为其他产业的加速发展提供了新的动力。随着以新一代信息技术为代表的高新技术的飞速发展，深入推进技术的应用创新和集成创新，正在引发企业内部、产业链甚至全球范围资源优化配置方式的变革，研发创新、运营管理、市场服务、企业决策等方面的新理念、新模式层出不穷，发生着前所未有的系统性转变。这为企业通过两化融合实现全局创新、整体提升提供了方法、手段和途径，是加速企业转型升级的重要驱动力。

3．业务流程

业务流程通常指一种活动的集合，具有一个或多个输入以及确定的输出，这些输出将为客户带来价值。业务流程最早源自“劳动分工原理”，但进入20世纪80年代以来，原有“科层制管理”下的业务流程存在分工过细、环节冗长、部门壁垒、成效局部化等问题，难以适应随着信息技术快速发展、市场竞争日益加剧引发的企业环境变化和管理提升需求，因此一批科学家纷纷提出业务流程优化和再造的相关理论成果，在理论界和企业界掀起了巨大的浪潮。

按照这些理论，企业要突破原有的思维方式，打破固有的管理范式，通过信息技术的广泛应用，重新规划业务流程，沿着从业务流程相关的一连串活动，跨越不同职能和层次的分界线，通过综合分析与统筹考虑，识别业务流程中的增值和非增值业务活动，优化业务流程，提高其整体效率，增强企业竞争力。传统的业务流程，主要集中于企业内部，尤其集中在生产、经营部门。随着信息化和互联网的发展，企业运营环境和模式发生变化，业务流程的范畴还涵盖了企业战略层次的战略流程，以及从企业内部扩展到跨企业领域的供应链流程等。

4．组织结构

组织结构是组织在职、责、权等方面的动态结构，其本质是为实现组织战略目标而采取的一种分工协作体系，先后出现了直线职能制、事业部制、矩阵制等职能型组织结构形式。随着互联网尤其是移动互联网应用的持续深化，用户参与、服务个性化、生产分散化逐渐成为市场和服务的新要求、新趋势，网络化的企业组织结构也因此成为时代的潮流。网络化的企业组织结构以各种经济性联接为纽带，通过分工协作进行跨企业边界的资源整合，是一种高度发展的经济联系在组织范畴的表现。这种组织结构呈现出组织功能单元虚拟化、组织要素分散化、组织形式弹性化和网络化、企业之间以及企业与消费者之间边界模糊化等特征，从过去高度集中的决策中心组织转变为分散的多中心决策组织。

企业推进两化融合，需要引入新的管理思维和信息化手段，对企业现有的业务流程进行优化和重构，最大限度地实现技术上的功能集成、管理上的职能协同，以打破传统的职能型组织结构壁垒，建立全新的基于业务流程的组织结构，从而更好地为用户创造价值，最大限度满足用户需求，快速响应市场动态变化，提高可持续发展的能力。

6.3.3 管理循环（策划-支持、实施与运行-评测-改进）

企业应按照 PDCA 方法，针对新型能力建设全生命周期的所有活动进行全过程闭环管控，充分发挥各级领导和相关人员的作用，统筹各方面的资源投入，建立“策划-支持、实施与运行-评测-改进”管理机制，确保新型能力建设的有效推进和持续改进，稳定获取预期的竞争优势。

1. 策划

沿着拟打造的新型能力这条主线，如果企业不能全面分析、系统策划两化融合的实施过程，避免盲目建设和实施过程中可能出现的偏差，防止过度依赖技术和实施后运维不足，解决技术、业务流程、组织结构不匹配等一系列在具体操作过程中容易产生的问题，企业通过两化融合就很难稳定地形成所预期的新型能力。

企业两化融合的具体实施往往涉及不同的职能和层次，是一个复杂的系统工程，因此企业应高度重视在实施前开展总体策划和设计，从全局层面进行实施过程的统筹分析和集中部署，有效识别和确认新型能力及其目标，围绕拟打造的新型能力策划两化融合实施方案，明确数据、技术、业务流程、组织结构互动创新和持续优化的需求和实现方法，形成实施框架。如果策划科学且能够得到有效执行，整个实施过程的有效性就有了基本的保障；如果策划失误，后续的实施过程也就难以成功，因此策划环节对于两化融合实施过程的成败具有决定性的作用。

2. 支持、实施与运行

两化融合覆盖企业全局，涉及全员、全要素。研发信息化、基础网络和自动化、过程控制、系统集成、经营管理和决策信息化等都属于两化融合的范畴。围绕打造某一新型能力来设计和推进两化融合相关活动和过程，需要摒弃传统的思维范式、突破现有职能分工限制，将这些过去一般是分而治之的领域进行综合和统筹。如果在两化融合相关的活动和过程中，企业不能充分统筹资金投入、人才保障、设备设施、信息资源、信息安全等相关支持条件和资源，两化融合将因为缺乏坚实的基础条件支持而难以实现务实、有效推进。企业应明确两化融合相关的资金投入、人才保障、设备设施、信息资源和信息安全等保障制度的建设要求，并提供方法以确保这些基础条件和资源供给的及时性、合理性和有效性，确保其相互之间的协调匹配，并确保在发挥好内部资源价值的基础上充分利用好外部资源。

企业两化融合实施过程规范的关键是要明确业务流程与组织结构优化、技术实现、数据开发利用、匹配与规范及运行控制等过程管理要求，并提供方法以确保打造信息化环境下新型能力的要求在所有相关职能和层次得到充分落实、两化融合实施过程持续受控、外部协作高效可靠、两化融合目标有效实现（见图 6-13）。

在两化融合实施过程中，业务流程和组织结构优化往往涉及管理变革和利益调整，执行难度大、风险高，尤其是跨职能和层次的优化更是阻力重重。业务流程和组织结构变革的滞后，成为制约技术作用充分发挥、两化融合取得实效的关键。因此，企业应强调业务流程和组织结构优化的设计，在实施过程中应优先于技术实现。企业应按照所策划的两化融合实施框架，明确业务流程和组织结构优化的责任方，全面梳理现有业务流程和组织结构，兼顾技术可行性，形成优化方案，并加强其执行管理和风险控制。如果业务流程和组织结构能够优化调整到位，打造新型能力的要求基本就能有效落地，两化融合的成效也就有了基本保障。

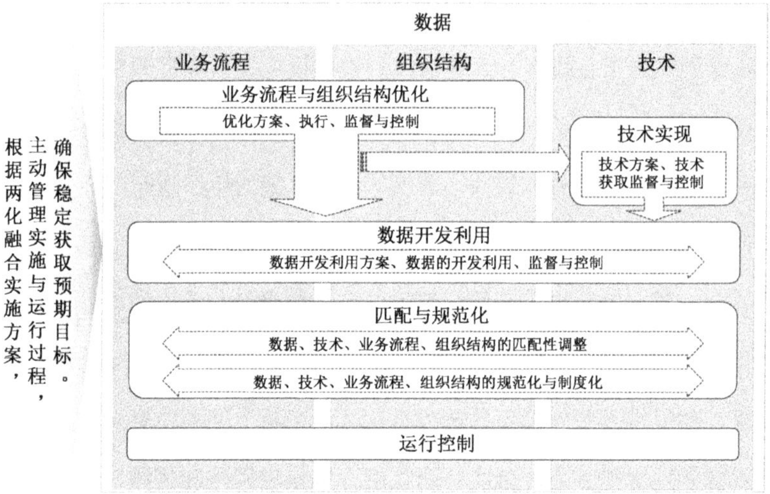

图 6-13　两化融合管理体系实施与运行过程

新型能力的形成及其目标的实现、业务流程和组织结构的优化最终都离不开技术的应用和支持，因此企业应按照所策划的两化融合实施框架，以及业务流程和组织结构优化方案，明确技术实现的责任方，系统分析评估相关技术及其应用现状，形成技术方案，并加强技术获取管理和执行控制。

数据是企业两化融合四要素之一，且它最能体现信息化的时代特征和要求，其重要性和潜在的巨大价值已经逐步被企业所认知。数据的开发利用可以加速技术、业务流程、组织结构等其他三要素的同步创新，同时其他要素的发展也会为数据的开发利用创造新的机会和起点。因此，企业应根据业务的发展需求，逐步明确数据开发利用的责任方，制定目标和计划，规范方式方法，逐步开发和利用好数据的价值。

数据开发利用、技术实现、业务流程优化和组织结构调整之间如果不能相互匹配和协同，就会导致信息化和业务管理两张皮等问题，严重影响两化融合的实效性。因此，企业应在合适的时机和合理的时间范围内开展数据、技术、业务流程、组织结构的匹配性调整，并在调整完成后实现成果固化和制度化。

随着数据、技术、业务流程、组织结构的制度规范化，运行控制显得更加重要。企业应制定适宜的运行控制程序，确保所确立的制度规范得到有效执行、运行风险得到有效控制、新型能力得到持续保持和改进。

3．评测

企业两化融合的评测机制设置的关键是明确两化融合及其管理体系的评估与诊断、监视与测量、内部审核、考核、管理评审等有关绩效分析与体系完善的制度建设要求，并提供方法以确保通过两化融合所形成的新型能力与可持续竞争优势获取的符合性，以及两化融合管理体系的有效性和持续改进。

通过两化融合打造新型能力是一项全局性和体系性都非常强的工作，只有系统梳理和全面分析企业两化融合现状，并将拟打造的各项新型能力的要求准确落实到所有相关的职能和层次，才能有效解决当前存在的不足，在两化融合过程中实现全局优化，最终形成预期的新型能力。因此，企业应明确两化融合及其管理体系评估与诊断的制度安排，按照一定的周期系统开展两化融合整体性评估，准确把握本企业总体现状及发展变化情况，并通过与行业及全国企业两化融合水平进行对比分析，明确企业两化融合在各职能和层次的工作重点、目标以及实际成效，对失效的原因进行诊断，并提出解决问题的方法和路径，务实有效地推进两化融合。

如果不能动态掌握两化融合实施及管理体系运行过程中的必要信息，并对相关指标进行测量，企业就难以在过程中查找并确定所发生的不符合及其原因，也就更难以及时处置所出现的不符合。此外，因为缺乏过程性、定量性的参考信息，两化融合相关的考核、管理评审、改进等的准确性和完整性也将受到影响。因此，企业应明确两化融合管理体系监视与测量的制度要求，设置关键指标涵盖与新型能力目标和两化融合实施框架相关的各职能和层次，动态跟踪关键指标的运行情况。

如果不能及时了解两化融合管理体系是否符合标准的要求和企业的策划、是否得到了有效的实施和保持，企业就难以发现并解决问题，难以不断提升两化融合管理体系的符合性和有效性。因此，企业应明确两化融合管理体系内部审核的制度要求，定期策划和实施审核、报告审核结果。

覆盖企业、业务流程、部门和岗位的精准绩效考核机制，对于企业两化融合管理体系的有效性具有重要的促进作用。通过从各视角客观公正地评价全员对于两化融合的实际贡献，给予相应的激励，可极大地调动全员开展两化融合工作的积极性、自觉性和创造力，这是两化融合取得实效并实现持续改进的重要基础。因此，企业应明确两化融合管理体系的考核制度要求，制定考核指标，并在相关的职能和层次系统开展考核激励。

企业两化融合改进的机会如何把握，变更的需求如何落实，需要最高管理者按照一定的周期，组织两化融合相关职能和层次的负责人开展管理评审活动，以确保企业两化融合管理体系持续适宜、充分和有效。因此，企业应明确两化融合管理体系管理评审的制度要求，定期策划和开展管理评审，形成正式决议，采取措施解决所发现的问题。

4．改进

随着信息化的不断深入，用户需求的个性化、技术的进步、管理的变革、内外部条件的变化等都将不断为企业两化融合增添新内涵、树立新目标、提出新要求。因此，动态调整、持续改进是两化融合不断深化，并始终能够为企业赢得竞争优势的必然选择。两化融合持续改进的要求在九项管理原则中分别都有体现，其本质是为了不断打造企业在信息化环境下的新型能力，从而为企业获取可持续竞争优势所采取的循环活动。

两化融合管理体系通过发挥技术的基础性作用，优化业务流程，根据优化后的业务流程调整组织结构，并进一步通过技术来实现和规范优化后的业务流程和组织结构。在此基础上，通过不断加强数据这一核心要素的开发利用，实现技术、业务流程、组织结构三要素的同步创新和持续优化，从而推进企业两化深度融合发展。四要素每经过一轮互动创新，企业都将站在一个新的起点、获得新的机遇。

因此，企业应充分考虑评估与诊断、监视与测量、审核、考核、管理评审等结果确定并选择持续改进的需求和机会，采取适宜措施，推动数据、技术、业务流程与组织结构四要素互动创新和持续优化，不断打造信息化环境下的新型能力，实现两化融合管理的螺旋式提升，有效应对内外部条件的动态变化，稳定获取与战略相匹配的可持续竞争优势。

6.4 九个关键过程

在充分理解六个导向、九项管理原则、三个循环机制的基础上，为帮助各方更快速、准确地了解、掌握、有效实施两化融合管理体系，

《信息化和工业化融合管理体系 要求》（GB/T 23001-2017）向企业提出了一系列推进两化融合的管理要求（包括七个主要章节，100 余项管理要求），这些具体要求可按照两化融合管理体系实施划分为九个关键过程。

6.4.1 文件化管理体系的运行过程

本过程主要包括以文件化信息为载体的两化融合制度体系及运行证据的创建、更新和控制等活动，其有效性主要体现在制度体系的完整性、系统性和可控性，以及制度的执行、协调与优化等方面的价值成效，涉及 GB/T 23001-2017 中 4.4.1 确定两化融合管理体系的范围、4.4.2 两化融合管理体系及其过程、4.4.3 文件化信息等条款内容。

6.4.2 最高管理者在体系中的履职过程

本过程主要包括最高管理者在建立、实施、保持和改进两化融合管理体系，打造、保持与提升信息化环境下的新型能力过程中的领导活动，其有效性主要体现在战略决策及时准确、组织建设完备有力、资源配置充分合理等方面，涉及 GB/T 23001-2017 中 4 可持续竞争优势、5.1 最高管理者、5.2 两化融合方针、5.4 职责与协调沟通、7.1 总则（支持）、9.6 管理评审等条款内容。

6.4.3 管理者代表在体系中的履职过程

本过程主要包括管理者代表在建立、实施、保持和改进两化融合管理体系，打造、保持与提升信息化环境下的新型能力过程中的管理活动，其有效性主要体现在统筹组织、协调落实、优化迭代等方面发挥的作用，涉及 GB/T 23001-2017 中 4.4 两化融合管理体系、5.3 管理者代表、5.4 职责与协调沟通、6 策划、8.1 总则（实施与运行）、9.1 总则（评测）、9.4 内部审核、10.2 持续改进等条款内容。

6.4.4 新型能力的识别及策划过程

本过程主要包括组织的战略、可持续竞争优势需求、新型能力及其目标的识别，围绕打造新型能力的两化融合实施方案的策划等活动，其有效性主要体现在战略、可持续竞争优势、新型能力及其目标清晰明确且相互匹配，以及两化融合实施方案中数据、技术、业务流程、组织结构互动创新和持续优化需求和方法的完整性、系统性、适宜性，涉及 GB/T 23001-2017 中 4.2 识别组织的内外部环境、4.3 以获取与组织战略相匹配的可持续竞争优势为关注焦点、5.4 职责与协调沟通、6 策划、9.2 评估与诊断、9.3 监视与测量等条款内容。

6.4.5 新型能力的建设及运行过程

本过程主要包括为打造新型能力、实现新型能力目标进行的业务流程和组织结构优化、技术实现、数据开发利用、匹配与规范等活动，其有效性主要体现在业务流程、组织结构、技术及数据方面的协同创新情况，涉及 GB/T 23001-2017 中 5.4 职责与协调沟通、7.2 资金投入、7.3 人才保障、7.4 设备设施、7.5 信息资源、8.1 总则（实施与运行）、8.2 业务流程与组织结构优化、8.3 技术实现、8.4 数据开发利用、8.5 匹配与规范、8.6 运行控制等条款内容。

6.4.6 两化融合及其管理体系绩效的评测与改进过程

本过程主要包括对两化融合管理体系的符合性、适宜性、充分性和有效性，以及对新型能力建设成效进行的评测与改进活动，其有效性主要体现在问题发现及时、改进措施到位、新型能力目标达成等方面，涉及 GB/T 23001-2017 中 9.2 评估与诊断、9.3 监视与测量、9.4 内部审核、9.5 考核、9.6 管理评审、10 改进等条款内容。

6.4.7 全员参与培育过程

本过程主要包括组织围绕新型能力打造开展的理念宣贯、职责调整、沟通协调、绩效考核、员工赋能等活动，其有效性主要体现在全员认识深刻统一、参与积极踊跃、职责与能力匹配、激励精准充分等方面，涉及 GB/T 23001-2017 中 5.2 两化融合方针、5.4 职责与协调沟通、7.3 人才保障等条款内容。

6.4.8 设备设施及信息资源保障过程

本过程主要包括组织围绕新型能力打造开展的设备设施提供、维护、改造，信息资源管理，信息安全保障等活动，其有效性主要体现在信息设备设施和工业设备设施的统筹与协调建设、避免盲目改造、高效利用信息资源、提高安全性等方面，涉及 GB/T 23001-2017 中 7.4 设施设备、7.5 信息资源、7.6 信息安全等条款内容。

6.4.9 资金保障过程

本过程主要包括组织围绕新型能力打造开展的资金预算、投入和监管等活动，其有效性主要体现在资金投入的统筹安排及其充足、及时、适宜等情况，涉及 GB/T 23001-2017 中 7.2 资金投入等条款内容。

CHAPTER 07 第7章

两化融合管理体系贯标实施方法及评定采信指引

企业是两化融合管理体系贯标的主体，各类企业可按照两化融合管理体系的通用要求，结合自身的需求和特点，构建和完善自身两化融合的管理架构、内容和方法。贯标工作的持续深入推进，不仅让各类企业获得了实效，也带动了我国咨询服务的发展与创新，贯标达标的结果也在一系列重点领域得到了应用。

7.1 企业应用两化融合管理体系的流程与要点

两化融合管理体系贯标是企业按照《信息化和工业化融合管理体

系 要求》（GB/T 23001-2017），建立、实施、保持及改进两化融合管理机制的过程。两化融合管理体系贯标工作主要可分为贯标启动、现状调研及差距分析、体系策划、文件编写及发布、体系试运行、内部审核和管理评审六个关键阶段。两化融合管理体系贯标的主要流程与环节如图 7-1 所示。

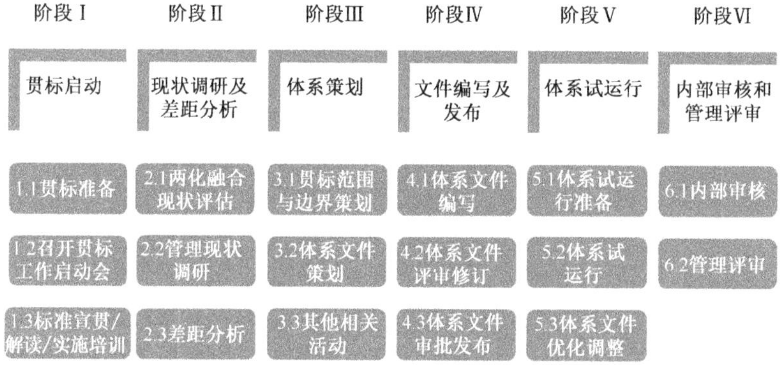

图 7-1　两化融合管理体系贯标的主要流程与环节

7.1.1　贯标启动阶段

（1）贯标准备。企业管理层在确定开展两化融合管理体系贯标工作后，需指定负责相关工作的主管领导和工作人员，筹备贯标前期工作，主要包括制定贯标工作实施方案、明确贯标咨询服务机构（必要时）、组建贯标工作组织体系、拟定贯标绩效考核办法等事宜。

（2）召开贯标工作启动会。在全企业范围内宣布贯标工作正式启动，宣布贯标工作组织体系及人员职责，宣讲两化融合管理体系贯标的目标和计划，明确工作阶段、关键里程碑及实施方法等，凝聚共识、统一思想，制造声势、营造氛围，确保后续贯标工作顺利开展。

（3）标准宣贯/解读/实施培训。针对企业高层领导、贯标工作主责部门及相关部门、各业务部门负责人及核心人员、内审员等，分期分类组织开展两化融合管理理念导入、两化融合管理体系标准解读、两化融合管理体系贯标流程和关键环节等培训，逐步深化企业相关人员对两化融合管理体系及贯标工作的理解。

7.1.2 现状调研及差距分析阶段

（1）两化融合现状评估。依据《工业企业信息化和工业化融合评估规范》（GB/T 23020-2013），结合自身特点和需求制定两化融合自评估体系（必要时），自行或在咨询服务机构指导下开展两化融合自评估，可直接依托两化融合服务平台（www.cspiii.com）开展两化融合评估，了解总体发展水平、各项关键指标及其与全国、同行业、同区域的对比情况，并在此基础上对自身两化融合发展现状、问题和重点进行全面、深入的诊断与分析，形成两化融合评估诊断和分析报告。

（2）管理现状调研。重点对照《信息化和工业化融合管理体系 要求》（GB/T 23001-2017），采用实地观察、问卷调查、访谈等调研方法，熟悉企业主营业务、组织架构等基本信息，全面了解企业战略规划、业务流程、组织结构、技术应用、信息资源及数据开发利用、人财物资源配置、绩效考核等两化融合相关工作的管理现状和问题。

（3）差距分析。对两化融合现状评估、管理现状调研等情况进行深入综合分析，对企业两化融合管理体系建设基础进行诊断，进一步明确两化融合管理体系建设的需求及重点，细化下一步工作安排。

7.1.3 体系策划阶段

（1）贯标范围与边界策划。明确两化融合管理体系贯标的范围和边界，即本企业两化融合管理体系的适用范围，可从两化融合管理工作所涉及的业务活动、组织单元和区域等方面来界定和描述。

（2）体系文件策划。依据《信息化和工业化融合管理体系 要求》（GB/T 23001-2017），确定两化融合方针，明确两化融合管理所必须的过程、职责和资源，在此基础上按照符合性、适宜性、系统性原则进行两化融合管理体系文件策划，确定需要制修订的两化融合管理体系文件清单，并明确两化融合管理体系各级文件的主要内容及其接口关系。

（3）其他相关活动。组织开展必要的培训；收集企业内现有的、涉及两化融合管理体系要求的文件和资料，依据标准的各项要求进行分类；确定体系文件编号规则，统一各层次文件的格式和文本等。

7.1.4 文件编写及发布阶段

（1）体系文件编写。按照体系文件策划阶段所确定的两化融合管理体系文件结构框架、模板及内容要求，依据《信息化和工业化融合管理体系 要求》（GB/T 23001-2017），组织两化融合管理体系运行所涉及的相关部门，开展并完成管理手册、程序文件、作业文件、记录等体系文件的编写。必要时，组织开展文件编写培训。

（2）体系文件评审修订。两化融合管理体系文件编写完成后，采取适宜的方式，组织所涉及的所有部门领导及骨干人员对文件进行评审，评审内容包括各文件要实现的预期目标是否明确，文件所规定过程的输入、输出、所需资源、职责分工、相互之间的接口等是否明确，新形成文件的过程是否比原来的做法更优化等。根据评审结果对文件进行修订完善。

（3）体系文件审批发布。评审通过后，按照企业文件发布的规定，将两化融合管理体系文件提交至相关领导处，批准后正式发布。

7.1.5 体系试运行阶段

（1）体系试运行准备。文件发布后，面向全员按流程、分职能、分层次组织开展两化融合管理体系文件培训，重点培训与员工所在部门、岗位直接相关的文件，以及需要员工所在部门、所在岗位配合实施的文件，对相关人员明确两化融合管理工作的调整和要求。必要时，由企业领导组织开展两化融合管理体系试运行动员大会，统一全员认识，对试运行工作进行部署和动员，确保相关管理制度能够平稳过渡。

（2）体系试运行。在体系文件发布后、正式实施前，安排一段时间（3 个月以上）对两化融合管理体系进行全面试运行，对体系试运行情况进行日常监控和考核，以确定两化融合管理体系文件的相关规定是否充分、适宜。

（3）体系文件优化调整。根据试运行结果，由贯标工作负责部门组织对试运行期间发现的不适用的体系文件、表格进行优化调整，以便能更好地符合实际需求和标准要求。

7.1.6 内部审核和管理评审阶段

（1）内部审核。按照内部审核策划确定的审核范围、准则、组织及程序等，组建内部审核组，制定内部审核计划，开展评估审核工作，对评估审核结果进行分析，形成评估审核报告，确认体系运行中的薄弱环节，识别可能的改进机会，对两化融合管理体系运行的符合性和有效性作出评价，对内部审核发现的问题及其改进情况进行持续跟踪。

（2）管理评审。针对建立的两化融合管理体系及其运行情况，由最高管理者组织召开管理评审，相关部门按照规定准备管理评审输入材料，最高管理者、管理者代表、领导层、有关部门负责人和相关人员就两化融合管理体系及其运行的有关问题、建议展开讨论和评审，识别两化融合管理体系改进的机会和变更的需求，最高管理者针对相关问题和改进措施做出决议，管理者代表组织编写管理评审报告，相关部门对管理评审做出的决定和措施进行跟踪验证，以确保两化融合管理体系持续的适宜性、充分性和有效性。

7.2 两化融合管理体系贯标咨询服务的方法

两化融合管理体系贯标工作具有较高的创新性、系统性、复杂性，需要专业第三方机构为其提供咨询服务。两化融合管理体系贯标咨询是外部专业团队帮助企业准确、全面理解标准，建立起既符合管理体系通用性要求，又具有自身鲜明特色的两化融合管理机制的过程。贯标咨询服务机构要准确把握以下贯标咨询关键点，不断提升自身贯标咨询服务质量，切实服务于企业本质贯标。

7.2.1 引导企业本质贯标，通过建立长效机制稳定获取预期成效

本质贯标是两化融合管理体系贯标工作的根本目的，也是成败的关键所在。企业建立文件化体系并不是本质贯标的标志，通过评定也不是贯标的唯一目的，只有通过贯彻两化融合管理体系，在企业内部建立一套长效机制，确保战略与新型能力有效匹配，并通过新型能力的打造提升获取可持续竞争优势、提升经济社会效益才是本质贯标。因此在提供贯标咨询服务的过程中，贯标咨询服务机构须引导企业以本质贯标为出发点，以企业实际为依据，深入分析企业两化融合管理

体系运行过程中在评估与诊断、内部审核、管理评审、第三方审核时发现的问题和不足，找准两化融合及其管理体系的改进方向，不断完善战略循环、管理循环、要素循环的互动创新和持续改进机制，以数据为驱动，循序推进企业战略转型、管理变革、流程优化、技术融合、新型能力打造及模式变革，从而获取预期成效。

7.2.2 获取领导充分认可、支持、参与和推动，为本质贯标提供坚实保障

企业以两化融合管理体系为牵引推进两化融合是一项长期艰巨的挑战，涉及业务流程、管理方式等的调整变革，资金、设备、人员、信息等的统筹安排，也牵涉到所有层次、全体人员的工作习惯和利益分配，因此需要发挥领导的核心作用，将两化融合管理体系贯标及两化融合工作提升到战略高度，将其作为“一把手工程”来推进，并与企业的发展战略保持协调一致。贯标工作能否被放到战略高度，关键取决于它是否契合并有可能帮助实现领导层的战略意图。因此在贯标咨询过程中，首先需要寻找两化融合管理体系贯标工作与领导层理念及战略意图的契合点，通过宣贯培训、调研沟通、诊断汇报等工作，与领导达成共识，获取领导的充分认可和支持，并在贯标工作推进的关键环节加强领导的参与和推动，降低贯标阻力，为本质贯标提供坚实保障。

7.2.3 全面梳理现有管理机制及流程，注重多管理体系整合

在贯标咨询服务过程中，一方面，应注重沿着新型能力识别与打造这一主线，对企业现有相关机制及流程进行全面梳理，准确把握其在战略管控、业务流程与组织结构优化、技术实现、数据开发利用、运行维护等方面的现状，结合两化融合管理体系要求，识别并确认机制建立与优化的具体需求。另一方面，应充分考虑企业管理体系现状，在两化融合管理体系策划时，从管理手册和程序文件的整合、内审和管理评审统一组织、监视和测量活动协调安排、数据分析结果共享等方面，推动两化融合管理体系与卓越绩效、质量、环境、安全、IT 服务等其他管理体系的有效整合，降低企业贯标的难度和工作量。总体上，通过现有机制及流程梳理、多体系整合，为企业量身定制一套既符合两化融合管理体系标准要求，又具有企业鲜明特色的两化融合管理体系。

7.2.4 注重合理分工和充分协作，协力推进贯标工作

两化融合体系贯标工作是一项系统工程，需要发挥贯标咨询服务机构、企业双方的优势，加强贯标咨询服务机构与企业之间、企业内部各职能与层次之间的分工和协作。**在贯标咨询服务机构与企业的分工协作方面**，既要充分发挥企业在理解其发展战略、管理特点以及组织文化等方面的优势，也要发挥贯标咨询服务机构在标准理解、体系策划、体系建立与实施、其他企业最佳实践等方面的优势，确保建立

起来的两化融合管理体系符合标准要求，并充分融入企业自身特点，符合企业的长远发展需求。**在企业内部各职能与层次的分工和协作方面**，贯标所需要建立和完善的管理机制涉及企业运营管理的方方面面，企业应按照全员参与的要求，建立贯标工作组织体系，两化融合管理机制所涉及的部门和人员要以适宜的方式参与到贯标工作中来，明确相关职能与层次的部门和人员在贯标工作中的职责安排，加强贯标工作的资源配置、组织协调及跟踪监督，各级领导及相关部门要分工协力完成体系文件的编制、发布、运行、内部审核、管理评审等各项工作。

7.2.5 加强培训和指导，提高企业两化融合创新管理意识和能力

两化融合管理体系贯标咨询的目的之一是以客观的态度，通过管理体系咨询的方式了解企业情况、诊断病情、探索病理，帮助企业改善两化融合管理，加速转型升级发展。培训是帮助企业快速理解、掌握两化融合管理体系的重要手段。在贯标咨询过程中，要将培训和指导工作贯穿贯标工作的始终，要为企业量身定制一整套覆盖标准解读、文件编写、内审和管理评审，以及管理变革、业务流程优化、新一代信息通信技术发展、大数据开发应用等两化融合热点领域等内容的培训体系，分阶段、分层次、分领域持续开展培训和指导，使相关人员逐步理解、掌握并能熟练运用两化融合管理体系的管理思想、管理原

则和管理方法，在营造良好贯标氛围的同时，提升企业两化融合创新管理的意识和能力，加强相关知识和经验传承，确保咨询方撤出后，企业仍然能够依靠自身的力量推动两化融合管理体系的持续完善和改进。

7.3 新型能力牵引咨询服务跨界融合与水平提升

随着开展两化融合管理体系贯标的企业不断增多，持续打造和提升适应互联网时代需求的新型能力正在成为众多制造企业转型升级发展的核心诉求，作为两化融合管理体系贯标咨询的延伸，围绕新型能力识别、打造及提升全过程进行综合咨询与服务的需求日益旺盛。两化融合管理体系的普及推广引发了第三方咨询与服务理念、模式、方法、价值等方面的变革，在助力我国各类咨询与服务提供商跨界融合和水平提升方面发挥出重要价值。

7.3.1 引导第三方咨询服务从单纯提供产品或服务向围绕企业能力提升创造价值转变

企业发展涉及战略、管理架构、业务流程、信息化、人力、绩效等方方面面，我国众多企业借助外部各类第三方服务提供商的力量来推动企业特定方面的工作。由于缺乏长期深入的知识沉淀与积累，我国本土的各领域咨询服务商在向客户提供服务时，往往偏重于向企业客户销售一些既定或现成的产品，或是咨询服务人员的工作量，支持企业实现某些业务功能，在专业水平和为客户创造价值等方面与跨国知名咨询服务机构存在较大差距。两化融合管理体系在我国众多企业的成功导入，引导其在应对互联网时代发展新趋势和新挑战时，将发展关注点放在信息化环境下新型能力的打造和提升上，也引导企业在引入外部咨询服务时，更加关注咨询服务为企业信息化环境新型能力（体系）的打造和提升所创造的价值。第三方咨询服务机构单纯向客户提供产品或简单服务已经难以满足企业围绕新型能力打造及提升的咨询服务需求。紧密对接市场需求，各类咨询服务商只有围绕为用户创造价值，结合各自专业领域，服务于企业新型能力的识别和打造，才能够在激烈的咨询服务市场中赢得一席之地，取得长远发展。

7.3.2 促使第三方咨询服务从“专业分工式”服务向“协同一体化”服务转变

作为提供专业服务的机构，第三方咨询服务商往往专注于战略、管理、流程、IT、工业设备等某一特定领域。在传统“专业分工式”的咨询服务模式下，企业往往从某一局部或特定领域的工作需求出发，引入各类外部服务商，采用各类服务商提供的相关方法、工具、标准、IT 产品、工业设备产品等，分别对企业战略、管理、流程、IT、生产等不同的侧面作出优化，各类服务商之间的协同合作并不密切，所提供服务对于企业各业务环节之间的一致性、匹配性、协同性考虑不足，对企业整体发展带来的成效会大打折扣，严重时甚至会带来反向的效果。两化融合管理体系引导企业从全局出发，要求各职能和层次均围绕企业新型能力的需求开展工作，也引导各类咨询服务商均围绕企业新型能力打造来提供咨询和服务。在新型能力识别与打造的不同阶段，战略、管理、流程、IT、设备等各类服务提供商沿着企业发展战略、可持续竞争优势、信息化环境下新型能力、两化融合实施过程及总体解决方案这一主线，整合优势资源，协同提供产品、解决方案与服务，形成多机构深度合作的“协同一体化”服务模式，为企业解决问题，发挥作用与价值（见图 7-2）。

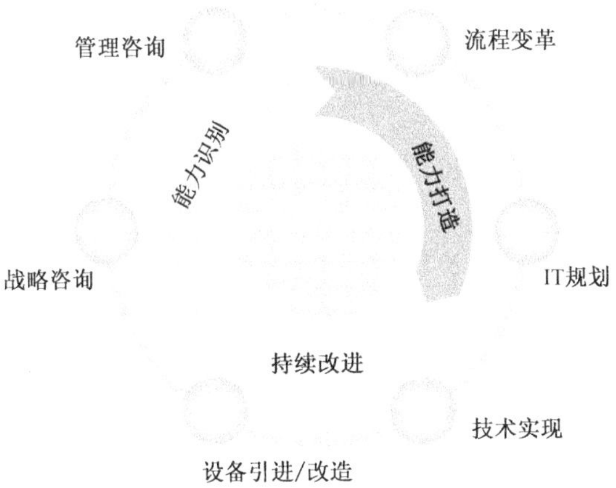

图 7-2　围绕新型能力提升的综合咨询与服务

7.3.3 带动第三方咨询服务从引用外国方法和产品向融会贯通、持续创新方法和解决方案转变

咨询服务市场在我国属于充分竞争的市场，我国本土各类咨询服务机构需要与国际知名、有几百年发展历史的咨询服务机构进行竞争。从市场知名度、市场占有率、专业水平、人员素质等方面来看，我国本土第三方咨询服务业发展尚处在初步阶段，缺乏核心竞争力。为快速在市场竞争中占有一席之地，我国很大一部分咨询服务机构的服务方式往往是引进并向企业推广实施一些国际上相对成熟和通用的各类产品、方法和工具，如精益生产管理、六西格玛管理、BPM、SAP 等。专业服务领域内的理论研究和创新不足，具有自身特色且贴合中国企业需求的方法和产品匮乏，是制约本土第三方咨询服务由弱变强、获得市场充分认可的主要问题。互联网时代，企业发展的条件和动力发生深刻变革，为满足其新型咨询服务需求，传统的咨询服务方法和产品同样也面临变革，各类咨询服务商未来发展均需加快相关基础理论、配套方法和工具等研究，两化融合管理体系提供了这样一个契机。两化融合管理体系是基于我国两化融合发展规律的管理理论探索与创新，其普及推广还需要创新研制形成一系列配套的工具、方法、标准等。两化融合管理体系所规定的识别和打造新型能力的方法框架，可作为互联网时代各类第三方机构提供咨询服务的理论依据和方法参考，也可引导我国各类咨询服务商围绕企业新型能力识别和打造过程涉及的战略分析、管理优化、流程重构、IT 治理、数据挖掘、绩效考核等咨

询服务领域，聚焦自身专业特长和专业能力，将互联网时代的发展理念、技术等融入相应咨询领域，创新并形成咨询服务所需的理论、方法、工具、产品和解决方案，实现第三方咨询服务从直接引用外国方法和产品向结合自身优势创新方法和解决方案转变，从而带动我国第三方咨询服务商专业水平和服务价值的大幅提升。

7.3.4 加快第三方咨询服务从低附加值简单服务向高附加值创新服务转变

由于信息资源和经验积累不足、咨询服务理论方法和成熟产品匮乏、咨询人员知识结构不完备、对所服务行业的产业政策和市场环境掌握不充分不准确等原因，我国第三方咨询服务业整体服务能力较弱、服务领域较窄，大量咨询服务商只能从事市场分析、营销培训、品牌培育等低附加值的简单咨询服务，或是仅能提供战略、流程、IT、系统实施中的一项或少数几项咨询服务，无法以客户为中心，为其提供个性化、一体化的高附加值创新咨询服务。两化融合管理体系在企业的实施和运行，要求企业围绕新型能力打造统筹优化战略管理、经营管理、组织建设、流程优化、技术实现、设备设施引入等工作，倒逼咨询服务机构专业人员的知识体系由单一向综合转变，要加快培育一批既懂工业化又懂信息化，掌握管理咨询、IT 咨询、体系咨询等方面复合技能的专业咨询人员；同时，两化融合管理体系的普及可以推动咨询服务业对互联网时代企业发展途径和方法形成统一的理论认知，在此基础上不断完善咨询服务规范、服务流程和服务价值评价，提升咨询服务的规范化和专业化水平。通过专业人员培育及其知识体系完善、服务流程与服务方法优化、咨询服务工具和方法创新等，我国第三方咨询服务企业将越来越多地为企业提供战略转型、管理优化、组织变革、生产方式和服务模式创新等方面的高附加值咨询服务，咨询服务对我国企业转型升级的价值将不断提升。

7.4　两化融合管理体系评定结果采信价值

两化融合管理体系评定作为一种第三方服务，通过综合判断企业两化融合管理体系与《信息化和工业化融合管理体系 要求》（GB/T 23001-2017）的符合性及其运行的有效性，形成评定结果，以证实企业是否拥有一套完备、可靠、与时俱进的管理机制，具有在信息化环境下获取可持续竞争优势的能力，具备在互联网时代可持续发展的潜力。能否通过两化融合管理体系评定，对于企业管理规范性和灵活性、生产稳定性和柔性、服务可靠性和便捷性、风险可控性、战略可实现性、发展可持续性等均具有强有力的表征意义。政府政策支持、银行和投融资机构投资授信、龙头企业选择供应链合作伙伴等工作，均可结合具体业务需求，从不同侧面采信两化融合管理体系评定结果。

截至2019年6月，全国已有近5000家企业通过两化融合管理体系评定。两化融合管理体系评定结果采信在政府政策支持、供应商遴选与评价、销售授信、招标投标、金融机构投融资、社会组织的企业评奖评价、中央企业信息化考核、资质认证等20余项重点工作中取得了一系列突破（见表7-1），采信价值不断彰显，市场化的采信机制不断完善，不仅有效激发了企业推动本质贯标、开展管理变革的积极性，亦提升了社会各方开展相关重点工作的针对性、可控性和有效性。

表7-1　两化融合管理体系评定采信情况一览表（部分）

序号	采信企业/部门	时间	采信领域	相关情况
1	娃哈哈集团有限公司	2016年起	供应商遴选与评价	将两化融合管理体系评定结果作为供应商、投标服务商等合作伙伴的遴选依据，鼓励现有供应商积极开展两化融合管理体系贯标工作，明确在新供应商的选择上优先考虑通过评定企业
2	巨石集团有限公司	2016年起	供应商遴选与评价	在选择上游供应商时，将供应商是否通过了两化融合管理体系评定作为重要依据
3	广州医药有限公司	2016年起	供应商遴选与评价	在选择新供应商时，对通过两化融合管理体系评定的供应商进行优先评估和选择，以此作为优选供应商的条件之一
4	徐工集团	2015年起	供应商遴选与评价	徐工集团供应商主要分为四类：战略型、协作型、交易型和一般型，针对不同级别供应商制定了初选和现场评估评价体系，在初选阶段的资质评审中，是否通过两化融合管理体系评定是作为供应商内部管理体系一项评分项，权重为5%
5	潍柴控股集团有限公司	2015年起	供应商遴选与评价	鼓励现有供应商积极开展两化融合管理体系贯标工作，明确在新供应商的选择上优先考虑通过两化融合管理体系评定的供应商

续表

序号	采信企业/部门	时间	采信领域	相关情况
6	大全集团有限公司	2015年起	供应商遴选与评价	大全集团将通过两化融合管理体系评定作为供应商遴选的优先条件，大全集团的供应商评估方案中将通过评定作为评分项，评分结果决定供应商的优选顺序和采购配额的占比，积极推动战略合作供应商的两化融合管理体系贯标
7	国家电网公司	—	供应商评价	在国家电网对国电南京自动化股份有限公司进行供应商评价及现场审核时，两化融合管理体系评定结果作为企业重要成果得到认可
8	三星集团、LG电子、美的集团、格力集团	—	供应商评价	在三星、LG电子、美的、格力等对常州常松金属复合材料有限公司进行供应商评价及现场审核时，两化融合管理体系评定结果作为企业重要成果得到认可
9	新浦化学（泰兴）有限公司、中国石化集团金陵石化有限公司	—	销售授信	新浦化学、金陵石化等企业在客户考核中，将江苏双乐化工颜料有限公司的两化融合管理体系评定结果作为其重要成果予以认可，并据此为双乐化工提高销售授信等级、加大销售授信额度、延长销售回款期限，有效降低了双乐化工的生产运营成本
10	重庆市公共交通控股（集团）有限公司	2017年4月19日	公交客车采购	在招标文件的评分标准中，明确将通过两化融合管理体系评定作为加分项
11	广西壮族自治区卫计委	2015年10月	医疗卫生机构药品集中采购	在经济技术标评分标准中，明确将两化融合管理体系贯标评定作为加分项
12	九鼎集团	—	遴选投资对象	九鼎集团将通过两化融合管理体系评定企业作为重要的投资遴选对象
13	—	—	银行融资授信	江苏双乐化工颜料有限公司在申请融资授信过程中，银行将通过两化融合管理体系评定作为重要依据之一，为其提升融资授信额度15%，及时提供项目贷款、信用贷款和中长期贷款，并实行优惠利率

续表

序号	采信企业/部门	时间	采信领域	相关情况
14	泰州市金融工作办公室	—	公司改制上市	泰州市金融办将两化融合管理体系评定结果列入江苏双乐化工颜料有限公司改制上市的重要成果，为推动双乐化工上市提供支持
15	中国企业联合会、中国企业家协会	2015 年 2016 年 2017 年	全国企业管理现代化创新成果	通过两化融合管理体系评定的企业可直接申报国家级企业管理现代化创新成果
16	中国化学制药工业协会、中国出口信用保险公司	2016 年	中国制药行业企业信用评价	将是否开展两化融合管理体系贯标评定列为制药行业企业信用评价的重要指标之一
17	国家电网公司	—	国家电网公司信息化企业评价	在近年进行的信息化企业评价工作中，明确指出将通过两化融合管理体系评定的公司优先列为实施评价单位
18	—	—	武器装备承制单位审核	在浙江欧华造船股份有限公司 2015 年武器装备承制单位审核过程中，两化融合管理体系评定结果作为企业重要成果得到认可
19	—	—	钢结构制造资质企业等级评定	在浙江欧华造船股份有限公司钢结构特级资质企业认定过程中，两化融合管理体系评定结果作为企业重要成果得到认可

7.4.1 政府施策采信评定结果的途径和价值

1．精准识别施策对象、充分释放政策红利是各级政府的共同诉求

随着我国经济发展进入新常态，产业结构升级和供给结构优化需求迫切，各级政府均围绕产业提质增效和变革发展出台了一系列支持政策和专项资金，推动制造业与互联网融合、“双创”、智能制造、工业互联网等，旨在促进企业资源配置优化、生产经营效率提升、产品品种结构改善。如何通过有效的政策安排与资金支持，准确识别具有发展潜力和支持价值的企业，确保各类政策措施和专项资金所推动和支持的两化融合、智能制造等项目获得预期成效，并发挥好示范带动效应，是各级政府面临的重要课题。

2．政府可将两化融合管理体系评定结果作为产业政策与重点项目支持的重要参考，提升施策成效

政府可将两化融合管理体系评定结果作为产业政策制定、重大项目支持的重要依据，有效发挥政策实效。**一方面，**通过两化融合管理体系评定的企业能够更好地适应互联网时代发展需求，具备明显的核心竞争优势与良好的可持续发展潜力，具有更大的支持价值；**另一方面，**通过两化融合管理体系评定的企业已建立了科学推进两化融合的长效机制，能够按照规范的路径和科学的方法开展两化融合、智能制造等相关项目建设，并将项目成效转化为企业发展所需的核心竞争能力，可以确保项目目标有效实现和项目成果的价值彰显。因此，政府可参考两化融合管理体系评定结果，准确锁定具有发展潜力的企业与项目，支持通过评定的企业并加强经验总结和示范推广，不仅可以助力企业加速转型升级，确保所支持的项目取得预期成效，也可以发挥示范引领作用，带动相关行业与区域整体发展，彰显政策与项目支持的拉动效应（见图 7-3）。

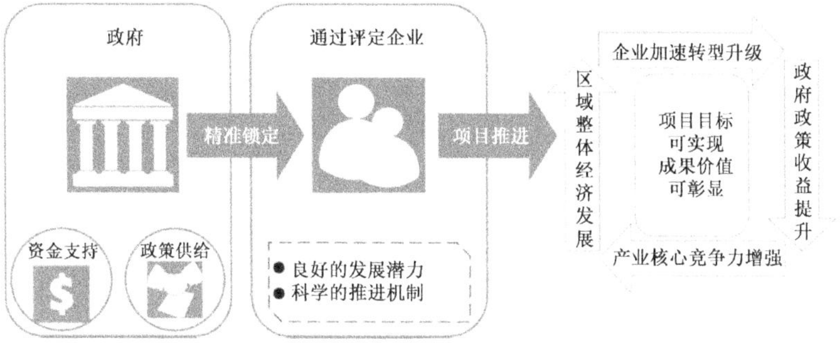

图 7-3　政府施策采信两化融合管理体系评定结果的价值

7.4.2　银行和投融资机构采信评定结果的途径与价值

1．准确评估企业发展潜力、锁定优质投资对象是银行和投融资机构的关注焦点

金融投资与实体经济联系密切，互促共生，金融机构需要围绕我国经济稳增长和调结构的要求，服务和支持好实体经济发展，而被投资企业的发展直接关系到金融投资的质量与经济效益。但是，当前金融投资与实体经济之间存在一定的对接盲区，众多金融机构苦于找不到有投资价值的企业，而对于有潜在投资价值的企业，金融机构多采用信用风险评级的方式评估其发展情况和还款能力，以确定投资风险与投资回报。金融机构常用的信用风险评级方法多以定量计算与定性分析相结合、财务数据与非财务数据相结合的方式进行，对企业的经营状况、管理团队、市场风险、管理风险、技术风险和资金风险等进行综合评估，而银行贷款更多关注企业固定资产抵押和担保的情况。

这样的风险及信用评价方式往往偏重于历史情况，对于企业未来的可持续发展潜力评估不足、评估不准，既导致很多有发展潜力的小企业及轻资产企业面临融资难、融资贵的问题，也致使我国金融机构错失了对很多有价值企业的投资机会。如何兼顾企业历史情况与未来发展，精准评估企业投资价值是银行和投融资机构的关注焦点。

2．银行和投融资机构可将两化融合管理体系评定结果纳入投融资评价体系，以找准投资目标、降低投资风险、提高投资收益

通过两化融合管理体系评定的企业能够更好地适应互联网时代的发展需求，有效打造并持续优化互联网时代的核心竞争能力，具备良好的可持续发展潜能，并且基于两化融合的内部管控更加规范、经营信息更加透明，具有更大的投资价值。因此，银行和投融资机构可结合两化融合管理体系评定结果，准确识别优质投资目标，精准发力并有效支持制造业创新发展。一方面，可将通过评定企业作为重点关注对象，将其纳入拟投资企业池，进而评估投资的可行性，精准锁定有投资潜力的企业。另一方面，可将两化融合管理体系评定结果纳入企业信用风险评级指标体系，作为现有投资风险评价体系的重要补充，在对企业历史和现有整体实力评价的基础上，进一步强化对企业未来发展可持续性的考量，有效降低投资风险，稳定获取投资效益（见图 7-4）。

3．通过两化融合管理体系评定企业在获取金融机构投融资方面的优势不断显现

在遴选投资对象方面，九鼎等投资机构将通过两化融合管理体系评定企业作为重要的投资遴选对象。在银行融资授信方面，江苏双乐化工颜料有限公司在申请融资授信过程中，银行将通过两化融合管理体系评定作为重要依据之一，为其提升融资授信额度15%，及时提供项目贷款、信用贷款和中长期贷款，并实行优惠利率。

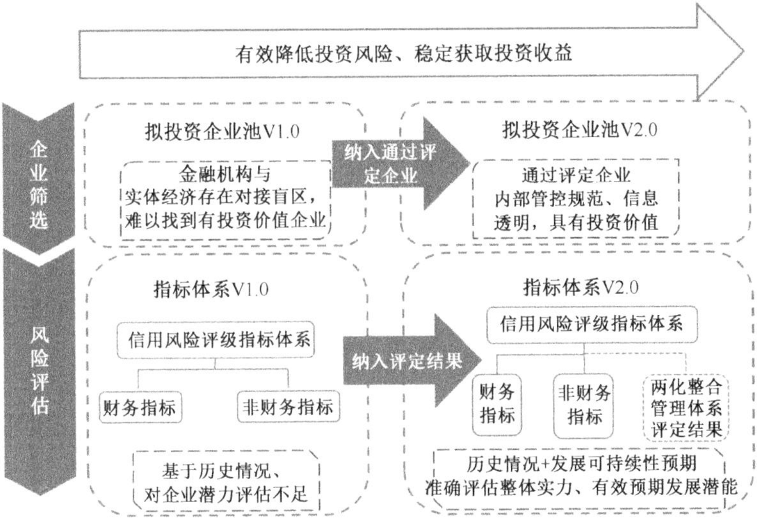

图 7-4 银行与投融资机构采信两化融合管理体系评定结果的价值

7.4.3 产业链龙头企业采信评定结果的途径与价值

1．整合产业资源、构筑产业链生态体系是龙头企业发展的必然选择

互联网时代，随着信息通信技术在工业领域的不断渗透，产业链上下游企业间战略协同、信息协同、市场协同、业务协同等的重要性越发凸显，市场竞争不仅是单一企业之间的竞争，更是产业链之间的竞争。以产业链上的龙头企业为核心纽带，在产业链上下游选择实力强，且能够高效开展企业间协同的合作伙伴，整合资金、人力、技术、数据等资源，共同构建富有竞争力的全产业链生态体系，已是当下产业界的必然选择。

2．龙头企业可将两化融合管理体系评定结果作为供应链合作伙伴的遴选与评价依据，加快构筑开放协同的全产业链生态体系

跨企业协同的实现，往往由于不同企业间文化理念、管理架构、业务流程、信息系统等的差异，存在一系列壁垒和障碍。两化融合管理体系致力于引导企业以用户为中心建立组织单元虚拟化、组织要素分散化、组织形式弹性化的价值网络。通过两化融合管理体系评定的企业往往拥有更加开放、协同、柔性的组织形态，实现了企业不同部门和业务环节之间的综合集成，具备基于信息网络平台开展跨企业协同合作的条件。因此，产业链上的龙头企业可将两化融合管理体系评定结果作为供应商评价与遴选、销售授信等的重要依据。一方面，可将通过两化融合管理体系评定作为供应商评价与遴选的重要条件之一，或在销售授信等级、额度、期限等方面对通过评定的供应商予以优待，为构建开放协同的全产业链生态体系奠定基础。另一方面，产业链上的龙头企业还可积极引导产业链上下游企业开展两化融合管理体系贯标，基于产业链协同发展需求，突破地域、组织、机制的界限，进行跨企业间协同竞争优势和能力需求的识别、业务流程的同步优化、组织结构的统筹调整、技术的协同开发、数据的自动流转和协同利用，使资金、技术、人才、信息等资源要素在全产业链上高效整合、自由流动、合理配置，实现单个企业新型能力提升向全产业链新型能力协同提升的转化，以及单个企业可持续竞争优势向全产业链质量、成本、研发、营销、生产、服务等综合竞争优势的转化，形成资源要素富集、企业良性互动、竞争优势互补的产业链可持续发展新生态（见图 7-5）。

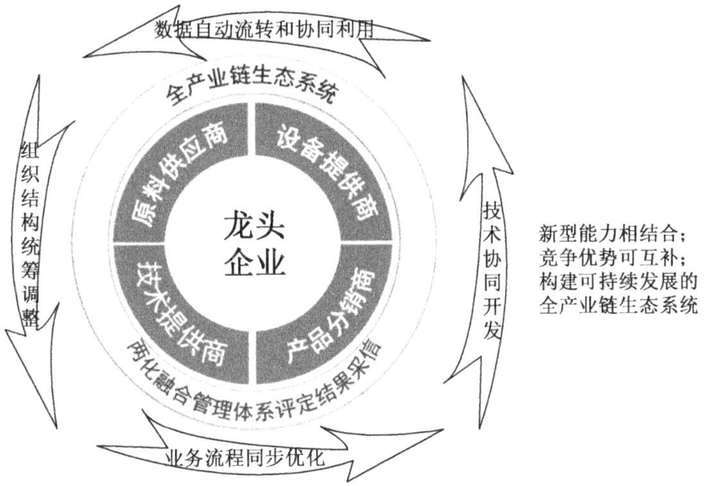

图 7-5　龙头企业采信两化融合管理体系评定结果的价值

3．两化融合管理体系评定结果采信已在众多龙头企业供应商评价与遴选、销售授信等工作中实现了重要应用

一方面，在供应商遴选与评价中采信两化融合管理体系评定结果的企业数量持续增加。徐工、潍柴、娃哈哈、巨石、广州医药、大全等龙头企业先后将两化融合管理体系贯标达标作为供应商遴选与评价的重要依据，并积极推动合作伙伴开展两化融合管理体系贯标。另一方面，销售授信成为两化融合管理体系评定结果采信的新形式。新浦化学、金陵石化等企业在客户考核中，将江苏双乐化工颜料有限公司的两化融合管理体系评定结果作为其重要成果予以认可，并据此为双乐化工提高销售授信等级、加大销售授信额度、延长销售回款期限。

7.4.4 评定结果在社会其他领域的采信价值

1．两化融合管理体系评定结果在众多社会领域的采信价值亟待深入挖掘

除在政策支持、金融机构融资授信、供应链合作伙伴选择等领域采信两化融合管理体系评定结果，还可进一步扩大评定结果采信范围、深化采信层次，推动其与招标投标、信用评价、评奖评优、资质认定、品牌推广等紧密结合，实现两化融合管理体系评定结果多领域、深层次、全社会采信应用，促进评定结果采信价值最大化。在企业招标、政府采购、药品集中招标等采购工作中，可将两化融合管理体系评定结果纳入供应商评价指标，确保有实力、有潜力的供应商脱颖而出，保证产品质量与服务水平；各类社会组织在管理创新、智能制造、“互联网+”等相关的评奖评优活动中，可将通过评定作为评选的重要条件之一，树立更具有经验和成果共享价值的典型和示范；在国资委对央企的评价，以及央企、国企总部对二级公司的评价中，可将两化融合管理体系评定结果纳入评价指标，增加对企业发展可持续性的科学评价；在国家社会信用体系建设工作中，可将两化融合管理体系评定结果与企业信用评级工作紧密结合，有效提高企业信用评级的可靠性（见图 7-6）。

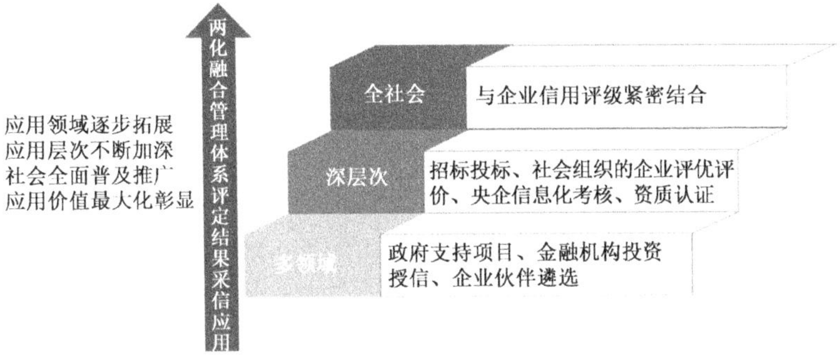

图 7-6　两化融合管理体系评定结果在多领域、深层次、全社会采信应用

2．社会各领域采信两化融合管理体系评定结果的创新应用正在逐步展开

目前，全社会各类主体在两化融合管理体系评定结果采信方面的创新应用正在逐步展开。一是在采购招投标等领域，《广西壮族自治区医疗卫生机构药品集中采购实施方案（2015 年版）》经济技术评分标准中，明确将两化融合管理体系贯标评定作为加分项；重庆市公共交通控股（集团）有限公司发布的公交客车采购通知中，在招标文件的评分标准中明确将通过两化融合管理体系评定作为加分项。二是在各类

社会组织的评奖评优、企业信用评价等领域，中国企业联合会、中国企业家协会明确规定，通过两化融合管理体系评定的企业可直接申报国家级企业管理现代化创新成果；中国化学制药工业协会将是否开展两化融合管理体系贯标评定列为制药行业企业信用评价的重要指标之一。**三是**在央企信息化评价、资质认证等领域，国家电网在近年的信息化企业评价工作中，将通过两化融合管理体系评定的下属企业优先列为实施评价单位；两化融合管理体系评定结果在浙江欧华造船股份有限公司的武器承制单位资质审核、钢结构制造企业资质等级评定中作为企业重要成果得到认可。

CHAPTER 08 **第8章**

两化融合管理体系引领企业构筑数字经济背景下新型竞争能力

两化融合管理体系是广大企业构筑数字经济背景下新型竞争能力的主要方法。近年来，随着贯标工作的持续推进，两化融合管理体系在引领企业技术创新、管理优化、组织变革、战略转型和构建数字时代企业新型竞争能力方面的作用日益彰显，贯标工作已经成为广大企业的自觉行动。

8.1 两化融合管理体系贯标评定进展

截至 2019 年 5 月底，全国共有 17068 家企业[①]开展两化融合管理

① 根据两化融合服务平台贯标工作跟踪服务系统企业填报信息测算。

体系贯标，其中 3110 家企业为国家级贯标试点①，占比 18.2%；共有 4809 家企业②通过评定，占贯标企业总数的 28.2%。2015—2019 年 5 月全国两化融合管理体系贯标与评定总体情况如图 8-1 所示。

资料来源：两化融合服务平台（www.cspiii.com），经整理测算。

图 8-1　2015—2019 年 5 月全国两化融合管理体系贯标与评定总体情况

---

① 工业和信息化部. 根据《工业和信息化部办公厅关于印发 2014 年两化融合管理体系贯标工作方案和贯标试点企业名单的通知》（工信厅信函〔2014〕281 号），《工业和信息化部办公厅关于印发 2015 年两化融合管理体系贯标试点企业名单的通知》（工信厅信软函〔2015〕439 号），《工业和信息化部办公厅关于公布 2016 年两化融合管理体系贯标试点企业名单的通知》（工信厅信软函〔2016〕359 号），《工业和信息化部办公厅关于公布 2017 年两化融合管理体系贯标试点企业名单的通知》（工信厅信软函〔2017〕489 号），《工业和信息化部办公厅关于公布 2018 年两化融合管理体系贯标试点企业名单的通知》（工信厅信软函〔2018〕281 号）统计。

② 根据两化融合服务平台两化融合管理体系评定管理平台企业申请评定信息测算。

8.1.1 两化融合管理体系贯标进展情况

1. 省市分布

全国 31 个省市的企业均先后开展了两化融合管理体系贯标工作。随着贯标工作持续深入，各省市开展两化融合管理体系贯标的企业数量形成了一定差距，福建省、广东省、江苏省贯标企业数量位居前列，均超过 2500 家。其中，福建省达到 3006 家，占贯标企业总数的 17.6%，位居第一；安徽、河南贯标企业超过 1000 家；浙江、山东、湖北、北京、重庆、四川、湖南、上海、江西、河北贯标企业均超过 200 家；少数省市贯标企业数量尚未突破 30 家。17068 家贯标企业的省市分布情况如图 8-2 所示。

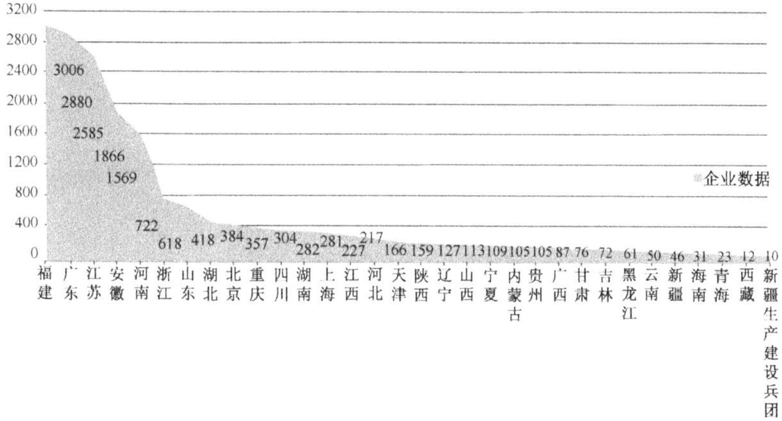

资料来源：两化融合服务平台（www.cspiii.com），经整理测算。

图 8-2 17068 家贯标企业的省市分布情况

从区域分布来看，68.5%的贯标企业来自华南和华东地区。其中，华南地区（包括广东、福建、广西和海南）贯标企业数量共计 6004 家，占比 35.2%；华东地区（包括江苏、安徽、浙江、上海和江西）贯标企业数量紧随其后，共 5681 家，占比 33.3%；华中地区（包括湖北、河南和湖南）贯标企业数量为 2269 家，占比 13.3%；华北地区（包括山东、北京、河北、天津、内蒙古和山西）贯标企业数量为 1603 家，占比 9.4%；西南地区（包括重庆、四川、贵州、云南和西藏）贯标企业数量为 828 家，占比 4.9%；西北地区（包括陕西、宁夏、甘肃、新疆、新疆建设兵团和青海等）贯标企业数量为 423 家，占比 2.5%；东北地区（包括辽宁、黑龙江和吉林）贯标企业数量仅为 260 家，占比 1.5%。17068 家贯标企业的区域分布情况如图 8-3 所示。

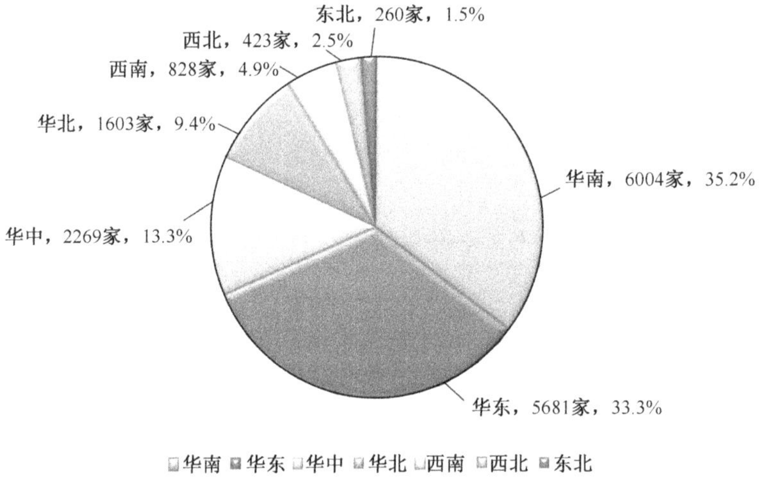

资料来源：两化融合服务平台（www.cspiii.com），经整理测算。

图 8-3　17068 家贯标企业的区域分布情况

2．行业分布

从行业分布来看，两化融合管理体系贯标企业覆盖了装备、消费品、原材料、电子信息、能源、服务业六大行业门类。其中，消费品、装备、电子信息、原材料行业贯标企业分布最为广泛，消费品行业贯标企业占比高达 33.6%，具有较强的行业代表性；交通运输、工程建设、信息技术服务等服务类行业开展贯标的企业数量也在逐渐增多，在贯标企业总数的占比达到了 4.2%。

从细分行业来看，17068 家贯标企业涵盖了石化、钢铁、建材、有色、机械、汽车、船舶、航空、轻工、纺织、食品、医药、电子、软件、通信、电力电网、采矿、建筑、服务业共 19 个细分行业，其中机械行业贯标企业数量最多，为 3196 家，占比 18.7%。17068 家贯标企业的行业分布情况如图 8-4 所示。

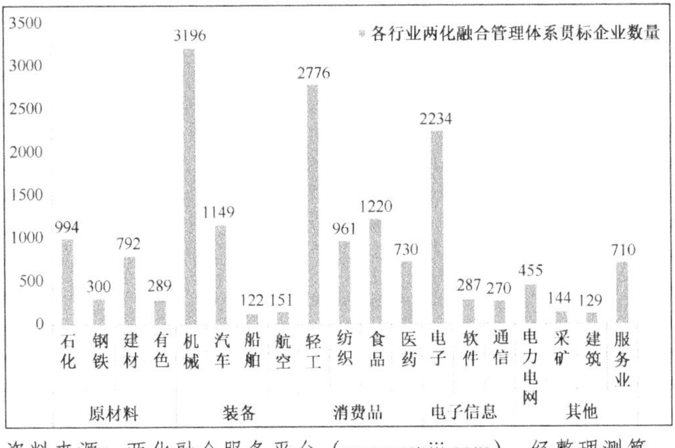

资料来源：两化融合服务平台（www.cspiii.com），经整理测算。

图 8-4　17068 家贯标企业的行业分布情况

3．规模分布

从规模分布来看，各规模企业均在积极开展两化融合管理体系贯标，小型企业占比最高，贯标热情高涨。小型企业（300 人以下）贯标数量为 11166 家，占比 65.4%；中型企业（300～1000 人）贯标数量为 3827 家，占比 22.4%；大型企业（1000 人以上）贯标数量为 2075 家，占比 12.2%。1000～5000 人规模的企业为 1211 家，占比 7.1%；5000～10000 人的大规模企业为 438 家，占比 2.6%；1 万人以上的超大规模企业为 426 家，占比 2.5%。17068 家贯标企业的规模分布情况如图 8-5 所示。

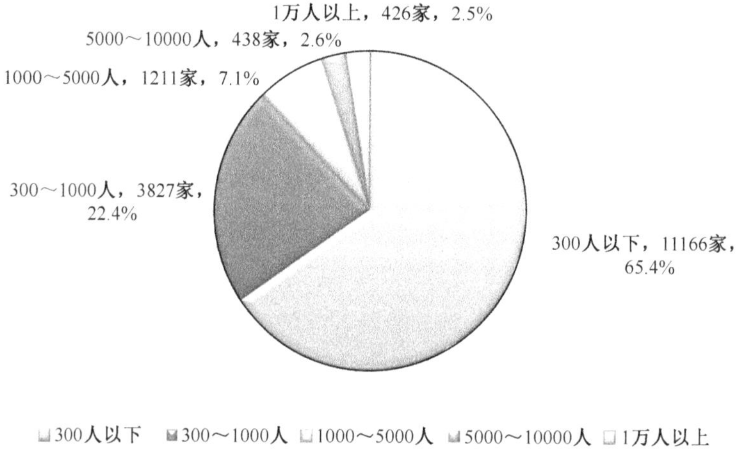

资料来源：两化融合服务平台（www.cspiii.com），经整理测算。

图 8-5　17068 家贯标企业的规模分布情况

4．企业性质分布

从企业性质来看，17068 家两化融合管理体系贯标企业中民营企业占比最高，共 9274 家，占比 54.3%；股份制企业和国有企业数量分别为 2766 家和 2187 家，占比分别为 16.2%和 12.8%；港、澳、台投资、外商投资以及其他性质企业占比分别为 7.0%、6.6%和 3.0%。17068 家贯标企业的性质分布情况如图 8-6 所示。

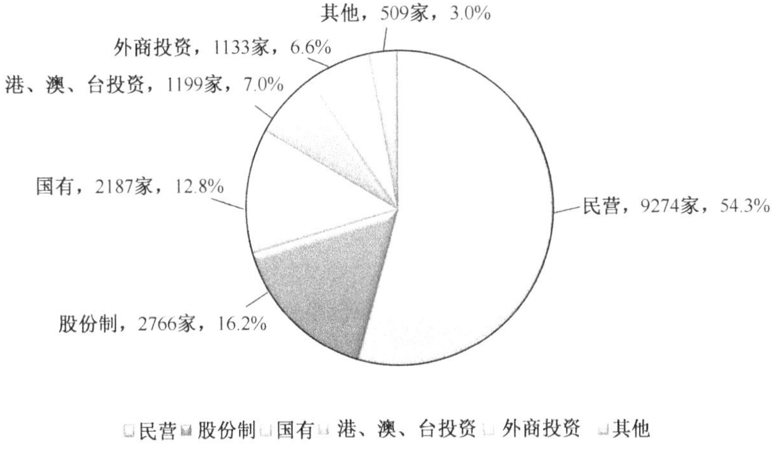

资料来源：两化融合服务平台（www.cspiii.com），经整理测算。

图 8-6　17068 家贯标企业的性质分布情况

5．两化融合发展阶段分布

企业两化融合发展阶段由低到高可分为起步建设、单项覆盖、集成提升和创新突破，其中集成提升阶段是两化融合发展进入高水平阶段的重要标志。从企业两化融合发展阶段来看，17068 家贯标企业中，

43.9%处于起步建设和单项覆盖这两个低水平阶段，56.1%处于集成提升和创新突破这两个高水平阶段，不同两化融合发展水平的企业均有建立完善两化融合管理机制、进一步打造提升信息化环境下新型能力的迫切需求。17068 家贯标企业的两化融合发展阶段分布情况如图 8-7 所示。

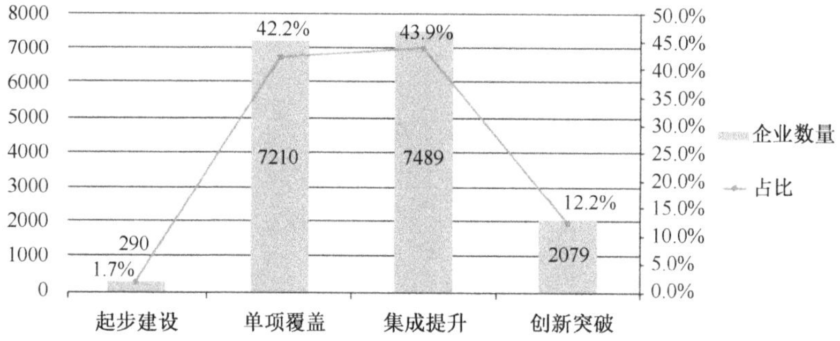

资料来源：两化融合服务平台（www.cspiii.com），经整理测算。

图 8-7　17068 家贯标企业的两化融合发展阶段分布情况

8.1.2　两化融合管理体系评定进展情况

1．省市分布

从省市来看，4809 家通过评定企业相对集中分布在福建、江苏、广东、安徽、浙江、山东、河南、北京 8 个省市，福建省通过评定企业的数量最多，为 1178 家；江苏、广东、安徽、浙江、山东、河南、北京通过评定的企业均超过 100 家。8 个省市通过评定企业占到了所有通过评定企业的 82.7%。4809 家通过评定企业的省市分布情况如图 8-8 所示。

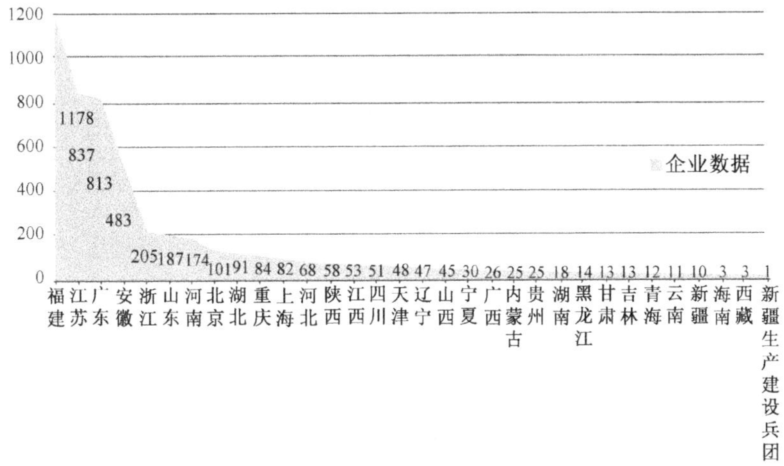

资料来源：两化融合服务平台（www.cspiii.com）。

图 8-8　4809 家通过评定企业的省市分布情况

与 2017 年相比，截至 2019 年 5 月，全国通过评定企业数量增长迅速，总体增长率达到了 220.8%。其中，增长率达到 200%以上的省市有河南、青海、安徽、江西、四川、福建、贵州、甘肃、江苏；增长率在 150%～200%的省市有广东、浙江、陕西、湖北、山西、山东；增长率在 100%～150%的省市有辽宁、广西、天津、内蒙古、上海、重庆、云南、吉林、河北、北京、宁夏、新疆；增长率在 50%～100%的省市有湖南、西藏；黑龙江、海南、新疆生产建设兵团的增长率在 50%以下。2017—2019 年 5 月通过评定企业分省市增长情况见表 8-1。

表 8-1　2017—2019 年 5 月通过评定企业分省市增长情况

通过评定 企业数量增长率	省市
200%以上	河南、青海、安徽、江西、四川、福建、贵州、甘肃、江苏
150%～200%	广东、浙江、陕西、湖北、山西、山东
100%～150%	辽宁、广西、天津、内蒙古、上海、重庆、云南、吉林、河北、北京、宁夏、新疆
50%～100%	湖南、西藏
低于 50%	黑龙江、海南、新疆生产建设兵团

资料来源：两化融合服务平台（www.cspiii.com），经整理计算。

从区域来看，通过评定企业集中在华南、华东和华北地区。华南地区（包括广东、福建、广西和海南）通过评定企业最多，共 2020 家，占比达 42.0%；其次是华东地区（包括江苏、安徽、浙江、上海和江西），共 1660 家企业通过评定，占比 34.5%；东北地区（包括辽宁、黑龙江、吉林）通过评定企业的数量为 74 家，占比 1.5%。4809 家通过评定企业的区域分布情况如图 8-9 所示。

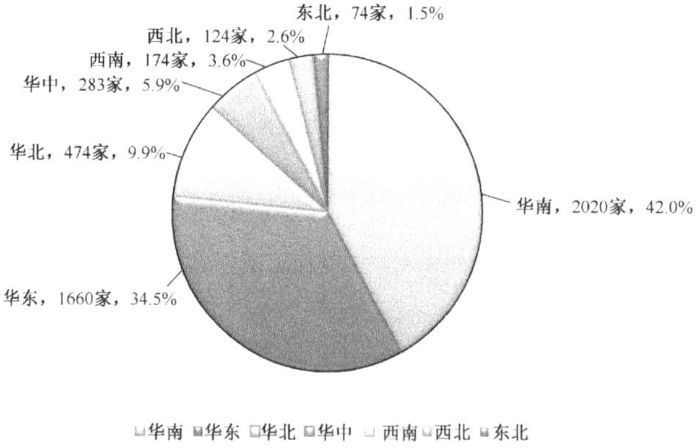

资料来源：两化融合服务平台（www.cspiii.com）。

图 8-9　4809 家通过评定企业的区域分布情况

2．行业分布

从行业分布来看，4809 家通过评定的企业覆盖装备、消费品、原材料、电子信息、能源、服务业六大行业门类。其中，消费品行业通过评定企业为 1576 家，占比最高，达 32.8%；其次是装备行业，占比为 27.3%；电子信息、原材料、服务业、能源等行业占比分别为 16.2%、14.5%、4.1%、3.4%。4809 家通过评定企业的行业分布情况如图 8-10 所示。

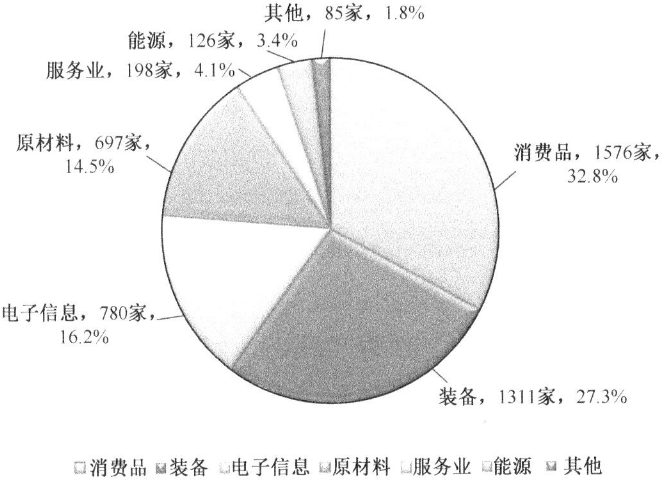

资料来源：两化融合服务平台（www.cspiii.com）。

图 8-10　4809 家通过评定企业的行业分布情况

与 2017 年相比，2019 年 5 月消费品行业新增通过评定企业数量排名第一，为 1134 家；装备行业紧随其后，新增通过评定企业数量

864 家；电子信息、原材料、服务业、能源等行业新增通过评定企业数量分别为 568 家、453 家、129 家和 112 家。2017—2019 年 5 月通过评定企业的行业分布情况如图 8-11 所示。

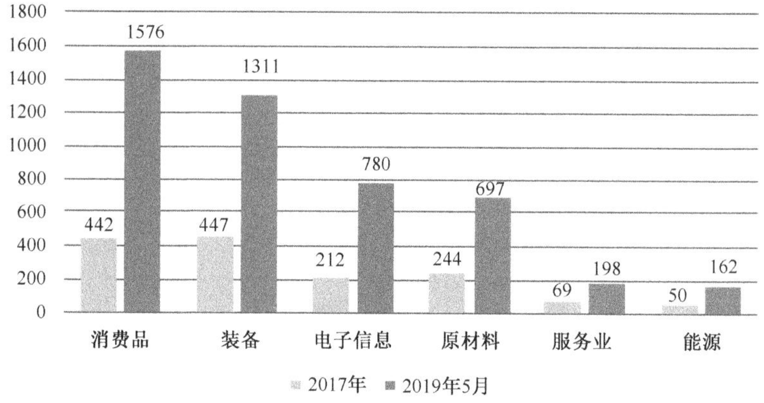

资料来源：两化融合服务平台（www.cspiii.com）。

图 8-11　2017—2019 年 5 月通过评定企业的行业分布情况

2019 年，机械行业持续保持 19 个细分行业通过评定企业数量“排头兵”地位，占 4809 家通过评定企业数量的 17.5%。4809 家通过评定企业的细分行业分布情况如图 8-12 所示。

3．规模分布

从企业规模来看，4809 家通过评定的企业当中，小型企业（300 人以下）所占比例最高，为 36.7%；中型企业（300～1000 人）为 1649 家，占比 34.3%；大型企业（1000 人以上）为 1397 家，占比 29.0%，其中，1000～5000 人规模企业为 1001 家，占比 20.8%；5000～10000

人大规模的企业为208家，占比4.3%；1万人以上超大规模企业为188家，占比3.9%。4809家通过评定企业的规模分布情况如图8-13所示。

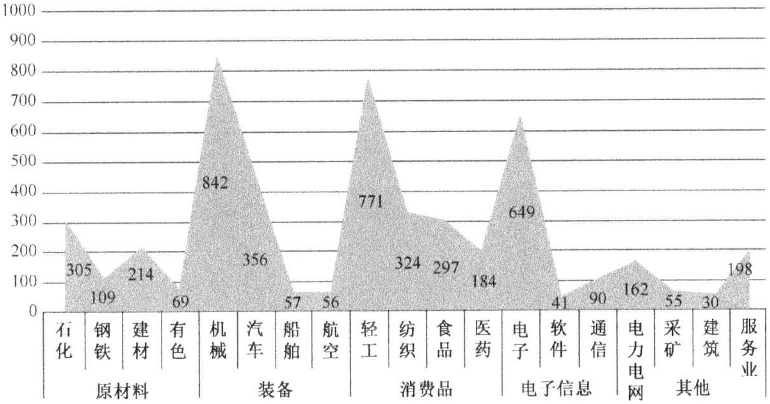

资料来源：两化融合服务平台（www.cspiii.com）。

图8-12　4809家通过评定企业的细分行业分布情况

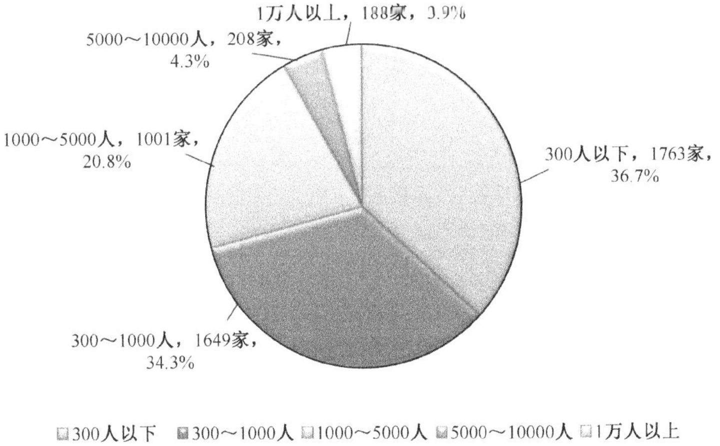

资料来源：两化融合服务平台（www.cspiii.com）。

图8-13　4809家通过评定企业的规模分布情况

对不同规模企业的评定通过率分析发现，规模较大的企业评定通过率相对较高。1000人以上规模大型企业的评定通过率最高，为67.3%。其中，1000～5000人规模企业的评定通过率为82.7%，5000～10000人大规模企业的评定通过率为47.5%，1万人以上超大规模企业的评定通过率为44.1%。中型企业的评定通过率为43.1%。小型企业的评定通过率最低，仅为15.8%。不同规模企业的评定通过率情况如图8-14所示。

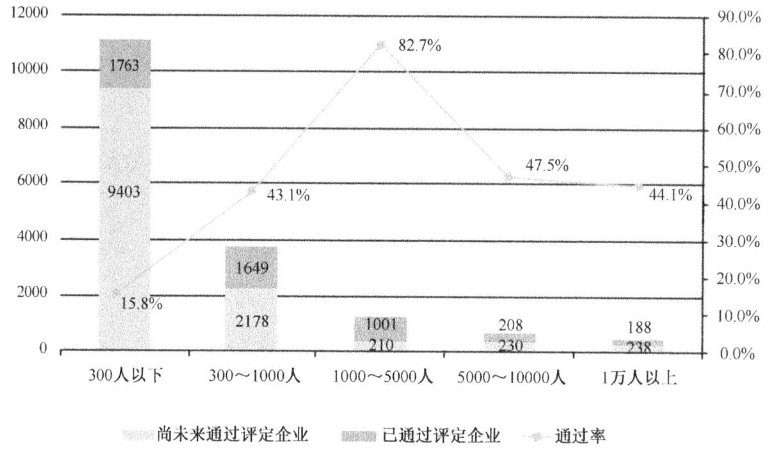

资料来源：两化融合服务平台（www.cspiii.com）。

图8-14　不同规模企业的评定通过率情况

4．企业性质分布

从企业性质来看，4809家通过评定企业中，民营企业有2289家，占通过评定企业总数的 47.6%；国有企业中通过评定的企业数量为 838 家，占比为 17.4%；股份制企业中通过评定的企业数量为 813 家，占比为 16.9%；港、澳、台投资、外商投资及其他类型企业中通过评定的企业比例共约 18.1%。4809 家通过评定企业的性质分布情况如图 8-15 所示。

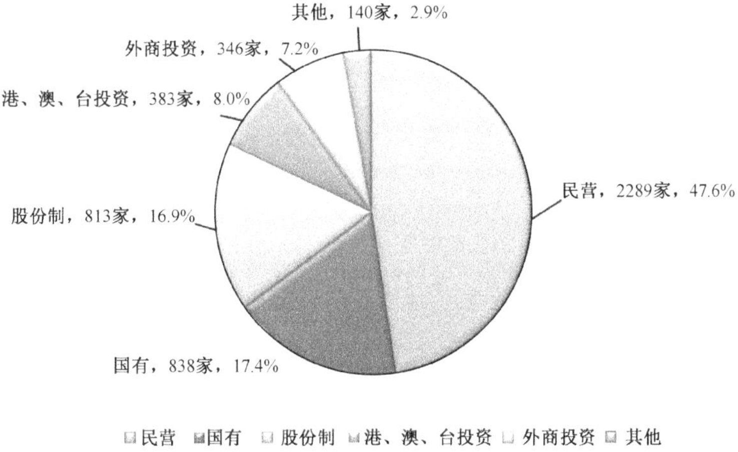

资料来源：两化融合服务平台（www.cspiii.com）。

图 8-15　4809 家通过评定企业的性质分布情况

对不同性质企业的评定通过率分析发现，国有企业评定通过率最高，达 38.3%，国有企业相对规范的管理基础、强有力的资源配置条件均为两化融合管理体系建立、实施、保持和改进提供了相对良好的基础条件；民营企业评定通过率略低于其他性质企业，为 24.7%；股份制企业评定通过率为 29.4%；港、澳、台投资及外商投资企业的评定通过率为 31.3%。不同性质企业的评定通过率情况如图 8-16 所示。

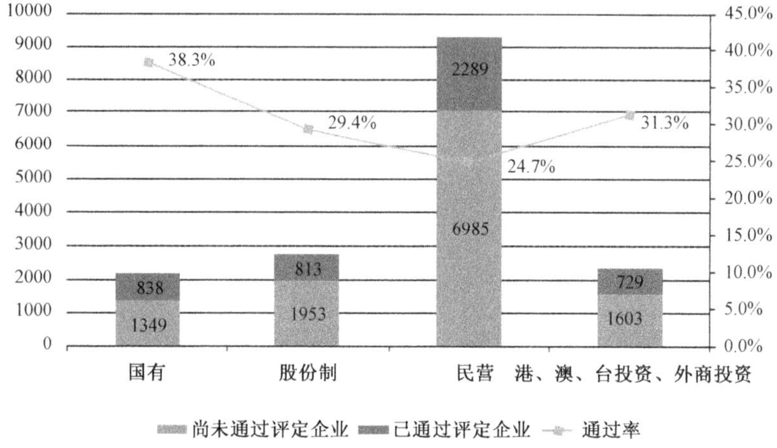

资料来源：两化融合服务平台（www.cspiii.com）。

图 8-16　不同性质企业的评定通过率情况

5．两化融合发展阶段分布

从企业两化融合发展阶段来看，4809 家通过评定的企业，除了 6 家企业处于起步建设阶段，其余全部处于单项覆盖及以上阶段。其中，59.7%通过评定企业处于集成提升及以上阶段，14.3%达到创新突破阶段。4809 家通过评定企业的两化融合发展阶段分布情况如图 8-17 所示。

对不同两化融合发展阶段企业的评定通过率分析发现，创新突破、集成提升、单项覆盖、起步建设四个阶段企业的评定通过率依次为 33.0%、29.2%、26.8%和 2.1%，两化融合发展水平越高，两化融合管理体系评定通过率越高。两化融合管理体系评定能够反映企业是否建立并有效运行了一套规范两化融合推进过程的管理机制，两化融合发展阶段则反映了企业两化融合发展水平的高低。不同两化融合发展阶段的企业，其两化融合水平向更高阶段的跃升，需要与该阶段发展水平相适宜和匹配的两化融合管理机制作为保障。两化融合管理机制与两化融合发展水平相互影响，相互促进，相辅相成，螺旋式上升。不同发展阶段贯标企业已通过评定的比例分布情况如图 8-18 所示。

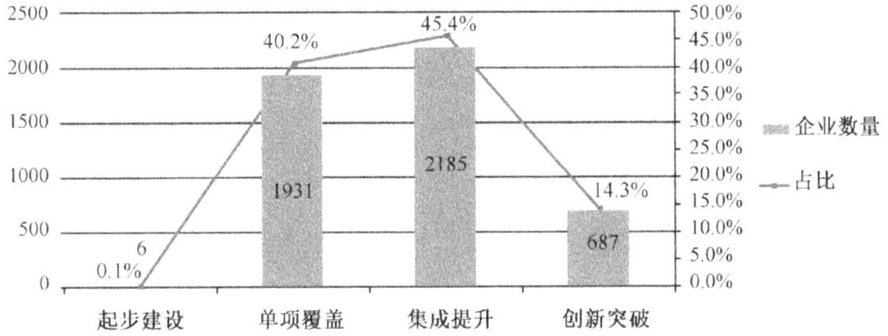

资料来源：两化融合服务平台（www.cspiii.com）。

图 8-17　4809 家通过评定企业的两化融合发展阶段分布情况

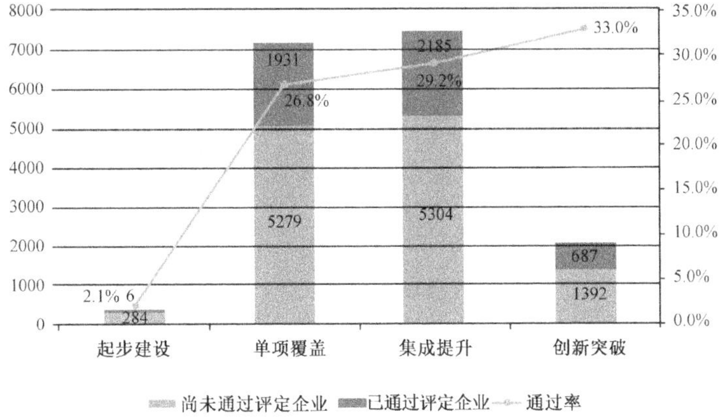

资料来源：两化融合服务平台（www.cspiii.com）。

图 8-18　不同两化融合发展阶段企业的评定通过率情况

8.2　企业信息化环境下新型能力图谱

为分析不同企业在信息化环境下新型能力打造的类别、重点方向、方法和路径，对截至2018年底4306家通过评定企业的新型能力特征进行分析，形成了企业新型能力图谱。

8.2.1　通过评定企业着力打造的六大类新型能力

截至2018年底，4036家通过评定的企业，每家企业均有1个或多个新型能力建设相关的两化融合管理活动符合标准要求，共涉及4163个新型能力。对通过评定的4036家企业共4163个新型能力进行梳理，可归纳为6大类能力——研发创新、生产管控、供应链管理、财务管控、经营管控、用户服务类能力。

4036家通过评定企业中，打造和提升生产管控类能力的活动最为活跃，超过45%的企业都在打造或提升生产管控类能力；供应链管理类和用户服务类能力建设的活跃程度次之，占比均超过30%；此外，致力于打造或优化研发创新能力和财务管控能力的企业占比均在20%左右，12.9%的企业着力打造或提升经营管控类能力。开展各类新型能力建设的企业比例如图8-19所示。

不同企业对同一类能力的具体需求、攻克方向和目标也有所差异。对 4163 个新型能力的主要方向和目标进行分析，通过评定企业致力于打造和优化的各类新型能力分别聚焦在几个重点方向上。各类新型能力的重点方向见表 8-2。

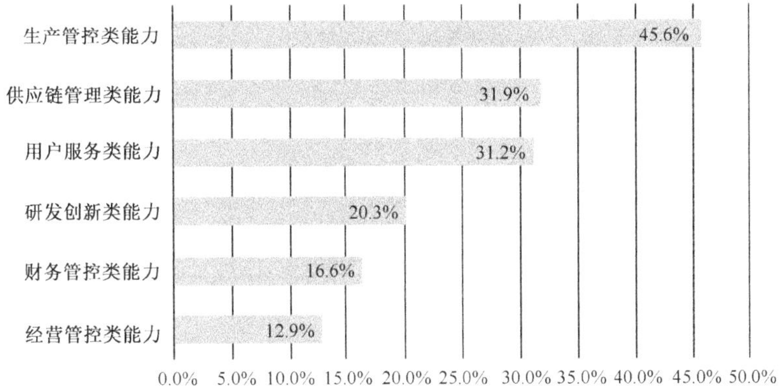

资料来源：两化融合服务平台（www.cspiii.com），经整理计算。

图 8-19　开展各类新型能力建设的企业比例

表 8-2　各类新型能力的重点方向

序号	新型能力类别	各类新型能力的重点方向
1	研发创新类能力	基于客户需求的数字化快速定制研发
		产品研发、工艺设计、生产制造一体化
		在线、异地协同研发
2	生产管控类能力	产能平衡与稳定生产
		精益生产与敏捷制造
		质量、安全、节能、环保的精细化管控

续表

序号	新型能力类别	各类新型能力的重点方向
3	供应链管理类能力	供应链协同运营
		销售、采购、物流、库存、资金的精细化创新管控
4	财务管控类能力	财务与业务集成
		成本精细化管控
		集团型企业财务集中管控
5	经营管控类能力	一体化高效经营管控
		复杂项目的精细化管控
		基于数据分析的智能决策
		集团型企业资源集中共享与协同运营
6	用户服务类能力	精准营销
		用户互动与敏捷服务
		客户订单的快速响应与交付
		产品全生命周期追溯

1．研发创新类能力

目前，我国企业打造研发创新类能力的重点方向聚焦在三个方面——59.3%致力于优化基于客户需求的数字化快速定制研发水平，占据主导地位；22.1%致力于提升在线及异地协同研发水平；18.6%注重实现产品研发、工艺设计、生产制造的一体化。企业打造研发创新类能力的重点方向如图 8-20 所示。

2. 生产管控类能力

目前，我国企业打造生产管控类能力的重点方向聚焦在三个方面——43.0%致力于实现精益生产与敏捷制造；34.4%致力于实现产能平衡与稳定生产；22.6%致力于持续提升质量、安全、节能、环保的精细化管控水平。企业打造生产管控类能力的重点方向如图 8-21 所示。

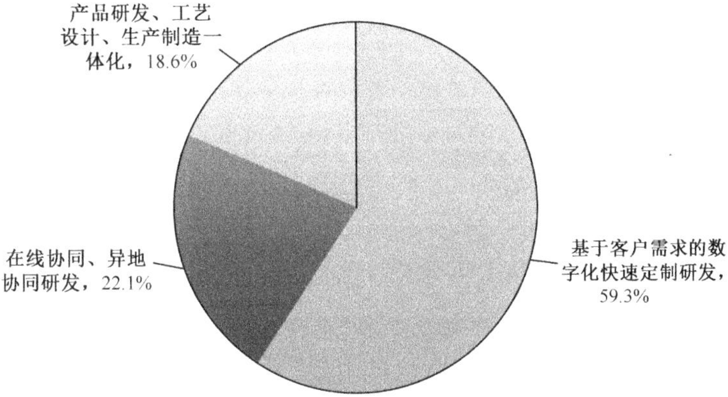

资料来源：两化融合服务平台（www.cspiii.com），经整理计算。

图 8-20　企业打造研发创新类能力的重点方向

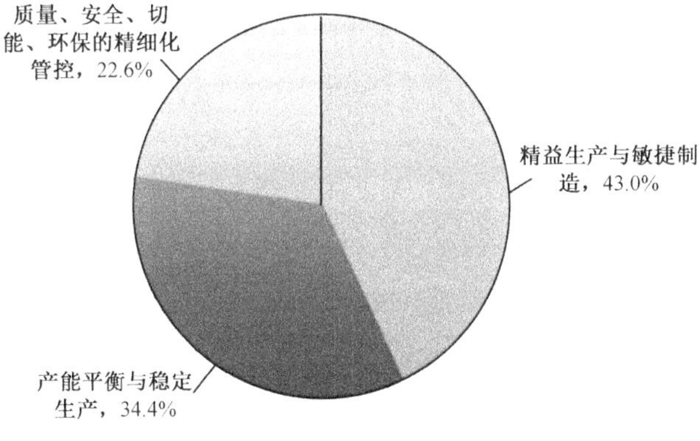

资料来源：两化融合服务平台（www.cspiii.com），经整理计算。

图 8-21　企业打造生产管控类能力的重点方向

3．供应链管理类能力

目前，我国企业打造供应链管理类能力的重点方向聚焦在两个方面——68.0%致力于实现供应链协同运营；32.0%致力于在供应链的销售、采购、物流、库存、资金管理等方面进行精细化创新管控。企业打造供应链管理类能力的重点方向如图 8-22 所示。

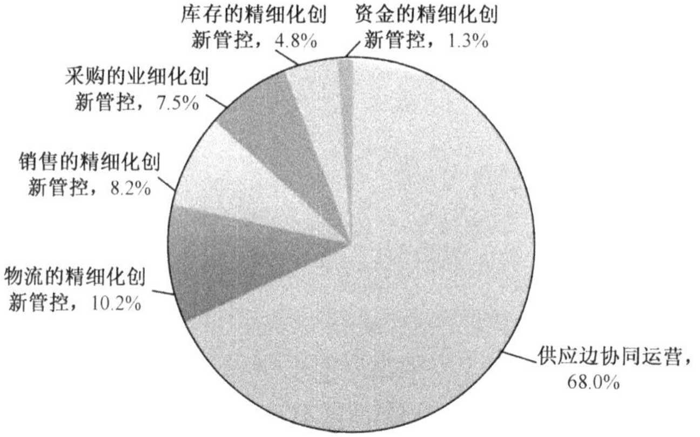

资料来源：两化融合服务平台（www.cspiii.com），经整理计算。

图 8-22　企业打造供应链管理类能力的重点方向

4．财务管控类能力

目前，我国企业打造财务管控类能力的重点方向聚焦在三个方面——34.2%致力于实现财务和业务集成；47.9%致力于进一步优化成本精细化管控水平；17.9%致力于实现全集团的财务集中管控。企业打造财务管控类能力的重点方向如图 8-23 所示。

5．经营管控类能力

目前，我国企业打造经营管控类能力的重点方向聚焦在四个方面——45.5%致力于优化和提升一体化高效经营管控水平；10.9%致力于提升复杂项目的精细化管控；21.8%致力于推进基于数据分析的智能决策；21.8%致力于实现全集团的资源集中共享和协同运营。企业打造经营管控类能力的重点方向如图 8-24 所示。

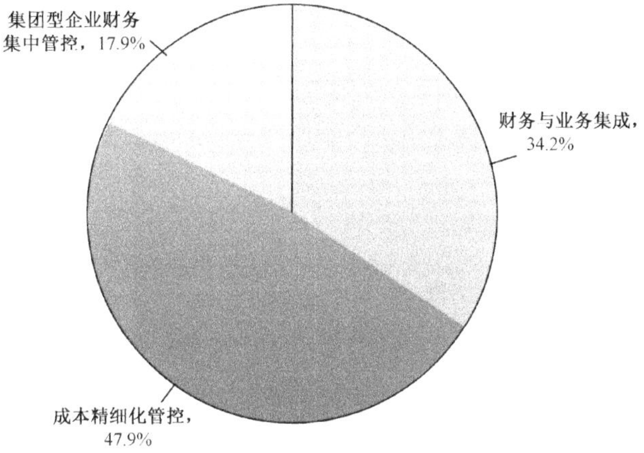

资料来源：两化融合服务平台（www.cspiii.com），经整理计算。

图 8-23　企业打造财务管控类能力的重点方向

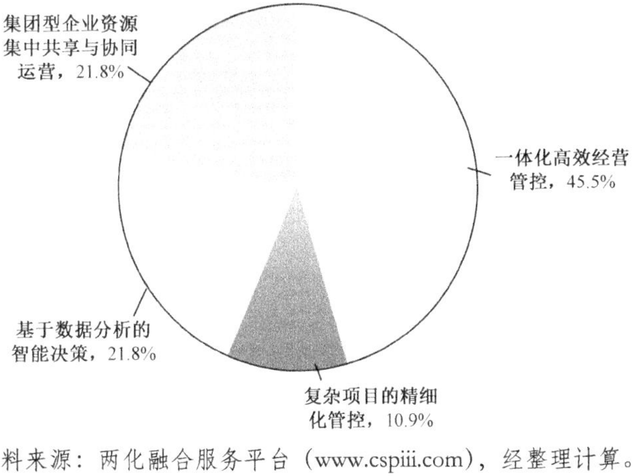

资料来源：两化融合服务平台（www.cspiii.com），经整理计算。

图 8-24　企业打造经营管控类能力的重点方向

6．用户服务类能力

目前，我国企业打造用户服务类能力的重点方向聚焦在四个方面——22.7%致力于提升精准营销水平；31.9%致力于提升客户互动与敏捷服务水平；35.3%致力于实现订单驱动的客户快速响应；10.1%致力于实现产品全生命周期追溯。企业打造用户服务类能力的重点方向如图 8-25 所示。

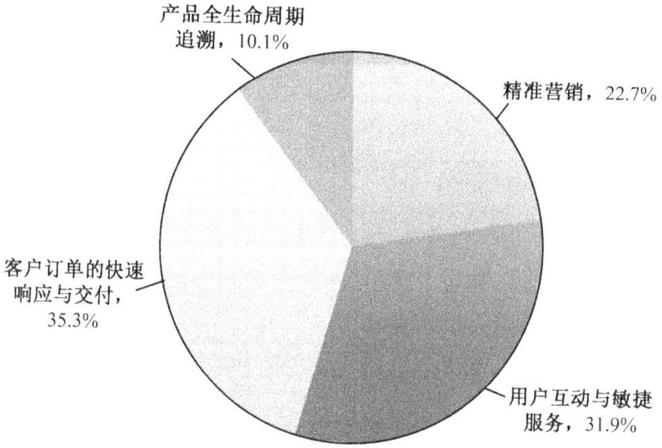

资料来源：两化融合服务平台（www.cspiii.com），经整理计算。

图 8-25　企业打造用户服务类能力的重点方向

8.2.2　各类新型能力在不同行业的分布情况

对于打造某一特定类别新型能力的企业群体按照行业属性统计，发现以下结论。

（1）关注研发创新类能力的企业主要集中在装备行业，企业占比为 70.8%。

（2）关注生产管控类能力的企业相对集中在消费品行业和装备行业，企业占比分别为 30.7%、26.2%。

（3）关注供应链管理类能力的企业相对集中在消费品行业，企业占比为 51.3%。

（4）关注财务管控类能力的企业相对集中在消费品行业和原材料行业，企业占比分别为 32.5%、25.9%。

（5）关注经营管控类能力的企业相对集中在原材料行业，企业占比为 44.2%。

（6）关注用户服务类能力的企业主要集中在消费品行业，企业占比为 53.0%；其次为装备行业，企业占比为 22.0%。

各类新型能力在不同行业的分布情况见图 8-26。

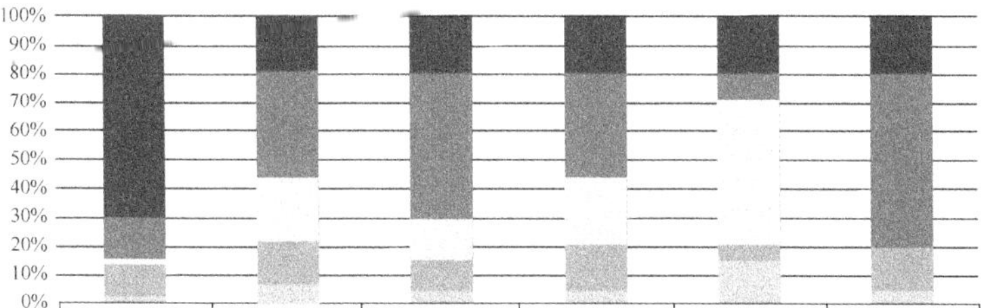

	研发创新类能力	生产管控类能力	供应链管理类能力	财务管控类能力	经营管控类能力	用户服务类能力
装备	70.8%	26.2%	20.4%	20.8%	17.8%	22.0%
消费品	13.9%	30.7%	51.3%	32.5%	14.7%	53.0%
原材料	3.8%	19.9%	11.7%	25.9%	44.2%	8.6%
电子信息	9.6%	16.5%	12.1%	15.9%	7.4%	12.2%
能源	1.8%	6.6%	4.4%	4.8%	15.9%	4.1%

资料来源：两化融合服务平台（www.cspiii.com），经整理计算。

图 8-26　各类新型能力在不同行业的分布情况

8.2.3 不同行业企业信息化环境下新型能力的关注点

企业依据其所属行业不同，对于各类新型能力的关注各有侧重。装备、消费品、原材料、电子信息、能源 5 类行业致力于打造各类新型能力的企业比例见图 8-27。

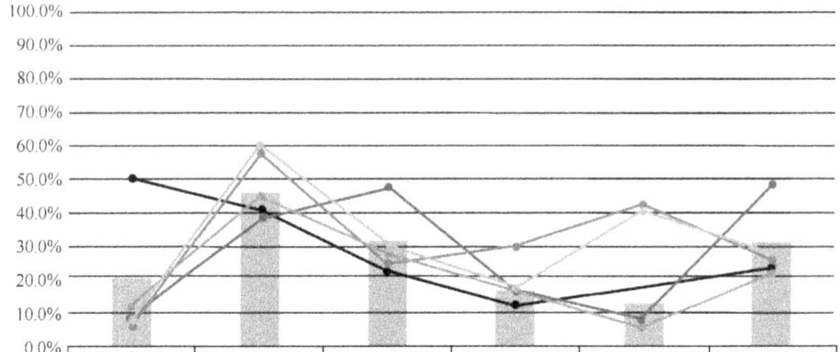

	研发全新类能力	生产管理类能力	供应链管理类能力	财务管控类能力	经营管控类能力	用户服务类
总体企业比例	20.3%	45.6%	31.9%	16.6%	12.9%	31.2%
装备	50.1%	41.6%	22.7%	12.0%	8.0%	23.9%
消费品	8.2%	40.5%	47.4%	15.6%	5.5%	47.9%
原材料	5.2%	60.4%	24.9%	28.6%	38.0%	17.9%
电子信息	11.7%	45.1%	23.2%	15.8%	5.8%	22.9%
能源	7.5%	60.4%	27.8%	16.0%	41.2%	25.7%

资料来源：两化融合服务平台（www.cspiii.com），经整理计算。

图 8-27 不同行业致力于打造各类新型能力的企业比例

1. 原材料行业对于生产管控类能力最为关注

原材料行业对于各类新型能力的关注度由高到低依次为：生产管控类能力、经营管控类能力、财务管控类能力、供应链管理类能力、用户服务类能力、研发创新类能力。其中，原材料行业企业普遍关注生产管控类能力，60%以上的原材料企业围绕产能平衡与稳定生产优化和提升生产管控类能力，38.0%的原材料企业致力于优化和提升经营管控类能力。

2．装备行业普遍致力于提升研发创新类和生产管控类能力

装备行业对于各类新型能力的关注度由高到低依次为：研发创新类能力、生产管控类能力、用户服务类能力、供应链管理类能力、财务管控类能力、经营管控类能力。其中，装备行业企业普遍关注研发创新类能力，50.1%的装备企业在努力提升和优化其研发创新类能力，超过40%的装备企业致力于围绕精益生产与敏捷制造提升和优化其生产管控类能力。此外，装备行业对于用户服务类能力的关注度越来越高，超过20%的装备企业在积极围绕用户服务类能力的提升开展创新活动。

3．消费品行业在打造用户服务类能力方面最为活跃

消费品行业对于各类新型能力的关注点由高到低依次为：用户服务类能力、供应链管理类能力、生产管控类能力、财务管控类能力、研发创新类能力、经营管控类能力。其中，消费品企业对于用户服务类能力和供应链管理类能力的关注度最高。47.9%的企业围绕精准营销、用户互动与敏捷服务等优化和提升用户服务类能力，47.4%的企业开展供应链管理类能力的打造，企业对生产管控类能力的关注度次之，占比40.5%。

4．电子信息行业着力于提升生产管控类能力

电子信息行业对于各类新型能力的关注点由高到低依次为：生产管控类能力、供应链管理类能力、用户服务类能力、财务管控类能力、研发创新类能力、经营管控类能力。其中，45.1%的电子信息企业正努力优化和提升生产管控类能力。

5．能源行业最关注生产管控类和经营管控类能力

能源行业对于各类新型能力的关注点由高到底依次为：生产管控类能力、经营管控类能力、供应链管理类能力、用户服务类能力、财务管控类能力、研发创新类能力。其中，致力于提升生产管控类能力的能源企业比例均超过 60%。

8.2.4　不同规模企业信息化环境下新型能力的关注点

企业依据其规模大小，对不同类型新型能力的关注各有侧重。1 万人以上、5000～10000 人、1000～5000 人、1000 人以下 4 类不同规模企业中致力于打造各类新型能力的企业比例见图 8-28。

1．规模越大的企业对于经营管控类、财务管控类能力的关注度越高

1000 人以下、1000～5000 人、5000～10000 人、1 万人以上 4 类不同规模的企业中，致力于打造和提升经营管控类、财务管控类能力的企业比例随着企业规模增大而显著升高。1 万人以上超大规模企业中着力打造和提升经营管控类和财务管控类两大类新型能力的企业占比分别为 39%和 20.7%。

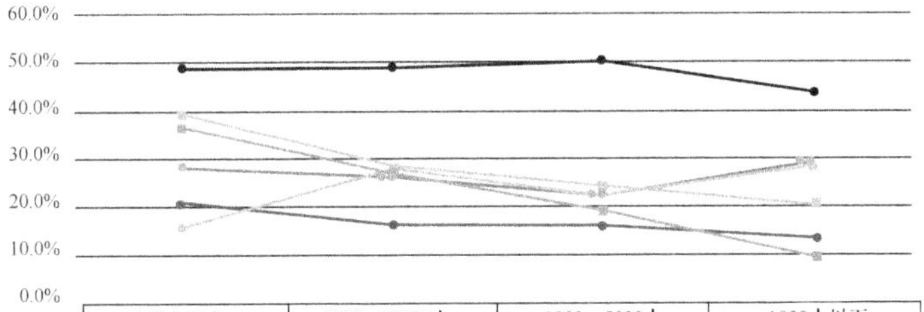

	1万人以上	5000～10000人	1000～5000人	1000人以下
研发创新类	15.9%	27.9%	22.2%	29.5%
生产管控类	48.8%	49.2%	50.5%	44.3%
供应链管理类	36.6%	27.9%	24.2%	20.5%
财务管控类	20.7%	16.4%	16.0%	13.6%
经营管控类	39.0%	26.2%	19.1%	9.1%
用户服务类	28.0%	26.2%	23.2%	28.4%

资料来源：两化融合服务平台（www.cspiii.com），经整理计算。

图 8-28　不同规模企业致力于打造各类新型能力的企业比例

对于经营管控类能力中的一体化经营管控、集团型企业资源集中共享与协同运营，以及财务管控类能力中的集团财务集中管控能力的打造，主要集中在 1 万人以上超大规模企业当中，如图 8-29 和图 8-30 所示。

2．规模越小的企业对打造研发创新类能力表现越为活跃

1000 人以下、1000～5000 人、5000～10000 人、1 万人以上 4 类不同规模的企业中，致力于打造和提升研发创新类能力的企业比例随着企业规模减小呈现升高趋势，见图 8-31。其中，对比不同规模的企业，1 万人以上规模企业打造和提升在线、异地协同研发能力的活动最为活跃；1000 人以下规模的企业打造基于客户需求的数字化快速定制研发能力的活动最为活跃。

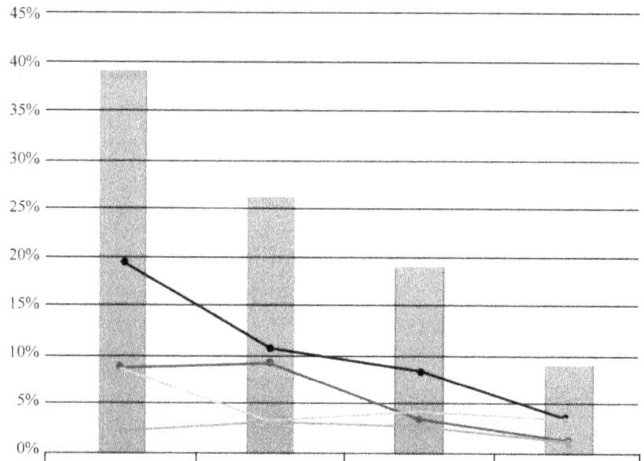

	1万人以上	5000-10000人	1000-5000人	1000人以下
经营管控类	39.0%	26.2%	19.1%	9.1%
一体化高效经营管控	19.5%	10.8%	8.6%	3.4%
复杂项目的精细化管控	2.2%	3.1%	2.9%	1.1%
基于数据分析的智能决策	8.7%	9.2%	3.3%	1.1%
集团型企业资源集中共享与协同运营	8.7%	3.1%	4.3%	3.4%

资料来源：两化融合服务平台（www.cspiii.com），经整理计算。

图 8-29　不同规模企业致力于打造经营管控类能力的企业比例

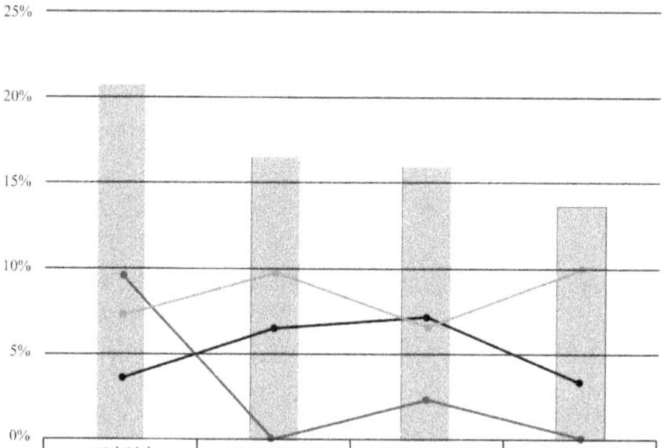

	1万人以上	5000～10000人	1000～5000人	1000人以下
财务管控类	20.7%	16.4%	16.0%	13.6%
财务与业务集成	3.7%	6.6%	7.1%	3.4%
成本精细化管理	7.3%	9.8%	6.6%	10.2%
集团型企业财务集中管控	9.7%	0.0%	2.4%	0.0%

资料来源：两化融合服务平台（www.cspiii.com），经整理计算。

图 8-30　不同规模企业致力于打造财务管控类能力的企业比例

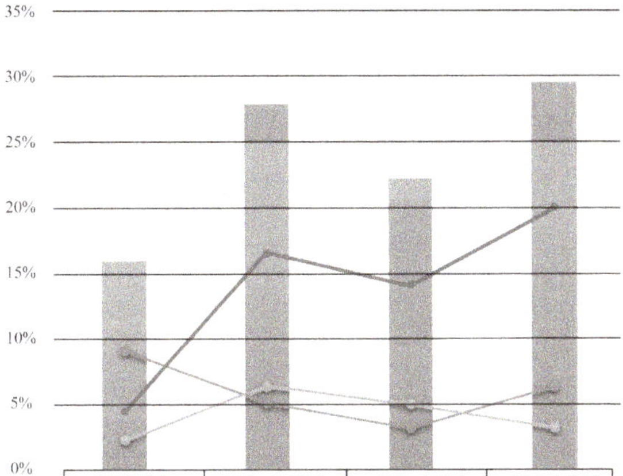

	1万人以上	5000～10000人	1000～5000人	1000人以下
研发创新类能力	15.9%	27.9%	22.2%	29.5%
基于客户需求的数字化快速定制研发	4.5%	16.5%	14.0%	20.0%
产品研发、工艺设计、生产制造一体化	2.3%	6.3%	5.0%	3.2%
在线协同、异地协同研发	9.1%	5.1%	3.2%	6.3%

资料来源：两化融合服务平台（www.cspiii.com），经整理计算。

图 8-31 不同规模企业致力于打造研发创新类能力的企业比例

3．不同规模企业对于用户服务类能力的关注度相对较为均衡

从图 8-28 中可以看出，1000 人以下、1000～5000 人、5000～10000 人、1 万人以上 4 类不同规模的企业，对于用户服务类能力的关注度比较均衡。

8.3 典型行业新型能力建设的重点方向

对照不同行业企业所识别与打造的各类新型能力的重点方向及主

要内容可以发现，有些新型能力与行业特征结合比较紧密，其重点方向及主要内容在不同行业之间各有侧重、差别较大。比如，原材料行业企业在打造和提升生产管控类能力时主要关注产能平衡与稳定生产，以及质量、安全、节能、环保的精细化管控；装备行业企业在打造和提升生产管控类能力时主要关注精益生产与敏捷制造，研发创新类能力及其重点方向的打造与提升也主要是装备行业企业在推动；有些新型能力与行业特征关联性较小，在各行业之间通用性较强，其重点方向及主要内容在各行业之间相对比较一致，如经营管控类能力、财务管控类能力、供应链管理类能力的重点方向及其主要内容，在原材料、装备、消费品行业企业之间差异性相对较小。

针对通过评定的企业，本节就原材料、装备、消费品三大类行业企业在信息化环境下新型能力建设的重点方向及主要内容进行了归纳总结。每类行业主要介绍其关注度较高的几类新型能力及其重点方向和主要内容。对于在不同行业间差异性较小的经营管控、财务管控、供应链管理等新型能力类型，虽然仅在某一类行业的新型能力建设重点方向中进行了介绍，但其他行业在打造和提升此类新型能力时的主要工作内容也基本类似。

8.3.1 原材料行业企业信息化环境下新型能力建设的需求及重点方向

1．生产管控类能力

1）产能平衡与稳定生产

钢铁、石化、有色、建材等原材料行业企业致力于推动生产计划、生产调度、生产现场操作等多层次生产业务的在线及时交互、协同优化和全过程闭环管理。重点内容包括但不限于以下方面。**一是**快速采集和全面统筹市场需求、产能、装置、物料等信息，高效形成全流程效益最佳的生产计划。**二是**推动实现事前科学预测、事中动态改进、事后全面分析的高效调度指挥，全程监控和自动分析生产运行绩效，辅助生产调度指挥决策；在线发布、调整、跟踪和反馈生产调度指令；依托一体化平台开展多套装置的统一生产调度与协调运行，促进产能平衡和生产过程全面优化。**三是**自动采集和上传生产现场装置运行参数，对装置运行参数进行智能优化；基于装置运行情况的全面监测开展装置运行情况的在线自动诊断和故障预警，提高装置的稳定运行水平。

2）质量、安全、节能、环保的精细化管控

钢铁、石化、有色、建材等原材料行业企业致力于对质量、安全、能耗、环保等生产效益的重大影响因素进行精细化管控。**在质量管控方面**，对原辅料质量、生产过程质量、产成品质量等信息进行实时自动监测与分析，实现产品全生命周期的一体化质量管控，精确定位的全程质量追溯，以及基于控制和检验实绩的产品质量持续优化。**在安全管控方面，**对生产现场进行远程实时集中监控，对现场作业人员、设备、环境等潜在的安全风险因素进行统一集中管理，实现安全生产风险的自动分析、预警和应急处理。**在能耗管控方面，**开展能源集中统一监控和调配，结合能源成本等自动开展能源优化配置及能源动力的自动平衡，持续优化能源利用效率，实现节能降耗。**在环保管控方面，**对废水、废气、废料等排放数据进行实时采集与监控，与环保要求进行自动对标和调整，加强环保管理，有效降低废弃物排放。

2．经营管控类能力

1）一体化高效经营管控

企业致力于对财务、人力、采购、销售、服务、项目、风险、绩效等进行一体化综合管控。重点内容包括但不限于以下几个方面。**一是**推动经营管理活动的流程化、网络化，持续优化相关业务流程和组织架构，减少经营管控层级，提高经营管控的精细化程度和效率。**二是**依托一体化经营管控平台，以经营目标和计划制定、预算编制、执行监控、绩效考核为主线推动全面闭环的经营管控，基于经营预算对企业的各种财务及非财务资源进行有效配置，高质高效地组织和协调企业经营活动，完成既定的经营目标。

2）基于数据分析的智能决策

企业致力于对财务、采购、销售、生产、库存、物流、服务等内部核心业务数据进行全面、及时、统一的采集汇总，并且基于信息技术及时快速捕捉市场及用户需求变化、市场产品存量等外部信息，研究部署能够满足企业经营决策需求的智能决策模型。基于智能决策模型进行大数据决策分析，实现对企业运营状况、综合绩效及经营风险等的在线实时监控和精准预测，为企业各项经营管理活动提供决策依据，以便及时准确地调整企业的战略重点、经营模式、投资方向、产品结构、生产安排等，提高决策效率和准确率。

3）集团型企业资源集中共享与协同运营

集团型企业致力于根据其管控模式（主要分为财务管控模式、战略管控模式、运营管控模式三大类），在相对应的管控范围内，采取适宜的管控策略，基于管控平台规范和统一全集团的相关业务流程，并在不同分（子）公司间进行快速固化、复制和推广，对必要的财务、人力、采购、销售、生产等业务实现集中分层管控，强化集团总部在战略管理、经营决策、资源配置、风险管控等方面的中心地位，在此基础上实现集团企业多分（子）公司间、与外部相关方之间的协同运营，以及人、财、物等资源的统一平衡调度、协同共享和优化配置。

3. 财务管控类能力

1）财务与业务集成

企业致力于通过信息技术应用实现财务与产供销、经营管理等业务一体化，并基于财务管控水平的提升进行管理优化与创新。重点内容包括但不限于以下几个方面。**一是**推动从资金使用源头对各业务流程进行管控，实现对所有生产经营单元财务情况的实时跟踪，加强对采购应付账款、销售应收账款、生产成本费用等的管控水平，快速、准确地输出生产和经营数据，将公司的业务流程、管理流程与财务流程有机融合，确保物流、信息流、资金流三流合一，实现业财无缝。**二是**推动财务由事后分析向事先计划、事中控制、事后分析优化的全流程闭环监督管理转变，财务部门职能由财务数据采集分析向财务状况的监督控制和优化转变。根据企业财务及经营目标制定经营分解指标、绩效考核指标等，推动全面预算管理，实施预算执行控制，开展预算执行绩效考核。基于经营成本和资金流向的全流程监控提升经营与资金的预警监控和风险防范水平，实现成本会计向管理会计发展，充分发挥管理型财务的积极作用。**三是**推动财务管控的互联网化，搭建供应链财务分析和管控体系，开展供应链金融服务，借助互联网金融平台开展供应链各主体间的资金供需有效对接、信贷服务、精准征信体系建设及信用销售的财务风险管控。

2）成本精细化管控

企业致力于基于财务与业务集成实现企业成本的全方位精细化核算和优化控制，持续提升生产经营成本的事先计划、事中控制，以及事后分析优化水平，开展成本考核、不断降低成本，基于成本控制加强对企业生产经营的全面管控。重点内容包括但不限于以下几个方面。**一是**全面梳理影响产品成本的环节，通过成本核算分析指导产品定价，重点优化采购、研发、生产等成本占比较高环节的成本控制，形成成本预算、执行、核算、分析和优化的闭环管控体系。**二是**规范和优化原材料采购流程，提高采购供应的透明度和效率，降低采购成本，减少库存资金占用，加快库存资金周转率。**三是**开展生产全流程成本检测和分析，以生产现场实时数据采集为基础及时核算和归集实际生产成本；提高成本核算的精细化程度，按照产品批次核算产品成本；优化生产过程，降低生产成本。**四是**开展经营管理费用精细化管理，降低管理分摊费用。总体上，解决成本核算效率低、不准确、分摊差异大、分析手段落后、难以针对性优化等问题。

3）集团型企业财务集中管控

集团型企业致力于开展全集团财务集中管控，重点内容包括但不限于以下几个方面。**一是**在其下属经营实体间搭建统一的财务管控平台，建立起适度集权的集团财务管控模式，在全集团形成统一的财务管理制度、财务流程及财务主数据等，进行统一集中的财务管理、成本管理、预算管控、资金核算和风险管理。**二是**对异地、多经营实体的财务信息和经营状况进行实时监控，自动抽取和汇总分析，提供高效、全面的决策支持数据，降低集团经营风险。**三是**建立集团级的资金池，对全集团资金进行集中归集管理，平衡不同企业之间的存款和贷款，减小利率差损失，将利率差损失变成利率差收益。

8.3.2 装备行业企业信息化环境下新型能力建设的需求及重点方向

1．研发创新类能力

1）基于客户需求的数字化快速定制研发

机械、汽车、航空、船舶等装备行业企业致力于推动基于客户需求的数字化快速定制研发，重点内容包括但不限于以下几个方面。**一是**建立数字化研发平台，对客户个性化需求进行快速响应和有效对接，并将客户定制需求快速转化为研发需求。**二是**建立设计标准规范，推动二维产品设计向三维产品设计转变，形成产品数字化模型库、产品设计的知识库和专家系统，实现产品和工艺设计中数据和知识的有效积累、分析和复用。**三是**在数字化产品设计的基础上，推动产品模块化设计，提高产品设计标准化、系列化、通用化水平，扩大产品和零部件数据库中通用标准件的覆盖范围，提高产品结构 BOM 的准确率和覆盖率，加快客户订单产品结构 BOM 的生成速度。**四是**开展产品性能的数字化验证和分析，以及工艺设计的数字化仿真分析和参数优化。总体上，提高研发效率、降低研发成本、缩短研发周期，推动产品优化和创新，促进企业向高质量、高技术含量、高附加值的产品研发制造转型。

2）产品研发、工艺设计、生产制造一体化

机械、汽车、航空、船舶等装备行业企业致力于推动产品研发、工艺设计、生产制造一体化，重点内容包括但不限于以下几个方面。**一是**统筹管理产品研发、工艺设计、生产制造相关的技术资料，推动设计、工艺、制造之间关联一致的产品数据管理、传递和共享，实现设计 BOM、工艺 BOM、制造 BOM 等的数据一致性和协同更改。**二是**提高生产图纸的准确率，减少变更活动，规范变更管理流程，降低设计变更成本，实现产品研发、工艺设计、现场生产制造的同步、动态、实时变更管理。**三是**基于企业级产品设计、工艺设计、生产制造的协同工作平台，建立起产品研发、工艺设计及验证、工艺管理、生产制造全过程并行的研发制造模式，实现按照产品三维设计模型依次自动生成工艺路线、编制和下发加工制造的数控程序、开展数字化加工制造等的无图纸智能研发制造。**四是**强化贯穿产品全生命周期各阶段的产品状态信息跟踪和反馈，加强在产品设计、工艺、制造、组装、测试、使用等各阶段的知识积累，对已经确认的知识和过程信息进行高频次复用，利用工艺和制造信息优化产品设计。总体上，实现信息化环境下产品研发、工艺设计、生产制造的一体化关联管控和协同优化。

3）在线、异地协同研发

机械、汽车、航空、船舶等装备行业企业致力于推动多研发主体间的在线、异地协同研发。重点内容包括但不限于以下几个方面。一是在企业内部的异地多研发中心之间搭建统一的研发平台，整合和共享研发资源，统一研发管理策略和研发流程，以产品线研发管理为主线明确各研发实体的功能定位，推动研发任务协同管理，实现研发管理的平台化、流程化、项目化和集成化。二是依托协同研发平台与企业外部的供应商、配套厂商进行在线协同研发。三是开展以用户为中心的产品协同研发设计，推动研发过程中用户、研发人员、资源提供方等多主体之间实时深入的交流与互动，建立用户全流程交互和参与的产品协同研发体系，创新众包设计、云设计等新型研发模式。

2．生产管控类能力——精益生产与敏捷制造

机械、汽车、航空、船舶等装备行业企业致力于推动面向订单的大规模个性化定制精益生产，实现企业、车间、生产线、单元设备等多层级的一体化协同生产管控和全流程闭环动态管理。重点内容包括但不限于以下几个方面。**一是**按照订单需求高效精确地制订生产计划、物料计划、配送计划和外协计划。**二是**精准编排车间作业计划，精确计算物料需求，并根据生产实绩和客户需求进行动态调整。**三是**按照客户订单的个性化、定制化需求，动态优化生产工序，灵活设定机台工艺，高效调度机台、人力、工具工装、物料等生产资源，及时准确投放车间及机台物料。**四是**对生产计划、物料计划、制造执行、设备生产等信息进行全流程监控和反馈，对客户订单进行全过程追踪和动态优化控制。总体上，实现精益、柔性、敏捷、协同、闭环的生产管控模式。

3．用户服务类能力

1）*用户互动与敏捷服务*

机械、汽车、航空、船舶等装备行业企业致力于围绕专业性强、复杂度高的装备产品，面向其最终用户持续提升服务水平，推动生产型制造向服务型制造转型。重点内容包括但不限于以下几个方面。**一是**建立以用户为中心的平台化、网络化、智能化备件体系和用户服务体系，实现跨业务和跨区域的专业服务和调度支持；通过物联网技术和大数据分析等信息技术的应用，及时响应用户服务请求，快速派工排除装备产品故障，提高用户服务响应速度和质量，降低用户服务成本，提供更加主动、精准和增值化的服务。**二是**不断提升装备产品的智能化程度，开展装备产品全生命周期追溯与服务，基于智能化产品对其各项运行参数和故障信息进行远程实时监控、诊断、预警和维护，通过监测数据的深入挖掘和分析为用户提供增值服务，通过产品使用和维护数据的挖掘和分析对产品性能和生产制造过程进行优化和改进。**三是**建立互联网化的用户营销服务体系，基于互联网平台和大数据分析精准定位市场需求和用户购买意向，创新线上线下一体化的O2O用户营销服务模式，基于用户信息管理和财务风险管理面向用户提供直销和信用销售服务等。

2）客户订单的快速响应与交付

机械、汽车、航空、船舶等装备行业企业致力于对客户订单需求进行快速响应及交付，提高客户订单的全生命周期服务水平。重点内容包括但不限于以下几个方面。**一是**以产品数字化快速研发创新和产供销一体化为基础，围绕客户需求快速进行产品初步设计、成本测算与报价、交付时间测算、订单确认等。**二是**按照客户订单需求，快速自动计算客户订单需要调动和配置的研发、生产、物料、人员等相关资源，迅速组织内外部资源完成订单，对客户订单进行全流程跟踪管控，并且向客户开放订单进展情况，快速准时交付订单。总体上，实现客户订单售前快速精准报价、售中实时跟踪、快速准时交付、售后备品备件快速调度与精准服务。

8.3.3 消费品行业企业信息化环境下新型能力建设的需求及重点方向

1．用户服务类能力

1）精准营销

轻工、纺织、食品等消费品行业企业致力于打造专业高效的营销平台，加强对营销渠道、营销活动、营销费用、营销效果等的管控力度，提高精准营销服务水平。重点内容包括但不限于以下几个方面。

基于互联网、物联网、大数据、云平台等手段，开展社交化客户关系管理，建立用户数据库，对用户信息、市场信息进行广泛搜集和深入挖掘，形成对用户需求、消费行为习惯、市场趋势的准确定位和深度认知，对用户群体和用户价值进行细分管理，针对不同用户群体开展精准营销，不断完善营销策略，有效投放营销资源，变被动满足用户需求为交互式主动营销。构建起线下线上一体化的O2O移动营销体系，创新基于移动互联等新媒体的新型营销模式，洞察用户需求，提升用户营销服务体验。

2）*用户互动与敏捷服务*

轻工、纺织、食品等消费品行业企业致力于持续提升用户服务体验。重点内容包括但不限于以下几个方面。**一是**建立用户互动交流平台，面向用户推动实现研发设计、生产、销售、配送、售后服务等各阶段的全流程可视化、透明化、可交互和可参与，基于移动社交平台等丰富用户交互参与方式，持续提升用户交互与参与水平，并对用户交互信息进行积累、分析和有效利用。**二是**基于全企业内部信息互联互通和实时共享，通过电话客服、社交媒体、在线交互、官网自助、及舆情监控等多元化的线上线下服务方式，建立全业务覆盖的“一站式”用户服务中心，优化用户服务流程，提升用户服务的专业化水平，实现覆盖售前、售中、售后等各阶段用户需求的快速响应和高效处理，提供多元、时尚、便捷、周到的用户服务体验。

3）产品全生命周期追溯

目前，消费品领域开展产品全生命周期追溯的企业以食品企业和医药企业为主。企业致力于对原材料采购、物料流转、生产加工、物流仓储、销售及流通渠道管控、售后服务等产品全生命周期各环节进行监控，对原材料信息、产品加工信息、质检信息、流通信息、客户服务信息进行关联、集成、分析和应用，实现产品正向可追踪、流向可管控、经销商窜货可防止、反向可追溯、实时定位可召回、相关责任可追究。建立生产企业、消费者、销售终端多方参与的互动沟通平台，为消费者提供产品真伪验证查询、产品全生命周期信息查询与渠道验证、产品价格规范管理、消费者意见反馈及处理、历史消费记录与分析等增值服务，同时提高企业对用户消费习惯和市场趋势的感知能力和快速反应能力。

2．供应链管理类能力

1）供应链协同运营

企业致力于实现供应链协同运营，重点内容包括但不限于以下几个方面。**一是**加强供应链上销售、采购、生产、库存、物流、应付、应收等核心环节之间的综合集成运作，深化产供销平衡和精细化管控，以及物流、信息流、资金流的统一。**二是**在此基础上将企业内部供应链不断向产业链上下游延伸，在上下游企业间打造贯通供应商、企业、客户等的供应链协同平台，及时共享客户订单、生产计划、物料需求、采购计划、生产实绩状况等关键信息，推动与供应商、配套厂商、客户等上下游之间的无缝对接、资源共享与业务协同，建立起资金占用少、库存周转快、交付时间短的敏捷供应链。

2）销售、采购、物流、库存的精细化创新管控

在销售、采购、物流、库存等供应链的重要环节，企业致力于依托信息技术进行精细管理及模式创新。**在销售方面，一是**深化推进销售电子商务，扩大电子商务范围和规模，创新销售电子商务 B2B、B2C 模式；**二是**借助信息化平台逐步缩减分销层级，推动批发向零售转型，建立直接面向最终用户的直销模式；三**是**进一步加强销售业务和分销渠道的深入集中管控；**四是**依托客户资料大数据分析和销售流程精细管控，探索信用销售模式。**在采购方面，一是**进一步规范采购流程，提高采购流程和采购信息的透明度，加强采购计划、采购合同、采购成本、采购入库等的精细化管理，**二是**持续扩大采购电子商务范围和规模。**在物流方面，**对生产、仓储、装卸、销售发货、在途运输、到货和签收等过程的物流安排和车辆资源进行智能调度、自动优化和全程跟踪。**在库存方面，**与供应商协同实现准时制供应和零库存管理；加强车间物料精细化管理，实现车间物料的自动分拣和配送。

8.4 主要新型能力识别及打造的方法与路径

两化融合管理体系明确提出了企业识别与打造信息化环境下新型能力的方法与路径，本节分别以原材料、装备、消费品三大类行业关注度最高的新型能力类别为例，简要说明企业按照两化融合管理体系要求进行信息化环境新型能力识别与打造的基本过程。

8.4.1 原材料行业企业产能平衡与稳定生产能力识别与打造的方法与路径

1. 原材料行业企业发展战略重点

我国原材料行业在快速发展过程中，长期粗放发展积累的矛盾日益突出。企业普遍面临竞争异常激烈、产能严重过剩、资源能源约束问题突出、行业整体利润率普遍低下等一系列发展问题。原材料行业企业规模普遍较大，企业运营风险点和不可控因素较多，未来可持续发展需要进行长时期的结构调整，加强企业内部管控水平和精细化程度，为产业转型升级赢得时间，是原材料行业平稳度过当前严峻经济形势的迫切需求。我国众多原材料行业将“精细管理、降本增效”作为企业当前发展的战略重点之一。

2．原材料行业企业可持续竞争优势需求

与“精细管理、降本增效”发展战略相一致的可持续竞争优势需求包括：

（1）成本优势。与竞争对手相比，能够对产品成本进行更加精细化的管控与核算，为客户提供同品质下价格更低的产品，并快速报价。

（2）产品质量优势。与竞争对手相比，能够为客户提供质量更加稳定、品质更高的产品。

（3）资源能源优化配置优势。与竞争对手相比，能够根据市场环境的变化，更加灵活快速地调整生产安排，优化资源能源配置，减少生产资源的闲置和浪费，提高有效产出。

3．原材料行业企业信息化环境下新型能力需求及新型能力目标指标

原材料行业企业为了形成在“成本、产品质量、资源能源优化配置”等方面的可持续竞争优势，识别和确定了在信息化环境下亟需打造和提升的重点新型能力需求，以**“产能平衡与稳定生产能力”**为例，相应的新型能力目标指标包括但不限于以下内容。

（1）生产计划制定效率。

（2）生产调度对生产计划执行的准确率。

（3）调度平衡数据分析与响应速度。

（4）综合商品率。

（5）成本核算精度和速度。

（6）综合能源情况。

（7）装置产能综合利用率。

（8）装置非计划停工次数/无故障运行时间。

（9）装置操作平稳率。

在新型能力的打造过程中，对以上新型能力目标指标提出明确目标值、计算方法、数据采集源、监测周期等要求，并将新型能力目标指标与相关部门及人员的绩效考核相结合，通过持续的监视、测量、考核，推动新型能力目标的实现和新型能力的成功打造。

4．两化融合实施过程——新型能力的打造及运行

1）业务流程

梳理原材料行业生产管控过程所涉及的关键业务流程，在信息化环境下对传统生产管控流程进行优化和重构，包括但不限于：生产计划制定流程、物料平衡流程、物料采购流程、多装置一体化调度流程、生产调度指挥流程、生产调度平衡流程、成本核算流程、生产运行监测流程、装置运行参数监测流程、装置巡检维护流程、风险防范预警流程、故障响应流程等。

2）组织结构

对应生产管控相关流程的优化需求，对相关组织结构及其职责进行优化调整和重构。以上生产管控流程所流转的部门一般包括：经营管理部门、生产管理部门、生产调度部门、物料采购部门、设备设施部门、财务部门等。如传统的月度生产计划制定流程中，生产管理部门的重要职责之一是在制定生产计划初期及时向相关部门了解销售计划、价格、产能、物料等方面的信息，流程优化之后，该职责由信息系统自动完成，需重新调整相关部门和人员的职责，生产管理部门在职责上应更加重视基于企业实际情况选择合适的优化排产模型及其参数。

3）技术

为了实现以上业务流程与组织结构，企业应按需配置相应的信息技术和工业技术手段，例如：ERP 系统，PIMS 系统，MES 系统，APC 系统，DCS 控制系统，数控化、网络化、智能化的生产装置，自动化测量设备、物联网技术等。

4）数据

对于生产管控中产生的信息资源，企业开展相应的数据开发利用，优化相关业务。例如：自动及时采集汇总产品及原材料市场价格数据、生产运行数据、物料动态数据、物流信息、装置生产能力等信息，进行建模分析，高效优化排产；实时采集装置运行、物料流向、质量分析、系统平衡、产品进出、工艺指标等信息，辅助进行调度指挥决策；对现场生产数据和图像进行采集和实时传输，实现人员定位、作业指导和巡检监管。

专栏1：扬子石化的企业数据管理实践

中国石化扬子石油化工有限公司位于江苏省南京市，是中国石化炼化龙头企业。多年来，扬子石化将数据资源作为公司重要的资产，构建了一套包括数据资源的管理职责分工、识别与采集、标准化管理、分析与利用等在内的数据管理与开发利用机制，并依托信息平台进行落地。同时，强化数据应用与企业各项业务结合，形成数据驱动的生产制造、经营决策的长效机制。

公司将科信部作为数据资源管理的牵头部门，负责数据资源的汇总、编制数据资源目录，开展数据资源的整合与开发利用、运行维护工作。同时，在各业务部门设置信息资源管理员，负责本部门业务范围内的数据资源日常管理，并与科信部紧密对接。

科技信息部形成了统一的信息标准代码分类与编制原则，对数据资源的代码制修订、运维、应用等实施统一、集中管理。在科信部的统一安排下，各部门主动识别、采集、维护生产经营管理所产生的内部数据，并按照业务类别、来源、分级属性等进行梳理，编制数据资源目录。科信部在汇总各部门数据资源目录的基础上，结合公司所需外部数据资源，形成了公司数据资源目录，并在各部门间共享。科信部根据公司数据资源的实际情况，依据公司发展规划和总部要求，结合各部门的数据资源开发利用需求，组织开展对公司数据资源的整合与开发利用。

在此基础上，扬子石化不断强化数据应用与公司各项业务的结合，形成了一套数据驱动的企业运营机制。公司构建了利用生产过程数据优化生产控制的机制，安排生产技术专家基于生产数据自主建立装置优化运行模型，形成基于生产数据与专家经验相结合的生产管控方式。公司形成了数据驱动的生产决策机制，依托决策支持与管控一体化系统，在原油品种选择与加工方案优化中，将企业生产数据与外部市场信息作为重要依据，实现“宜烯则烯，宜芳则芳，宜油则油”。

8.4.2 装备行业企业基于客户需求的数字化快速定制研发能力识别与打造的方法与路径

1．装备行业企业发展战略重点

相较于原材料、消费品行业，装备制造业产品结构复杂、BOM 中零部件数量多、产品及工艺研发设计过程复杂度高且专业性强、研发协同要求高，而且个性化和定制化的需求越来越多。研发创新类能力的形成、提升和突破需要经过长期持续的积累，一旦获取，能在行业建立起强大的壁垒性优势，同类企业难以在短时间内复制和追赶。目前，装备制造领域是一个全球一体化的开放市场，我国装备制造企业是在与全世界范围内的优秀企业进行竞争，普遍认识到要想在全球装备制造行业有立足之地，必须有前沿的产品和核心的技术。我国装备行业企业经过几十年的发展，已经在产品研发创新上取得了一定积累，还需要取得进一步突破。我国众多装备制造企业将“产品高端化、差异化”作为企业发展的战略重点之一。

2．装备行业企业可持续竞争优势需求

与“产品高端化、差异化”发展战略相一致的可持续竞争优势需求包括：

（1）研发设计资源优势： 拥有比竞争对手更加丰富的可快速复用和优化的模块化设计基础资源，形成产品标准化和通用化优势。

（2）产品性能优势： 与竞争对手相比，装备产品技术性能领先、工艺先进、结构出众、质量过硬、故障率低、使用周期长。

（3）研发效率优势： 能够比竞争对手更加快速、精确地响应客户需求，设计出与客户定制化需求匹配度高的产品。

（4）基于产品智能化的服务优势： 产品智能化程度高、能够基于智能化的产品，为用户提供比竞争对手更佳的服务。

3．装备行业企业信息化环境下新型能力需求及新型能力目标

装备行业企业为了具备在“研发设计资源、产品性能、研发效率、服务”等方面的可持续竞争优势，识别和确定了在信息化环境下亟需打造和提升的重点新型能力需求，以 **“基于客户需求的数字化快速定制研发能力”** 为例，相应的新型能力目标指标包括但不限于以下内容。

（1）产品研发中有数字化标准结构 BOM 的比例。

（2）产品研发设计周期。

（3）产品设计与工艺设计的传递效率。

（4）客户产品定制化需求的响应时间。

（5）产品设计变更次数。

（6）设计阶段产品成本测算的准确程度。

（7）新产品销售占比。

在新型能力的打造过程中，对以上新型能力目标指标提出明确目标值、计算方法、数据采集源、监测周期等要求，并将新型能力目标指标与相关部门及人员的绩效考核相结合，通过持续的监视、测量、考核，推动新型能力目标的实现和新型能力的成功打造。

4．两化融合实施过程——新型能力的打造及运行

1）业务流程

梳理装备产品设计所涉及的关键业务流程，在信息化环境下对传统装备产品设计流程进行优化和重构，包括但不限于：客户定制化需求的对接、交互与确认流程，研发设计管理流程，研发设计变更流程，产品成本预估流程、产品研发流程，工艺设计流程，产品设计到工艺设计的转换流程，产品参数维护流程，与供应商、配套厂商的协同研发流程等。

2）组织结构

对应装备产品设计相关流程的优化需求，对相关组织结构及其职

责进行优化调整和重构。以上研发设计相关流程所流转的部门一般包括：产品研发部门、工艺设计部门、财务及采购部门、信息技术部门、销售部门等。例如：在传统的客户定制化需求的对接、交互与确认流程中，研发部门需要设置专门人员将销售人员所采集的客户需求转化为产品研发设计语言，供研发人员进行初步产品设计，设计方案再传递给客户进行确认，之后由相关部门进行成本预测和报价，流程优化以后，客户需求的采集、初步方案设计和确认、成本的初步核算可同步在线完成，流程优化后，需重新调整相关部门和人员的职责，以确保流程优化的顺利执行。

3）技术

为了实现以上业务流程与组织结构，企业应按需配置相应的信息技术和工业技术手段。例如：对企业的产品数据和工艺数据进行标准化管理，客户需求互动采集平台、研发管理平台、PDM 系统、二维 CAD 系统、三维 CAD/CAM/CAE 系统、CAPP 工艺制造系统、云平台、物联网、传感器、嵌入式系统，以及 PDM 系统、CAD 系统、ERP 系统等之间的集成。

4）数据

对于产品研发设计中产生的信息资源，企业开展相应的数据开发利用，优化相关业务。例如：对客户需求数据进行积累统计和分类分析，优化企业产品结构，扩大标准结构 BOM 范围；对数字化产品图纸和工艺图纸进行积累，扩展可利用的产品模型库；对产品的用户使用及维护数据进行跟踪分析，优化产品设计参数与工艺设计参数，持续提高产品性能；对产品成本预测数据与实际数据进行比对优化，提高产品成本预测准确度，合理指导产品定价等。

专栏 2：株洲中车时代电气的多管理体系整合实践

株洲中车时代电气股份有限公司（以下简称时代电气）是中国中车核心企业，主要从事轨道交通装备电传动系统、轨道工程机械电气控制系统及整机、城市智能交通系统等产品的研发、制造、销售和技术服务。

以“经营全球化、组织高效化”的战略为依托，为全面提升企业管理水平和经营质量，时代电气于 2011 年引入卓越绩效模式（PEM）。五年来，对照 PEM 体系要求，实施卓越绩效管理项目，对 ISO 9000、IRIS、ISO 14001、OHSAS 18001 等现有的管理体系和标准进行了全面梳理和诊断，对重要的流程、制度进行了完善和补充，编制形成将卓越绩效管理体系融入公司各项管理要求的《管理手册》。近五年，针对研发、生产、采购、销售、人力资源、财务等重要领域，累计实施管理项目 360 余项，企业管理成熟度逐年提升，形成了持续改进的长效机制，制定了标杆学习、精益管理优化、PEM 体系自评等多项管理制度和办法，构建并形成了公司的精益管理文化，实现了以高可靠、高安全的产品满足用户需求、履行社会责任，打造高效率的运营系统，提供优质的产品和服务，持续提升品牌价值和客户满意度，实现公司和客户的高效益的“双高双效”模式，并于2016年获中国质量奖。

以两化融合管理体系贯标为契机，时代电气正在“以卓越绩效模式明确战略，以两化融合管理体系实现能力打造和战略落地，以IPD全流程优化项目作为融合核心工具”，加快多体系一体化整合，以支撑“十三五”全球化卓越运营能力体系建设，完善企业管理水平和经营质量，提升中国轨道交通高端装备产品在世界轨道交通产业价值链中的地位。

8.4.3 消费品行业企业精准营销与敏捷服务能力识别与打造的方法与路径

1．消费品行业企业发展战略重点

近几年，越来越多的企业意识到，企业之间的竞争已不仅是技术、产品、人才和管理的竞争，也是生产组织和服务方式的竞争。用户的需求呈现出个性化、多样化的发展趋势，对服务质量的高标准和服务内容的多样化要求不断提升。消费品行业企业作为最靠近最终用户端的企业，服务创新活动也最为活跃。当前，我国消费品行业企业纷纷主动探索新兴态，进行服务模式创新与服务化转型，利用信息化实现以用户为导向的个性化、差异化、精准化的营销、生产与服务，提升用户的满意度、依赖度和忠诚度。实现“超预期的用户体验”已经成为众多消费品行业企业的重要战略方向之一。

2．消费品行业企业可持续竞争优势需求

与“超预期的用户体验”发展战略相一致的可持续竞争优势需求包括：

（1）营销优势：能够比竞争对手更加快速、准确地定位目标客户群体，准确判断目标客户的行为习惯、消费偏好和消费需求。

（2）市场快速响应优势：与竞争对手相比，能够更加快速、准确地了解市场动态、判断市场趋势、预测客户需求，并对企业的产品、生产、销售等活动做出相应调整。

（3）优质高效的服务优势：能够比竞争对手为客户提供更加优质、快速、便捷、贴心的服务，拥有比竞争对手更高的客户黏性。

3．消费品行业企业信息化环境下新型能力需求及新型能力目标

消费品行业企业为了具备在“营销、市场响应、用户服务”等方面的可持续竞争优势，识别和确定了在信息化环境下亟需打造和提升的重点新型能力需求，以**“精准营销与敏捷服务能力”**为例，相应的新型能力目标指标包括但不限于以下内容。

（1）营销活动的投入产出比。

（2）线上线下交易额比例。

（3）销售预测准确率。

（4）客户退换货比例和及时率。

（5）客户服务响应时间。

（6）客户满意度。

（7）客户忠诚度。

在新型能力的打造过程中，对以上新型能力目标指标提出明确目标值、计算方法、数据采集源、监测周期等要求，并将新型能力目标指标与相关部门及人员的绩效考核相结合，通过持续的监视、测量、考核，推动新型能力目标的实现和新型能力的成功打造。

4．两化融合实施过程——新型能力的打造及运行

1）业务流程

梳理消费品企业营销活动和用户服务活动所涉及的关键业务流程，在信息化环境下以新型营销模式和用户服务模式为导向优化和重构传统营销流程与用户服务流程，包括但不限于：客户关系管理流程，客户分析与评价流程，营销渠道（网络）管理流程，市场调研、分析与预测流程，市场需求预报流程，产品定价流程，（基于移动社交新媒体的）营销策划与实施流程，促销管理流程，营销成效跟踪与评价流程，面向终端用户的产品直销流程，客户服务应答与处理流程等。

2）组织结构

对应营销活动和用户服务活动相关流程的优化需求，对相关组织结构及其职责进行优化调整和重构。以上营销活动和用户服务活动相关流程所流转的主要部门一般包括：市场营销部门，客户管理与服务部门，渠道或服务网点等。例如：在传统的营销策划与实施流程中，市场营销部门主要通过开展线下营销活动来拓展市场；基于移动社交新媒体的营销策划与实施流程中，市场营销部门的职责需要相应调整，对线上线下营销资源进行全方位整合，开展全渠道直通消费者的营销活动成为其重要职责之一。

3）技术

为了实现以上业务流程与组织结构，企业应按需配置相应的信息技术和工业技术手段，例如：互联网技术，移动互联技术、电子商务平台，CRM 系统，数据存储、挖掘与分析技术，移动社交新媒体，物联网技术（一维码、二维码、RFID 射频技术），GPS 定位技术，手持移动终端等。

4）数据

对于营销活动与用户服务活动中产生和积累的信息资源，企业开展相应的数据开发利用，优化相关业务。例如：采集分析用户互动及消费信息，建立用户消费行为模型，为用户提供针对性的营销与服务；对海量市场信息、全覆盖的用户反馈信息进行深入挖掘，优化调整企业产品、销售、营销、服务等相关业务。

专栏3：青岛红领的组织形态变革、数据管理创新

——孕育个性化定制生产模式

青岛红领，通过建立流程化运营体系，重新定位企业员工、客户、供应商等之间的关系，借助互联网搭建起消费者和制造商的直接交互平台，开展组织形态变革与数据管理创新，催生了围绕用户的个性化定制模式，实现从传统劳动密集型企业向高绩效高科技型企业转变，由纯生产型向创意服务型转化，大大提高了产品附加值。

在组织形态变革方面，青岛红领以用户需求为中心反向整合组织资源，开展节点管理模式的组织变革。公司破除原有的科层制管理，实现平台化的节点管理，将公司各部门整合为供应链中心、生产中心、客服中心、财务中心、信息中心、人力资源中心6大中心协同管理。并且，以客服中心为企业神经中枢，通过客服中心将用户需求直接传达至企业各节点岗位，破除用户需求与企业能力之间的壁垒，实现对用户需求的快速响应。

在数据管理方面，青岛红领转化为一台大型数字化3D打印互联网平台。用户在互联网平台上选择服务，员工在互联网平台上完成工作，双方直接对接。用户基于平台提供的数据筛选所需服务，平台将用户需求转化为数据，建立数据模型并发出工作指令，员工依托互联网平台获取信息、数据、指令，完成生产，并将生产数据实时上传至互联网平台，实现与用户的实时交互。红领的整个价值

链完全由数据驱动，一组客户数据完成所有的定制、服务全过程，无须人工转换、纸质传递。在互联网平台上，数据完全打通、实时共享传输，并不断创造价值。

青岛红领形成了扁平化的节点管理机制，打造“数据驱动型企业”，以订单为主线，以海量标准化数据为基础，以生产过程自动化为支撑，建立个性化定制互联网平台，实现了个性化定制生产模式。

8.5 以两化融合管理体系探索制造业管理模式创新

互联网时代，快速满足客户个性化、多样化需求成为企业发展的根本目标，创新驱动、跨界融合、组织重构、以人为本、互联互通逐渐成为企业转型发展的重要方向。为适应互联网时代的发展需求，企业亟需变革传统工业时代的管理模式，开展战略的柔性调整和闭环管控，构建动态组织和价值网络，开创完备的数据治理体系，系统创新互联网时代企业管理制度、机制及模式，以孕育形成互联网时代的新模式新业态，实现可持续发展。两化融合管理体系是引导企业强化变革管理、系统推进两化融合的管理方法论，两化融合管理体系贯标是互联网时代企业管理创新的重要引导和有效途径。企业可按照该标准要求，围绕互联网时代新型能力的识别、打造和动态调整，建立和完善战略管控、流程与组织变革及数据治理等方面的机制，为生产方式和服务模式变革创造有力条件。新工业革命背景下制造业管理模式创新的关键点如图 8-32 所示。

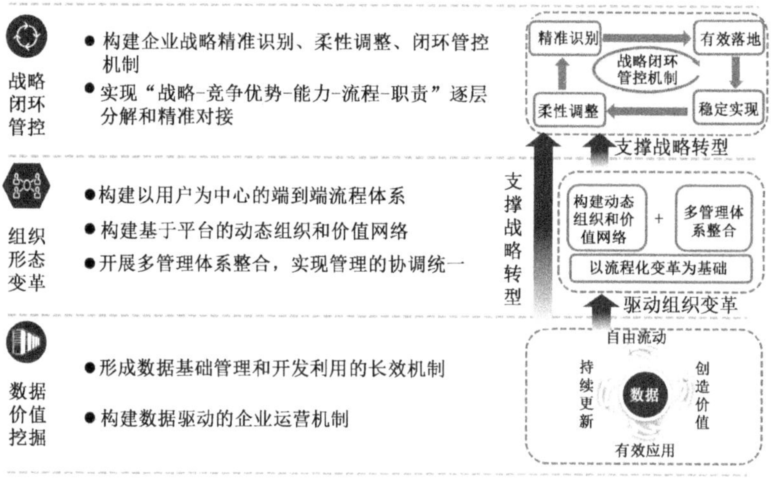

图 8-32　新工业革命背景下制造业管理模式创新的关键点

8.5.1　战略闭环管控

新工业革命背景下，体现企业发展使命、经营思想、价值体系和行为准则等的战略理念和目标发生深刻变革。快速满足客户个性化、多样化需求成为企业发展的根本目标，创新成为转型升级和可持续发展的核心动力。从管理的角度，加强互联网时代的战略管控，围绕战略的精准识别、柔性调整、有效落实和稳定实现进行管理创新，是企业管理变革的重点。

构建企业战略精准识别、柔性调整、闭环管控机制是战略管控的首要任务。在新工业革命背景下，企业内外部环境瞬息万变，能否准确定位符合互联网时代要求的发展战略，并推动其与时俱进，对于企业能否实现可持续发展具有决定性作用。构建战略精准识别、柔性调整、闭环管控机制，设立由高管、业务负责人及外部专家组成的专门机构对战略进行研究、制修定、审核及执行跟踪是当前众多龙头企业的成熟做法。企业还应利用信息技术创新战略管控手段，及时跟踪、全面采集和深入分析宏观经济政策、市场情况、竞争对手情况、合作方情况、内部发展等信息，精准定位企业发展战略和目标。在战略贯彻落实过程中，通过实时跟踪、及时感知内外部发展环境的变化，并结合既有战略的执行情况，对发展战略进行滚动修订和优化调整，实现战略的闭环控制。

实现“战略-竞争优势-能力-流程-职责”逐层分解和精准对接，促进战略有效落实和稳定实现，是战略管控的重中之重。战略体现了企业发展的总体价值取向，在相关业务流程及其业务环节完整一致地贯彻企业战略目标，是战略有效落地的最终保证。为避免企业底层业务流程与顶层战略之间的脱节和偏离，首先需要将战略转化为企业外部竞争中的可持续竞争优势需求，进而转化为内部一系列新型能力的打造需求，再通过能力相关业务活动的流程及职责优化安排来实现能力的打造。可以说新型能力的打造是战略落地的有效路径，能够帮助完成战略与流程之间的精准对接，确保战略的有效落地和稳定实现。因此，企业应建立“战略-竞争优势-能力-流程-职责”的战略逐层分解和精准对接机制，以新型能力打造为手段和路径，以流程管理和职责设置为落脚点，充分调动、整合、协调相关资源，确保战略落地。

8.5.2 组织形态变革

组织形态往往是一个企业商业模式、经营管理模式、生产组织模式、服务模式等的承载与体现。在新工业革命背景下，顺应时代发展要求，调整、优化或重构传统组织形态，创新定位企业员工、客户、供应商等之间的关系，激发企业创新活力和发展潜力是企业面临的重大挑战之一。建立以客户需求为导向的流程体系、构建基于平台的价值网络是企业管理创新的核心内容，也是我国企业管理亟需补齐的短板。

构建以用户为中心的端到端流程体系，是组织形态变革的重要基础。业务流程体系建设是组织管理的核心内容，决定企业的具体组织形态。当企业发展回归价值本源，需要围绕发展战略和发展模式构想，以满足个性化和多样化用户需求为根本出发点，着眼企业全局构建企业级、部门级、岗位级的分级、分类、集成的业务流程体系，转变现有以部门为中心的业务流程设计方式，消除传统“职能流程”断点及不增值环节，为组织形态设计提供直接指导。通过以用户为中心的流程化组织的构建，可以形成企业价值创造的运转机制，最大限度满足用户需求，实现产品和服务价值的高效传递。

突破企业边界和规模，构建基于平台的动态组织和价值网络是组织形态变革的重要方向。为适应用户参与、服务个性化、生产分散化的新趋势，企业组织形态不断向着扁平化、流程化、柔性化、网络化和分权化的方向发展。充分发挥互联网聚集、整合、优化各类要素资源的优势，以各种经济性联接为纽带，以用户需求为中心，通过跨企业业务流程体系构建、员工充分赋权以及绩效制度优化，突破企业边界和规模，构建以激发人的创造性为导向的自组织和价值网络，可以加快从过去高度集中的决策中心组织向分散的多中心决策组织演进，强化企业内部、企业之间及企业与用户之间的资源整合和业务协同，从而最大限度满足用户需求，提高可持续发展能力。

开展多管理体系整合，实现管理的协调统一是组织形态变革的重要任务。企业在发展过程中不断引入并应用各种管理理念和方法，建立并同时运行多套管理体系。由于缺乏有效整合，存在很多冗余无效的流程以及流程断点，导致难以适应生产经营管理集成化、柔性化、敏捷化的发展需求。企业应加强多管理体系整合，在内部引入流程管理的理念与方法，设立统一的企业级流程架构，规定统一的流程描述规范，设置配套的流程职责和部门岗位职责，将各种管理体系的具体要求转化为相关业务流程，按照业务流程管理规范，明确业务流程职责、部门职责和岗位职责，建立起“一套流程”“一套体系”，将其作为每个员工可执行的具体工作，这样各岗位的职责履行在满足不同管理体系需求的同时，也切实服务于企业的发展战略。

8.5.3 数据价值挖掘

当前，数据作为企业核心资产和战略性基础资源的价值逐步显现。构建系统完备的数据管理制度，按照规范的方法挖掘数据的价值，打造数据驱动型企业，是新工业革命背景下管理创新的当务之急。

形成数据基础管理和开发利用的长效机制是确保数据价值有效挖掘的基础。企业首先要建立合理的数据管理组织架构，明确企业级的数据基础管理和开发利用的责任部门和人员，统筹推进企业数据管理与开发利用工作。必要时，可在管理层设立首席数据官（CDO），并在各业务部门设立数据管理与应用分析岗位。**在数据基础管理方面，**需明确数据管理的内容、范围与责任分工，科学制定并切实执行数据管理的各类标准规范和工作程序，开展数据统一编码和集中管理，提升数据资源的完整性、准确性、及时性、可用性及共享水平，促进数据向信息和知识转化。**在数据开发利用方面，**应依据发展需求与现有数据基础，创新数据开发利用平台和手段，常态化开展数据开发利用的统筹规划、分解执行、跟踪监测、效果评估，推动数据分析与建模，鼓励开展跨部门、跨业务环节、企业内外部之间数据的关联分析与创新应用，充分挖掘数据的应用价值。

构建数据驱动的企业运营方式是数据价值挖掘的关键。以数据的基础管理和开发利用机制为基础，企业应充分发挥数据在优化资源配置和运营管理中的作用，将数据模型深度嵌入到企业研发、生产、管理、决策、营销、服务等各项运营活动的事前策划、事中管控、事后考核中，以数据为纽带将各项运营活动紧密结合、协同配合、形成合力，将基于管理者素质与经验驱动的运营方式转化为数据驱动的运营方式，实现企业的高效精准运转。同时，企业的各项运营活动既是数据的使用方，更是数据的产生方，企业应对各项活动产生的数据进行汇集，积累成为企业的战略性核心资产，为企业运营机制的持续创新提供支撑，从而实现生产过程数字化、业务流程集成化、管理方式网络化、决策支持智能化。

8.5.4 创新管理孕育新模式、新业态

在新工业革命背景下，新一代信息技术加速向制造业渗透融合，引发制造业基础设施、生产要素、产业生态的持续变革。企业亟需转变研发模式、生产方式和服务模式，培育形成新模式新业态，以构筑可持续竞争优势。

企业的管理方式直观反映了其发展理念和文化是因循守旧还是开拓创新，管理机制的创新是企业培育新模式、实现可持续发展的前提和保证。一方面，数据等新型生产要素的引入，促使企业需要对管理的对象、方式、手段等进行系统创新，变革现有资源要素配置方式，破除产生新模式新业态的组织桎梏和管理壁垒，激发创新活力，规范

创新过程，降低创新风险，提高创新活动与企业发展需求的匹配程度，形成有利于孕育新模式新业态的良好生态环境。**另一方面，**新模式新业态的培育本就是一套复杂系统工程，涉及产业生态重构、战略转型、组织变革及数据的创新应用等方面，企业需要对全要素进行统筹优化和重组，才能加快形成新型生产方式、服务模式、运营模式、商业模式乃至产业生态。

当前，制造业在研发设计、生产制造、用户服务等方面的模式和业态创新，均与管理创新相伴相生。在研发模式方面，企业通过研发设计数据积累和知识沉淀，创新研发设计手段，优化研发流程，构建跨领域、协同化、网络化创新研发平台，有效获取和利用外部创新资源，引导用户参与产品研发，实现研发设计由串行模式向并行模式转变，催生了众包设计、用户参与设计、大规模个性化定制等研发新模式。在生产制造方面，通过提升生产制造的数字化、网络化、智能化水平，优化和改善生产管控流程，创新生产组织方式，培育形成了一体化生产管控、柔性生产、精益生产、敏捷制造等生产制造新模式。在服务模式方面，依托信息化手段、创新服务方式，推动生产型制造向服务型制造转型，形成了网络精准营销、全产业链追溯、远程在线诊断维护服务、供应链金融等一系列服务新模式。

8.6 企业新型能力建设的总体成效

企业通过开展两化融合管理体系贯标，可建立和完善两化融合管理机制，并在该套机制的引导下持续开展信息化环境下的新型能力打造和提升活动。两化融合管理体系评定管理平台数据显示，通过评定企业的新型能力持续提升，有效实现了研发创新、生产高效、服务优质和综合效益增长，彰显了企业两化融合管理体系贯标成效。

8.6.1 研发创新

研发设计处于产品生命周期的前端，很大程度上决定了产品性能、质量和成本，是增强企业创新能力的关键所在。开展两化融合管理体系贯标、打造信息化环境下研发创新类能力的企业，结合信息技术条件，对研发设计所涉及的业务流程进行优化和重构，对相关组织结构及职责进行优化调整，按需在研发活动中采用相应的信息技术和工业技术手段及工具，强化在研发设计中数据和知识的深度应用，企业的研发实力不断增强。

打造研发创新类能力的企业，设计、工艺、制造的并行管理水平大幅提升。在通过两化融合管理体系评定的企业中，部分企业致力于打造研发创新类能力，变革研发设计手段，推进数字化工具在产品设计、工艺设计等环节的普及应用，推动设计 BOM、工艺 BOM、制造 BOM 的关联协同维护，开展产品研发、工艺设计、现场生产制造之间动态实时的并行管理、协同优化和闭环改进。两化融合管理体系评定管理平台数据显示，这部分贯标企业的数字化研发设计的产品覆盖率由平均 53.2%提升至 73.2%，设计、工艺及制造环节的互联互通与关联维护水平提升显著，产品设计环节与生产制造环节的数据自动传递比率高达 99.3%，产品全生命周期 BOM 数据准确率平均增加了 1.3%（见图 8-33）。

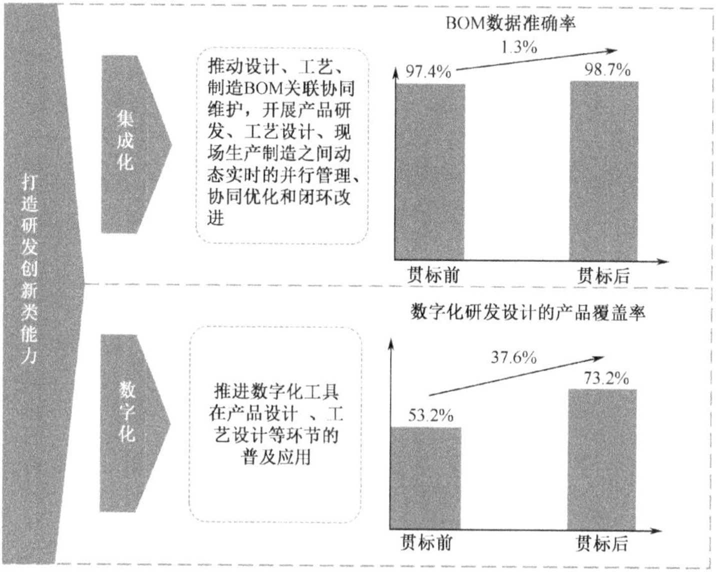

资料来源：两化融合服务平台（www.cspiii.com），经整理计算。

图 8-33　打造研发创新类能力企业的设计、工艺、制造并行管理水平提升情况

打造研发创新类能力的企业，研发质量和研发效率齐升。在通过两化融合管理体系评定的企业中，部分企业致力于打造研发创新类能力，基于互联网平台强化研发过程中研发人员与用户、供应商、生产人员等主体的有效沟通，精准对接客户需求，基于数字化研发设计工具开展产品与工艺设计数据的有效积累与复用，提升产品标准化、模块化、通用化设计水平，减少研发设计失误，提高研发设计速度。两化融合管理体系评定管理平台数据显示，这部分贯标企业的研发质量和研发效率提升效果显著，产品设计变更率平均降低了 25.7%，新产品研发一次成功率平均提升了 7.1%，由 84.7%提升至 90.7%；新产品研发周期平均缩短了 32.6%，由 221.4 天降低至 149.3 天，年度新产品研发数量平均提升了 39.7%（见图 8-34）。

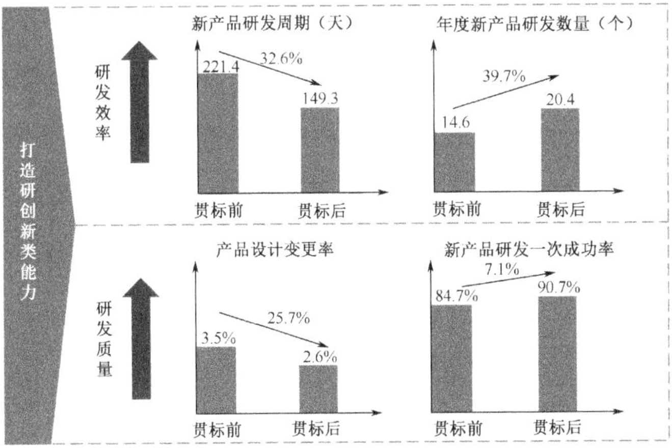

资料来源：两化融合服务平台（www.cspiii.com），经整理计算。

图 8-34 打造研发创新类能力企业的研发效率和研发质量提升情况

8.6.2 生产高效

生产管理和生产制造是众多企业资源优化配置的核心，也是企业价值创造的根本。开展两化融合管理体系贯标、打造信息化环境下生产管控类能力的企业，结合信息技术条件，对生产管理和生产制造所涉及的业务流程和工序进行优化、创新和重构，对相关组织结构及职责进行优化调整，按需在生产管理和生产制造活动中采用相应的信息技术和工业技术手段及工具，强化在生产管理和生产制造活动中数据和知识的深度应用，企业的生产管控水平不断增强。

打造生产管控类能力的企业，生产制造数字化水平显著提升。在通过两化融合管理体系评定的企业中，部分企业致力于打造生产管控类能力，在生产制造关键环节引入成熟的数控设备或对已有设备进行数控化改造，加强生产制造过程的标准化和规范化程度，提高生产制造的数字化、网络化和智能化水平。两化融合管理体系评定管理平台数据显示，这部分贯标企业的关键工序数控化率提高了 10.3%，设备、质量、物料状态等相关数据的自动采集率提高至 64.6%（见图 8-35）。

打造生产管控类能力的企业，生产效率和产品质量不断改善。在通过两化融合管理体系评定的企业中，部分企业致力于打造生产管控类能力，推动生产管控各层级的有效集成和无缝衔接，开展企业级生产计划、车间级生产调度、生产现场操作等的多层集成、在线优化和闭环管理，并对原辅料质量、生产过程质量、产品质量等信息进行实时

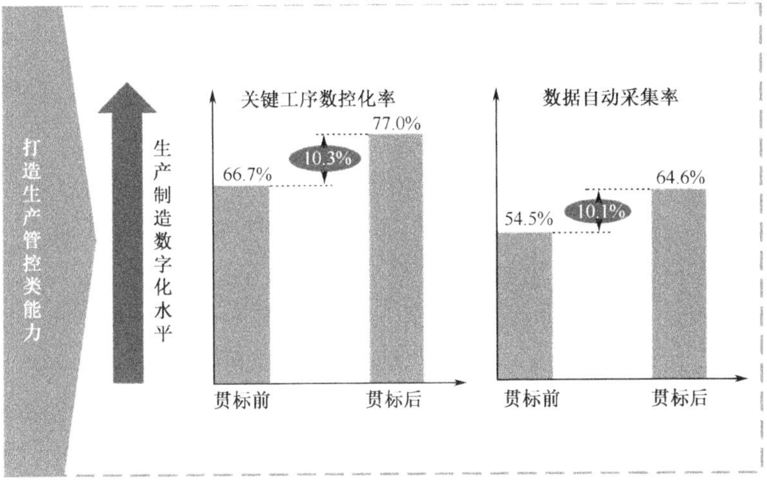

资料来源：两化融合服务平台（www.cspiii.com），经整理计算。

图 8-35 打造生产管控类能力企业的生产制造数字化水平提升情况

自动监测与分析，实现产品全生命周期的一体化质量管控。两化融合管理体系评定管理平台数据显示，这部分贯标企业生产效率、产品稳定性和可靠性不断提升，物料供应及时率提升至 99.0%，生产计划完成率提高至 97.4%，生产周期平均缩短 12.9%，产品一次合格率提升至 95.1%（见图 8-36）。

打造生产管控类能力的企业，生产资源综合利用效率持续提升。在通过两化融合管理体系评定的企业中，部分企业致力于打造生产管控类能力，对生产相关的人员、物料、设备、资金等资源进行优化配置和精细管控，生产管理层面不断优化生产计划、物料需求计划、配送计划、外协计划等，生产作业现场动态优化生产工序，以及机台、

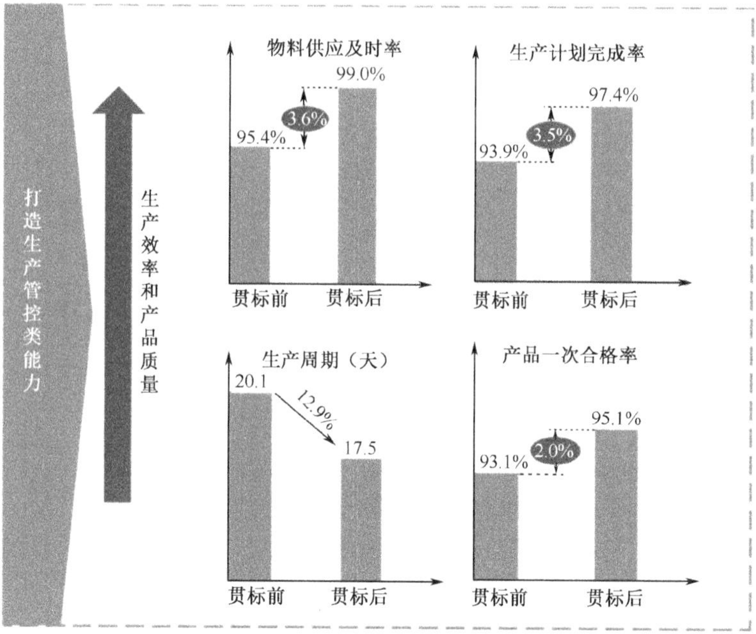

资料来源：两化融合服务平台（www.cspiii.com），经整理计算。

图 8-36　打造生产管控类能力企业的生产效率和产品质量提升情况

人员、工装工具、物料等的配置。两化融合管理体系评定管理平台数据显示，这部分贯标企业的生产资源利用效率持续提升，制造成本下降了 6 个百分点，能耗水平降低 13.6%，设备综合利用率、产能利用率分别提升了 2.1%、2.3%（见图 8-37）。

8.6.3　服务优质

当前企业之间的竞争已不仅是技术、产品、人才和管理的竞争，更是服务的竞争。开展两化融合管理体系贯标，打造信息化环境下

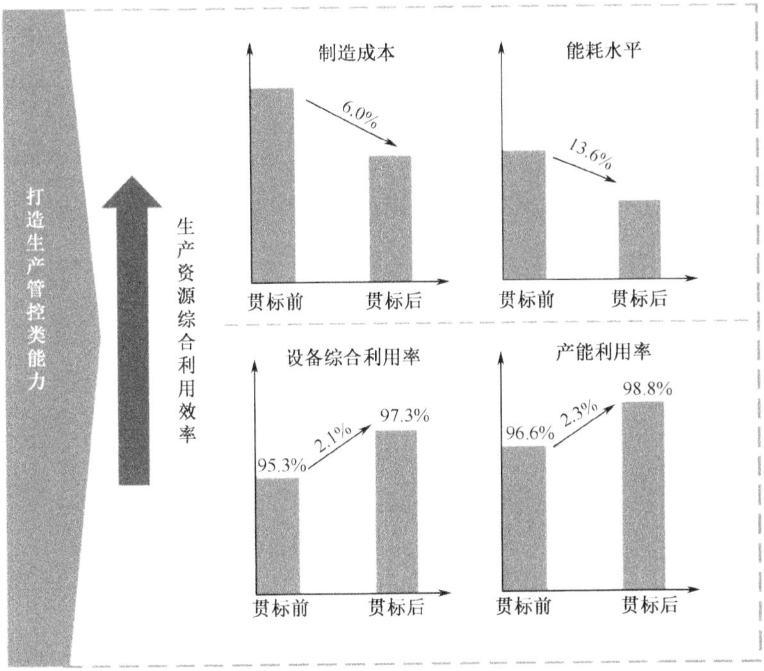

资料来源：两化融合服务平台（www.cspiii.com），经整理计算。

图 8-37　打造生产管控类能力企业的生产资源综合利用率提升情况

用户服务类能力的企业，结合信息技术条件，对用户服务所涉及的业务流程进行优化和重构，对相关组织结构及职责进行优化调整，在用户服务活动中不断采用新技术、新手段及新工具，持续挖掘数据在用户服务中的价值，用户服务内容和形式逐渐丰富，服务水平不断提升。

打造用户服务类能力的企业，客户订单响应及交付水平显著提升。在通过两化融合管理体系评定的企业中，部分企业致力于打造用户服务类能力，以产品数字化快速研发创新和产供销一体化为基础，围绕客户订单需求快速进行产品初步设计、成本测算与报价、交付时间测算、订单确认等，根据客户订单需求快速、合理配置各项生产资源，对客户订单进行全流程跟踪管控，实现客户订单售前快速精准报价、售中实时跟踪及快速准时交付。两化融合管理体系评定管理平台数据显示，这部分贯标企业的订单响应时间平均缩短了2/3，订单交付周期平均缩短了1.5%，由26.2天减少至25.8天，订单交付及时率平均提升了1.4%，由93.5%升高至94.8%（见图8-38）。

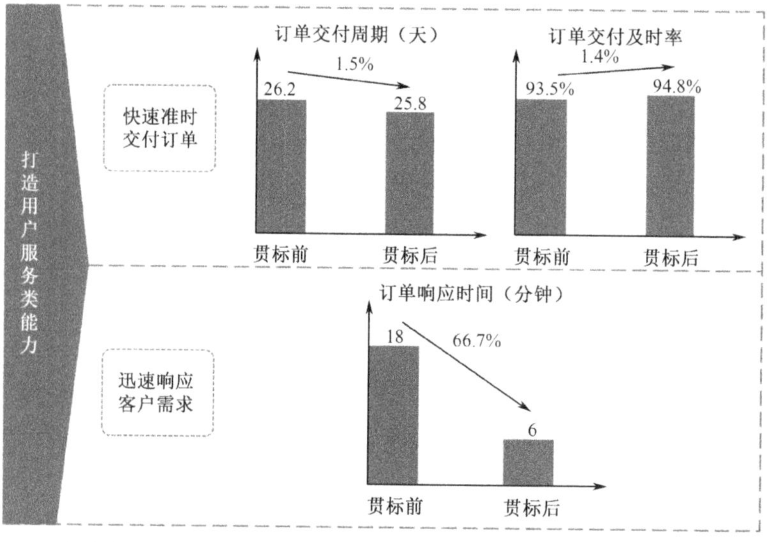

资料来源：两化融合服务平台（www.cspiii.com），经整理计算。

图8-38 打造用户服务类能力的企业用户订单响应及交付水平提升情况

打造用户服务类能力的企业，用户体验及满意度不断提高。在通过两化融合管理体系评定的企业中，部分企业致力于打造用户服务类能力，基于移动社交平台等丰富用户交互参与方式，面向用户开展研发设计、生产、销售、配送、售后服务等各阶段的全流程可视化、透明化、可交互和可参与，并对用户交互信息进行积累、分析和有效利用，实现覆盖售前、售中、售后等各阶段用户需求的快速响应和高效处理，提供多元、时尚、便捷、周到的用户服务体验。两化融合管理体系评定管理平台数据显示，这部分贯标企业的用户服务响应时间平均降低了 35.4%，服务及时率平均提升了 14.2%；用户年投诉次数平均降低了 48.6%，用户服务满意度平均提升了 3.6%（见图 8-39）。

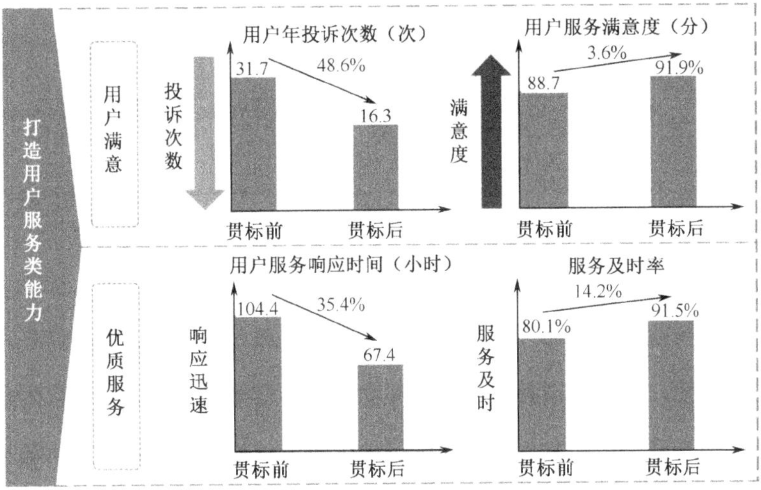

资料来源：两化融合服务平台（www.cspiii.com），经整理计算。

图 8-39 打造用户服务类能力企业的用户体验和满意度提升情况

第五篇
发展展望

对新时代我国两化融合发展重点进行展望，并针对两化融合未来发展提出建议。

CHAPTER 09 第9章

新时期两化融合发展展望

长期以来，党中央、国务院始终将两化融合作为一项长期性的重大战略部署，政产学研各界凝心聚力、攻坚克难，共同推动两化深度融合不断取得新进展、新突破、新成效，为中国经济转型提供了强大动力。当下我国两化深度融合正处于战略机遇期、发展攻坚期和成效显现期，亟待突破基础薄弱、创新力不足、组织管理约束等发展瓶颈，推动融合发展向纵深突破。站在新时代我国经济社会发展的历史新方位，着力将两化融合发展推向新高度、新境界、新水平，就要牢牢把握新一代信息技术与制造业融合的新机遇，围绕政策理论研究、基础设施建设、标准体系完善、评估对标引导、贯标应用推广、企业管理创新、系统解决方案推广、工业互联网发展和新模式新业态培育等方面深化两化融合发展，以助力我国经济高质量发展，加速制造强国和网络强国建设。

9.1 不断深化新时代两化融合政策及理论创新

党的十九大报告指出,“加快建设制造强国,加快发展先进制造业,推动互联网、大数据、人工智能和实体经济深度融合,培育新增长点、形成新动能”,这为新时代两化融合发展提供了根本遵循。在新时代的历史方位下,亟需从国家战略和时代需求出发,加强政策及理论方法创新,为持续增强融合发展合力提供指引。**一方面**,加快制定实施新一代信息技术与制造业融合发展政策文件,完善工业互联网、大数据、智能制造等重点发展领域的战略规划,构建新时代融合发展的政策体系。**另一方面**,进一步加强两化融合理论体系和方法论研究,深刻把握新时代两化融合新特征、新内涵、新要求,深入研究两化融合内涵外延、作用机理和发展模式,明确推进新时代两化深度融合的重点方向与机制路径,为加快构筑数字经济背景下制造业新型竞争能力提供新理论基础。

9.2 持续夯实两化融合基础设施建设

新一代信息技术的蓬勃发展为两化融合新型基础设施的改造完善和迭代升级创造了新的机遇。强化智能装备和产品、智能工厂、工业技术软件等基础设施供给和保障能力，将为新时代两化融合发展提供更加坚实的保障，为构建新型生产方式和产业形态创造更加有利的条件。**一是提升成套装备和重大产品的智能化水平，**研究制定重点领域智能装备发展路线图，实施重大产品智能化产学研用合作专项，推动成套智能装备核心技术突破和产业化发展，加速智能产品的创新研发和集成应用。**二是加快智能工厂建设与应用，**面向重点行业开展智能工厂应用示范，面向典型应用场景构建基于智能工厂的高效协同、自主引导的智能运营体系，加快建设智能制造示范区，探索区域高效协同的智能制造体系和新型产业生态系统。**三是加速推进工业技术软件化，**强化行业共性工业知识和经验的研发、积淀和软件化转化，促进相关成果和软件的开放共享和复用迭代，加速工业软件的规模化生产和市场化应用。

9.3 有序推动两化融合标准体系建设

继续以标准化为纽带和抓手，加快将两化融合领域新的技术、理念和方法转化为关键标准，为社会各界协同推进两化深度融合提供指导和参考，引导我国两化融合发展迈上新台阶。**一是持续加强两化融合标委会建设**，不断健全标委会运行机制和工作体系，加强标准工作组、区域创新推广中心建设，构建两化融合标准化工作开放机制，打造提升两化融合标准全生命周期公共服务能力，为体系化、规范化开展两化融合标准制定和产业应用提供重要支撑。**二是迭代优化两化融合标准顶层架构**，结合新时代两化融合发展现状和标准化需求，进一步完善两化融合管理标准体系，形成标准发展路线图和标准化建设指南。**三是加快推进关键亟需标准项目研制**，依托两化融合标委会，持续推进两化融合管理体系、工业互联网、工业信息安全等重点领域国家标准和行业标准制修订，培育发展两化融合团体标准。**四是积极推进国际标准化工作**，深度参与国际标准化交流活动，加快两化融合国际标准立项研制和产业推广，提升我国两化融合理论方法和产业实践的国际影响力和话语权。

9.4 创新开展两化融合评估诊断和对标引导

近年来，两化融合评估诊断和对标引导工作在全国各地深入展开，在推动政府精准施策、行业精准引导、市场精准服务、企业精准决策等方面呈现出显著的价值成效。当前，两化融合向更深层次、更高阶段演进，为进一步创新评估工具和方法、拓展评估对象和内容、深化评估结果应用和模式创新提出了新的更高要求。**一是研制完善两化融合评估评价综合性解决方案**，持续加强两化融合基础指标库、问题库、模型库监视，开展企业上云、工业互联网平台建设及应用、智能制造、人工智能、企业数字化转型等专题评估，创新构建全面表征两化融合发展全景图的监测指标体系。**二是深化推进企业两化融合评估诊断**，在全国范围内持续推进企业依托两化融合服务平台周期性、常态化开展自评估、自诊断、自对标，提升企业两化融合数据积累的长期性和连续性，提升两化融合诊断对标对企业转型、产业升级和区域经济发展的指导和支撑作用。**三是建设基于两化融合发展数据的精准服务能力**，加强对两化融合发展数据采集、分析、挖掘的工具方法和服务模型的研发力度，建设两化融合数据分析服务平台、两化融合数据云图综合决策平台，研制优化并持续跟踪两化融合发展水平及关键指标情况，加快构建数据驱动的精准施策和精准服务新模式。

9.5 着力拓展两化融合管理体系应用广度和深度

多年来，我国逐步探索出了以两化融合管理体系标准引领新一代信息技术与实体经济深度融合的新路子，推动形成多方协同推进两化融合发展的格局。未来，应持续优化贯标工作方式，挖掘管理体系在产业转型提质增效、经济高质量发展中的作用价值，推动两化融合管理体系从全面普及向深度应用、创新突破阶段跨越，全面提升信息时代新型竞争能力。**一是创新推进两化融合管理体系贯标**，开展区域级、集团级、行业级贯标试点示范，推动贯标进一步向市县区、细分行业、下属公司及供应链上下游等各方向渗透，引导全国17000余家已开展贯标的企业深化标准应用实施，系统地策划建设并持续优化其新型能力体系。**二是健全贯标公共服务体系**，推进贯标咨询服务机构信息公开与评级，建立健全包括课程体系、师资体系、学员体系等在内的两化融合市场化培训体系，分层次、分类别、多渠道开展系列培训与经验交流，加强评定服务的全流程信息公开和监督管理。**三是加快拓展贯标达标的市场化采信应用**，有关部门应围绕采信主体、采信领域、采信方式等方面编制两化融合管理体系评定采信指南，以央企集团、龙头企业、民营金融机构等为突破口，深化评定结果在供应商评价、招投标、投融资授信等领域的采信，持续激发企业内生动力。

9.6　加强引导面向两化融合的企业组织管理变革

一切新技术引发的产业变革，在最高形式上都体现为组织管理模式的变革。推进两化融合不仅是技术渗透和融合的问题，更是一个创新战略、组织、流程、业务模式，以适应信息技术变革和信息时代发展趋势的发展理念和管理机制问题。因此，要着力构建以激发人的创造性为导向的自组织和社会化组织网络，不断提高生产关系和生产力的协调性，加快释放和培育新动能。**一方面加快构建符合两化融合发展需求的人才体系**，在我国高校中增设两化融合相关课程并设立专业学科，联合产学研用各方力量，协同推进人才培养及激励机制构建，提升兼具理论水平与实践能力的复合型人才培养能力，围绕两化融合管理体系、信息物理系统（CPS）、工业互联网等重点领域，培育一批懂技术、明管理、善创新的两化融合新型人才。**另一方面深化推进企业柔性化组织变革**，以制造业“双创”为抓手，引导企业基于互联网平台创新面向全员的精准赋能和灵活赋权机制，健全创新激励机制和容错纠错机制，加快推动基于平台的管理模式变革。

9.7 研制推广两化融合系统性解决方案

两化融合系统性解决方案本质是工业技术、组织流程、管理模式等行业经验和知识的显性化、结构化、模块化、系统化和再复用。解决方案的研制和推广是新技术、新理念、新模式在企业落地扩散的有效途径，是企业构筑核心竞争优势和新型能力的重要手段，是提升行业两化融合整体水平的重要驱动力。**一方面要加快产品级、行业级解决方案的研制与应用**，组织企业、市场多方力量，联合攻关形成一批包含网络、安全、计算存储、设备及软硬件、系统集成等方面的产品级解决方案，以及涵盖战略、流程、技术、平台、网络、设备等的行业级解决方案，并推动各类解决方案的互动体验、测试验证和应用推广，促进解决方案资源与企业需求精准对接。**另一方面要探索形成产业创新变革的“中国方案”**，培育一批掌握核心技术、专业知识扎实、行业经验丰富、实战能力强的系统解决方案提供商，围绕企业数字化转型、工业互联网应用实施、智能制造、绿色制造等重点方向，提供集战略咨询、架构设计、实施方案、关键装备、核心软件、数据集成、流程优化、运营评估于一体的综合服务，形成一批具有国际竞争力的两化融合系统性解决方案，以服务“一带一路”建设为切入点，加强“中国方案”的国际应用与推广。

9.8 协同推进工业互联网创新发展

作为新一代网络信息技术与制造业深度融合的产物，工业互联网通过人、机、物的全面互联，全要素、全产业链、全价值链的全面链接，实现工业生产制造和服务体系重构和变革，已成为新时代两化深度融合的突破口和切入点。未来，应以关键技术突破为引领，从网络、平台、安全三个方面入手，协同推进工业互联网创新发展。**一是突破关键核心技术**，强化万物感知、信息传输、平台构建、数据分析等共性技术研究，加强 5G 工业应用、边缘计算、人工智能、区块链等前沿技术协同攻关，形成技术研究和产业应用互促互进的良好局面。**二是加快夯实网络基础**，构建先进的工业互联网骨干网络，推动形成统一的工业数字化互联接口标准，实现网络互联、设备互通、系统集成、数据互操作，引导支持工业企业特别是中小企业部署新型网络技术，进行设备、生产线、车间等自动化数字化改造。**三是着力打造平台体系**，推动制造企业、基础电信企业、互联网企业、IT 企业跨界融合，培育一批面向特定行业、特定领域的工业互联网平台以及跨行业、跨领域的综合性服务平台，加快建设工业互联网平台实验测试、技术标准和公共服务体系，形成面向不同场景的系统解决方案。**四是全面筑**

牢安全防线，建立健全工业互联网安全管理法律法规，加快建成多层次、多功能安全技术防控体系，加快安全技术成果转化和产品服务创新，提升工业互联网安全技术产业支撑保障能力。

9.9 培育发展制造业新模式、新业态

制造业新模式新业态的发生和发展，本质是需求侧改变和供给侧变革相互对接的动态演化过程，大多由技术改进、管理创新、组织变革等多方面共同作用而成，已逐步成为产业创新的主导力量。加快制造业新模式新业态培育，将为产业转型升级不断注入新动能。**一方面，**有关行业管理部门要结合新时代两化融合发展需求，聚焦网络化协同制造、个性化定制、服务型制造等新模式新业态，研制制造业与互联网融合新模式新业态建设指南，明确各类新模式新业态培育发展的实施路径、关键方法、典型阶段和具体措施，指导企业科学开展模式创新，培育融合发展新动能。**另一方面，**可依托龙头企业打造新模式新业态创新培育基地，聚焦新模式新业态发展的共性问题，开展理论方法创新、标准试验验证、知识与技能培训、系统解决方案等，培育孵化模式创新成果并在相关产业推广应用，强化基地的引领、辐射和带动作用。

参考文献

[1] 吴澄，孙优贤，王天然，等. 信息化与工业化融合战略研究——中国工业信息化的回顾、现状及发展预见[M]. 北京：科学出版社，2013.

[2] 吴澄. "两化融合"和"深度融合"——我国工业信息化的现状、问题及未来展望[J]. 自动化与信息工程，2011，32(3)：1-8.

[3] 吴澄. "两化融合"与自动化学科的发展——积极实践"两化融合"，促进自动化学科的发展[J]. 自动化博览，2010，27(1)：38-41.

[4] 周宏仁. 信息化论[M]. 北京：人民出版社，2008：22-25.

[5] 周宏仁，徐愈. 中国信息化形式分析与预测[M]. 北京：社会科学文献出版社，2011：110-133.

[6] 李颖，尹丽波. 虚实之间：工业互联网平台兴起[M]. 北京：电子工业出版社，2019.

[7] 王建伟. 大化无痕：两化融合强国战略[M]. 北京：电子工业出版社，2018.

[8] 王建伟. 赢在平台：解锁工业互联网的动力密码[M]. 北京：电子工业出版社，2018.

[9] 王建伟. 工业赋能：深度剖析工业互联网时代的机遇和挑战[M]. 北京：电子工业出版社，2019.

[10] 安筱鹏. 重构：数字化转型的逻辑[M]. 北京：电子工业出版社，2019.

[11] 周剑，徐大丰. 两化融合的概念内涵和方法路径研究[J]. 产业经济评论，2015(5)：12-19.

[12] 周剑. 深入推进两化融合 大力发展信息经济[N]. 中国电子报，2016-08-09(003).

[13] 周剑. 加快推进两化深度融合[J]. 中国信息化，2017(1)：56-58.

[14] 王建伟. 发展工业互联网平台体系 推动两化融合迈上新台阶[J]. 中国信息化，2018(4).

[15] 王喜文. 工业互联网平台实现协同制造[J]. 中国信息化，2017(5).

[16] 李广乾. 工业互联网平台，制造业下一个主攻方向[J]. 中国信息化，2016(12).

[17] 周剑. 工业互联网平台解决方案的优势和价值潜能[N]. 中国工业报，2019-02-27(003).

[18] 李君，邱君降，窦克勤. 工业互联网平台参考架构、核心功能与应用价值研究[J]. 制造业自动化，2018，40(6)：103-106，126.

[19] 李君，邱君降，窦克勤，等. 基于成熟度视角的工业互联网平台评价研究[J]. 科技管理研究，2019，39(2)：43-47.

[20] 李君，邱君降，柳杨，等. 工业互联网平台评价指标体系构建与应用研究[J]. 中国科技论坛，2018(12)：70-86.

[21] 李君，邱君降，成雨. 数字经济时代的企业创新变革趋势[J]. 中国信息化，2018(4)：12-14.

[22] 贾凯. "两化"融合，促进制造业由大变强[J]. 中国制造业信息化，2011，40(2)：19-20.

[23] 胡晶. 工业互联网、工业 4.0 和"两化"深度融合的比较研究[J]. 学术交流，2015(1)：151-158.

[24] 李培楠，万劲波. 工业互联网发展与"两化"深度融合[J]. 中国科学院院刊，2014(2)：215-222.

[25] 国家互联网信息办公室信息化发展局，国家信息化专家咨询委员会秘书处. 信息化蓝皮书：中国信息化形势分析与预测(2016—2017)[M]. 北京：社会科学文献出版社，2017：220-256.

[26] 国家工业信息安全发展研究中心. 工业和信息化蓝皮书：世界信息化发展报告（2017—2018）[M]. 北京：社会科学文献出版社，2018.

[27] 两化融合服务联盟，中国制造业与互联网融合发展联盟，国家工业信息安全发展研究中心. 两化融合生态系统及标准体系[R]. 2017.

[28] 电工电子与信息技术标准化委员会（DKE）. Reference Architecture Model Industry 4.0，RAMI 4.0 [R]. 2015.

[29] 工业互联网联盟（IIC）. Industrial Internet Reference Architecture，IIRA[R]. 2015.

[30] 美国国家标准与技术研究院（NIST）. Smart Manufacturing Ecosystem[R]. 2016.

[31] 安筱鹏. 工业 4.0：为什么？是什么？如何看？[J]. 中国信息化，2015(2)：7-11.

[32] 胡权. 重新定义智能制造[J]. 清华管理评论，2018(Z1)：78-89.

[33] 杜传忠，杨志坤. 德国工业 4.0 战略对中国制造业转型升级的借鉴[J]. 经济与管理研究，2015，36(7)：82-87.

[34] 黄阳华. 德国“工业 4.0”计划及其对我国产业创新的启示[J]. 经济社会体制比较，2015(2)：1-10.

[35] 延建林，孔德婧. 解析“工业互联网”与“工业 4.0”及其对中国制造业发展的启示[J]. 中国工程科学，2015，17(7)：141-144.

[36] 李培楠，万劲波. 工业互联网发展与“两化”深度融合[J]. 中国科学院院刊，2014，29(2)：215-222.

[37] 两化融合服务联盟. 中国两化融合发展数据地图：2018[EB/OL]. (2019-01-07) [2019-06-18]. http://cspiii.com/xzzx/2019-01-07-5462.html.

[38] 两化融合服务联盟. 中国两化融合发展数据地图：2017[EB/OL]. (2018-05-22) [2019-06-18].http://cspiii.com/pgzd/gzzd/jd/2018-05-22-5039.html.

[39] 两化融合服务联盟. 中国两化融合发展数据地图：2016[EB/OL]. (2018-05-22) [2019-06-18].http://cspiii.com/pgzd/gzzd/jd/2018-05-22-5017.html.

[40] 工业和信息化部信息化推进司. 工业企业信息化和工业化融合评估研究与实践. 2011[M]. 北京：电子工业出版社，2012.

[41] 工业和信息化部信息化推进司. 工业企业信息化和工业化融合评估研究与实践. 2010[M]. 北京：电子工业出版社，2011.

[42] 周剑，陈杰. 制造业企业两化融合评估指标体系构建[J]. 计算机集成制造系统，2013，19(9)：2251-2263.

[43] 周剑，陈杰. 工业行业两化融合发展水平评估研究[J]. 新型工业化，2011(1)：85-95.

[44] 周剑. 两化融合的发展路径——《工业企业“信息化和工业化融合”评估规范》若干问题探讨[J]. 信息化建设，2012 (8)：30-33.

[45] 周剑. 健全评估体系 推动两化融合[N]. 计算机世界，2012-04-02 (022).

[46] 周剑. “综合集成”——当前两化融合的突破点[J]. 信息化建设，2012 (5)：18-21.

[47] 周剑. 企业“两化融合”的全景蓝图[J]. 中国信息界，2014(5)：54-55.

[48] 王安耕，刘九如，周剑. 工业企业信息化和工业化融合评估研究与实践[M]. 北京：电子工业出版社，2011.

[49] 刘九如，周剑，陈杰. 工业行业企业信息化与工业化融合发展水平及趋势分析[J]. 载《中国信息化形势分析与预测（2011）》，社会科学文献出版社，2010.

[50] 陈杰，周剑，付宇涵. 我国工业企业两化融合评价体系及实证研究[J]. 制造业自动化，2016，38(6)：143-146，156.

[51] 李君，付宇涵，成雨. 基于多源数据的两化融合绩效研究分析[J]. 计算机集成制造系统，2018，24(12)：2911-2931.

[52] 柴雯，李君，马冬妍. 从工业 4.0 评估视角看我国两化融合发展[J]. 科技管理研究，2018，38(18)：202-208.

[53] 中华人民共和国国家质量监督检验检疫总局，中国国家标准化管理委员会. GB/T 23000-2017 信息化和工业化融合管理体系 基础和术语[S]. 北京：中国标准出版社，2017.

[54] 中华人民共和国国家质量监督检验检疫总局，中国国家标准化管理委员会. GB/T 23001-2017 信息化和工业化融合管理体系 要求[S]. 北京：中国标准出版社，2017.

[55] 中华人民共和国国家质量监督检验检疫总局，中国国家标准化管理委员会. GB/T 23002-2017 信息化和工业化融合管理体系 实施指南[S]. 北京：中国标准出版社，2017.

[56] 中华人民共和国国家质量监督检验检疫总局，中国国家标准化管理委员会. GB/T 23003-2018 信息化和工业化融合管理体系 评定指南[S]. 北京：中国标准出版社，2018.

[57] 中华人民共和国国家质量监督检验检疫总局，中国国家标准化管理委员会. GB/T 23020-2013 工业企业信息化和工业化融合评估规范[S]. 北京：中国标准出版社，2013.

[58] 中华人民共和国国家质量监督检验检疫总局，中国国家标准化管理委员会. GB/T 19000-2008 质量管理体系 基础和术语[S]. 北京：中国标准出版社，2008.

[59] 中华人民共和国国家质量监督检验检疫总局，中国国家标准化管理委员会. GB/T 19001-2008 质量管理体系 要求[S]. 北京：中国标准出版社，2008.

[60] 安筱鹏. 两化融合管理体系体现了新工业革命的发展理念和方向[J]. 中国信息化，2015(12)：7-9.

[61] 两化融合服务联盟. 两化融合管理体系贯标评定成果报告(2015)[R]. 2015.

[62] 两化融合服务联盟. 工业和信息化部两化融合管理体系联合工作组. 信息化和工业化融合管理体系理解、实施与评估审核[M]. 北京：电子工业出版社，2015.

[63] 周剑.两化融合管理体系构建[J]. 计算机集成制造系统，2015，21(7)：1915-1929.

[64] 周剑. 解读两化融合管理体系九项管理原则[J]. 信息化建设，2014(5)：15-18.

[65] 周剑. 企业两化融合管理体系构建研究[J]. 现代产业经济，2013(11)：16-26.

[66] 刘健. 加快信息化和工业化融合促进产业结构优化升级[J]. 上海信息化，2009(2)：14-16.

[67] 张龙鹏，周立群."两化融合"对企业创新的影响研究——基于企业价值链的视角[J]. 财经研究，2016，42(7)：99-110.

[68] 杨蕙馨，焦勇，陈庆江. 两化融合与内生经济增长[J]. 经济管理，2016，38(1)：1-9.

[69] 王立平，杨洋. 两化融合与中国经济增长的"稳健性"关系——基于 REBA 模型的实证分析[J]. 工业技术经济，2014，33(6)：48-59.

[70] 两化融合服务联盟. 两化融合管理体系贯标评定成果报告(2016)[R]. 2016.

[71] 李君，窦克勤. 两化融合管理体系评定结果的采信价值[J]. 中国信息化，2017(11)：8-11.

[72] 李君，邱君降，成雨. 面向企业互联网环境下核心竞争能力打造的第三方咨询服务变革与趋势[J]. 中国管理信息化，2018，21(19)：68-71.

[73] 李君. 互联网时代的工业企业可持续竞争能力实证研究[J]. 计算机集成制造系统，2018，26(5)：168-179.

[74] 李君，邱君降，窦克勤，等. 新工业革命背景下制造业管理模式研究与创新[J]. 制造业自动化，2017(1)：130-133.

[75] 李君，成雨，窦克勤，等. 互联网时代制造业转型升级的新模式现状与制约因素[J]. 中国科技论坛，2019(4)：68-77.

[76] 李伯虎，张霖，等. 云制造面向服务的网络化制造新模式[J]. 计算机集成制造系统，2010，16.

[77] 齐二石，宋立夫. 工业工程与制造业信息化[M]. 北京：机械工业出版社，2011.

[78] 王玖河，孙丹. “互联网+”时代商业模式创新体系探析[J]. 企业管理，2017(5)：112-114.

[79] 王维，孟韬. 工业 4.0 趋势下的管理变革与创新[J]. 企业管理，2016(1)：110-112.

[80] 刘树华，鲁建厦，王家尧. 精益生产[M]. 北京：机械工业出版社，2013.

[81] 杰弗瑞•莱克. 丰田模式——精益制造的 14 项管理原则[M]. 北京：机械工业出版社，2013.

[82] 顾新建，张栋，纪杨建，等. 制造业服务化和信息化融合技术[J]. 计算机集成制造系统，2010，16 (11)：2530-2536.

[83] 吴应宇，路云. 企业可持续竞争能力及其影响因素分析[J]. 中国软科学，2003(9)：88-91.

[84] 胡春燕. 基于信息技术革命的新业态和新模式演化机理及效应[J]. 上海经济研究，2013 (8)：124-130.

[85] 任宗强，赵向华. 个性化定制模式下制造型企业知识管理与动态优化机制[J]. 中国管理科学，2014 (S1)：539-543.

[86] 尹君，谭清美. 智能生产与服务网络下新型产业：创新平台运行模式研究[J]. 科技进步与对策，2018，35(6)：65-69.

[87] 姚锡凡，练肇通，杨岭，等. 智慧制造——面向未来互联网的人机物协同制造新模式[J]. 2014，20(6)：1490-1498.

[88] 赵振. “互联网+”下制造企业服务化悖论的平台化解决思路[J]. 科技进步与对策，2016，33(6)：76-83.

[89] 王玉辉，原毅军. 服务型制造带动制造业转型升级的阶段性特征及其效应[J]. 经济学家，2016，11(11)：37-44.

[90] 罗建强，赵艳萍，程发新. 我国制造业转型方向及其实现模式研究——延迟策略实施的视角[J]. 科学学与科学技术管理，2013，34(9)：55-62.

[91] 张亚斌，马莉莉. 大数据时代的异质性需求，网络化供给与新型工业化[J]. 经济学家，2015，8(8)：44-51.